# 돈 버는 경제학

# 돈 버는 경제학

이론과 실전을 겸비한
핵심 재테크 노하우

최용식
지음

# Economics to make MONEY

RHK
알에이치코리아

**머리말**

# 돈 버는 공부가 진짜 경제학

경기는 장차 하강할까, 아니면 상승할까? 현재의 경기 흐름은 언제 꺾일까? 경기가 부진하면 그것이 언제까지 이어질까? 경기가 호조이면 그것은 또 언제까지 지속할까? 적정한 주가 지수는 얼마일까? 주식 시장이 강세라면 그 상승세는 언제까지 갈까? 주식 시장이 약세라면 그 하강세는 언제까지 갈까? 부동산 투기는 언제까지 지속할까? 환율은 장차 상승할까, 아니면 하강할까?

그동안 나는 이런 문제들에 온 신경을 집중해 왔다. 그러다 보니 자연스레 내가 남긴 글들은 대부분 미래형이 되었다. 현실이 이런 미래형 글들을 머지않아 증명해 준다면, 내가 그동안 구축해 온 경제학의 새 패러다임이 기존 경제학보다 훨씬 뛰어나다는 점이 확인될 것으로 믿었다. 실제로 내가 '21세기 경제학연구소' 인터넷 사이트에 올린 미래형 글들은 거의 대부분 적중했다.

　이런 미래형 글을 자주 접한 사람들 중에는 그것에 입각하여 진작 돈 버는 일에 나섰더라면 크게 성공했을 것이라고 아쉬워하는 이들도 있었다. 그렇지만 내 생각은 달랐다. 돈 버는 일에 본격적으로 나서면 내가 희망하는 바대로 경제를 읽고 예측할 가능성이 높았다. 그런데 만약 그렇게 했다면 내 경제 읽기와 경제 예측은 자주 틀렸을지도 모른다. 사람이란 흔히 자기가 바라는 대로 세상을 바라보는 존재이기 때문이다. 이것이 처음에 돈 버는 일에 직접 나서지 않았던 이유이다.

　그러나 지금은 우리 연구소에서도 펀드를 조성하여 투자에 나섰다. 상당 부분을 저축형 금융 상품에 투자하고도 전체 수익률은 비교적 높은 편이다. 내가 직접 운용하지는 않지만 내 경제 읽기와 경제 예측이 상당히 기여한 것은 사실이다.

　연구소의 투자 성과는 충분히 만족할 만하지만, 내가 해내는 경제 읽기와 경제 예측을 그냥 묵혀 두기는 너무 아까웠다. 누군가가 그것들을 활용하면 큰돈은 몰라도 작은 돈은 충분히 벌 수 있을 것이기 때문이다. 내가 이 책을 펴낸 가장 큰 이유는 바로 이것이다.

　물론 다른 이유도 있다. 이 책이 돈 버는 일에 효과적이라는 사실이 세상에 알려지면, 내가 추구해 왔던 경제학의 새 패러다임이 세상의 관심을 불러일으킬 것이고, 그러면 학자로서의 내 꿈이 장차 이루어질 것이기 때문이다.

　이 책에 실린 내용 중에도 세계 경제학계에 지각 변동을 일으킬 만한 것이 제법 있다. '수요와 공급이 시간 이동을 한다.'거나 '가격 이론에 품질을 도입해야 한다.'거나 '경제학에 병리학을 도입해야 한다.'거나 '가격 현상과 소득 현상은 합성 현상이다.'라는 주장이 특히 그렇다.

　물론 이 책에는 이러한 내용이 그냥 이론에서 머물도록 하지 않았다. 주식이나 펀드 투자, 부동산 투자 등의 재테크와 사업 계획을 위한 시장 전망에 재미있는 사례를 들어 이러한 이론들을 적용해 보았다. 경제학에 대한 기초 지식 없이도 누구나 이해할 수 있도록 최대한 쉽고 현실적인 사례를 들어 설명하려고 애썼다.

　나는 '세계 경제학계가 경제학을 배우러 대한민국을 찾아오도록 하겠다.'는 소년 시절부터 간직해 온 꿈을 실현하기 위해 거의 40년 세월을 노력했다. 그 결과물이 『대한민국 생존의 경제학』이다. 그런데 그 책이 나온 지 벌써 2년이 지났지만, 경제학계의 반응은 아직 기대에 미치지 못한다. 그래서 경제학자나 경제전문가가 아닌 일반 독자를 위해서 책을 다시 쓰기로 했다. 그 결과물이 바로 이 책이다.

　『대한민국 생존의 경제학』이 학문적인 이론서라면 『돈 버는 경제학』은 현실에 바로 적용할 수 있는 재테크 실용서이다. 부디 이 책을 읽은 독자들이 돈을 많이 벌 수 있기를 바란다. 그러면 경제학계도 끝내 나의 이론을 외면하지는 못할 것이다. 그리하여 내 꿈도 이루어질 수 있기를….

끝으로 이 책의 발간에 도움을 주신 출판사 관계자 분들과 그 밖에 도움을 주신 여러분께 심심한 감사의 말씀을 드린다. 그리고 말없이 지켜봐 주시고 성원해 주신 분들께도 감사드린다.

2008년 5월<br>
관악산 자락에서 최용식

# 차 례

**머리말** 돈 버는 공부가 진짜 경제학     004

## 1장 '돈 버는 경제학', 부자 수업의 필수 과목     013

    돈 버는 일은 고상한 것이고 애국하는 길이다     018
    문명의 진화는 돈 버는 일에서 비롯했다     022
    경제학 안에 돈 버는 지혜 있다     024
    경제학이 쉽다면 돈 버는 일도 쉽다     027
    경제학은 왜 어려워졌을까     032
    경제학의 철학적 고찰은 돈 버는 데 쓸모없다     037

## 2장 '돈 버는 경제학', 재테크에 적용하기     041

    재테크의 3박자, 수익성-안정성-유동성     046
    소득의 변화를 알면 투자 종목이 보인다     050
    수요의 시간 이동으로 투자 적기 가늠하기     054
    '돈 버는 경제학'이 강권하는 주식 투자 6대 철칙     058
    왜 외국인이 우리 주식 시장을 지배하게 되었을까     062
    왜 투자할 곳이 여전히 대한민국인가     065
    지금이 주식 투자의 적기일까     069
    관망과 준비, 기다림의 시기     072
    인구가 늘어나는 곳이 부동산 투자의 노른자위다     076
    부동산 거품 여론은 부풀려져 있다     079
    투자 불패不敗의 오만함에서 투자 필패必敗의 신중함으로     082

| | |
|---|---|
| 부동산 경기는 언제쯤 다시 살아날까 | 086 |
| 펀드 투자의 관건은 펀드 운용자에 달렸다 | 087 |
| 열풍 불 때 떠나라!–펀드 투자의 기본 원칙 | 089 |
| 묻지 마 해외 투자는 돈 잃는 지름길이다 | 091 |

## 3장 가격 원리로 세상 이치 깨닫기     095

| | |
|---|---|
| 가격의 오르내림에 경제가 울고 웃는다 | 100 |
| 석유 가격이 폭등했는데 왜 경제난을 겪지 않았을까 | 102 |
| 물이 비등점에서 끓듯, 물가도 폭등점이 있다 | 107 |
| 돈을 벌려면 가격 원리를 제대로 이해하라 | 111 |

## 4장 수요 원리로 시장 니즈needs 감지하기     115

| | |
|---|---|
| '먹을거리'에서 '즐길거리'로, 수요 변동의 역사 | 121 |
| 수요는 어떻게 변하고, 어떤 수요가 뜰까 | 124 |
| 왜 공기와 물은 값이 없고, 다이아몬드는 비싼가 | 128 |
| 가격 탄력성을 모르면 바겐세일로도 못 판다 | 133 |
| 자원 펀드가 경제질병을 유발한다 | 136 |
| 탄력성의 차이는 어떤 경제적 기능을 할까 | 139 |
| 안경과 렉서스의 가격 차별화 | 142 |

## 5장 공급 원리로 이윤 창출하기    145

PDP TV가 LCD TV에 뒤처진 이유    151
독점력이 곧 경쟁력이다    155
경쟁력이 부가가치를 창출한다    158
생산비를 줄이고 판매가를 높이는 게 왜 중요할까    161
뛰어난 CEO 한 명, 열 투자자 안 부럽다    167
매출이 영업이익보다 중요한 이유    169

## 6장 가격 결정 원리로 돈 버는 법 체득하기    173

수요와 공급이 시간 이동을 한다    177
가격 원리에 품질 도입하기    181
환율이 떨어져도 수출은 왜 증가했을까    184
환율이 떨어질 때가 주식 투자의 적기다    189
가격은 자기 스스로에게 민감하게 반응한다    191
가격을 결정하는 운동 원리는 따로 있다    196
미국은 왜 외환위기를 겪지 않을까    199
환율을 모르면 환차손의 부메랑을 맞는다    202
가격 결정 원리를 알면 경기 흐름이 감지된다    207

## 7장 통화 원리로 신용 회복하기    211

경제에서 돈은 '피' 같은 존재다    215
돈은 어떤 기능을 할까    218
돈의 가치는 하나의 운동 에너지다    221
돈은 신용을 창조한다    225
그 많던 돈은 다 어디로 갔을까    229
경제위기가 돈 버는 기회가 된다    231
돈의 흐름에 물가도 춤춘다    234
물가가 낮아지는 것이 무조건 좋은 일일까    236
뛰어난 투자자일수록 중앙은행 이자율 결정에 주목하는 이유    239

## 8장 경제병리학으로 손실 예방하기     245

    경제는 순기능을 한다     249
    경제학에는 병리학이 없다     254
    경제질병은 왜 발생하는가     257

## 9장 소득 원리로 부자되기     263

    경제 예측은 틀리기 위해서 존재한다?     269
    경제 예측이란 경기 흐름의 변곡점을 찾는 것이다     272
    국내총생산을 알아야 경기 흐름을 알 수 있다     274
    GNP vs. GDP     277
    '한계' 개념을 소득 이론에 확장하면     279
    진단을 잘해야 예측도 잘할 수 있다     281
    경기 흐름은 지속 가능성으로 진단된다     287
    어두운 전망이 쏟아질 때가 바로 돈 벌 시기다     289
    소비자물가 vs. 생산자물가     293
    주가지수를 잘 살피면 경기 흐름을 알 수 있다     295
    잠재성장률이 오르면 투자 모드로 전환하라     301
    어떤 경우에 잠재성장률이 오르는가     307
    경제 순환의 균형을 깨뜨려야 부자가 될 수 있다     309

**맺는말** '돈 버는 기술'을 밝힌 최초의 경제학 책     316

# 1장

# '돈 버는 경제학', 부자 수업의 필수 과목

돈 버는 일은 고상한 것이고 애국하는 길이다
문명의 진화는 돈 버는 일에서 비롯했다
경제학 안에 돈 버는 지혜 있다
경제학이 쉽다면 돈 버는 일도 쉽다
경제학은 왜 어려워졌을까
경제학의 철학적 고찰은 돈 버는 데 쓸모없다

경제학이 경제 원리를 탐구하는 학문이라면 당연히 돈을 더 많이 버는 방법도 가르쳐 줄 수 있어야 한다. 이런 말을 들으면 어떤 경제학자들은 "숭고한 학문을 어떻게 세속적인 돈 버는 일에 결부시킬 수 있느냐?"며 화를 낼지도 모르겠다. 그러나 내 생각은 확고하다. 경제학은 개인이건 기업이건 나라건 누구나 부자로 만들 수 있어야 한다. 경제학은 경제현상을 연구하는 학문이고, 경제현상이란 돈을 벌고 쓰는 과정에서 벌어지는 것이 아닌가. 그러므로 경제학을 열심히 공부하여 제대로 활용하면 누구나 돈을 더 많이 벌 수 있어야 한다. 이것이 진짜 경제학이다.

경제학을 공부하는 목적이 무엇인가? 경제현상을 올바르게 이해하기 위해서이다. 그렇다면 경제현상을 올바르게 이해하는 일은 왜 필요할까? 학문하는 즐거움을 얻기 위한 것일까? 학자라면 그럴지 모르지만 대다수 보통 사람에게는 전혀 의미 없는 일이다.

구체적으로 말해, 가격 이론을 공부하는 목적은 무엇일까? 가격이 어떻게 결정되고 변동하는가를 알기 위해서이다. 그럼 그것을 알아내는 일은 왜 필요할까? 가격의 변동을 잘 파악해서 그것이 초래할지도 모를 손해를 피하거나, 더 많은 이익을 보기 위해서이다. 또 무엇을 만들어 내고 무엇을 사서 써야 더 큰 이익을 얻을 수 있는가를 알기 위해서이다.

이해하기 쉽게 예를 들어 보자. 달걀 가격은 어떻게 변동할까? 사겠다는 사람이 늘어나면(수요가 늘어나면) 가격이 오르고, 팔겠다는 사람이 늘어나면(공급이 늘어나면) 가격이 떨어진다. 이런 사실은 누구나 잘 안다. 그럼 수요가 늘면 항상 가격이 오르고, 공급이 늘면 항상 가격이 내릴까? 아니다. 수요가 늘어난 것보다 공급이 더 많이 늘어나면 가격은 오히려 떨어지고, 공급이 늘어난 것보다 수요가 더 많이 늘어나면 가격은 오히려 오르기도 한다. 이처럼 가격 변동은 수요나 공급 중 어느 하나에 의해서만 일어나는 것이 아니다. 둘이 상호 작용하여 가격 변동을 일으킨다. 이런 경제 원리를 잘 모르면 자칫 잘못된 판단을 하고 큰 손해를 입기도 한다.

만약, 달걀 수요가 늘어나고 가격이 상승하는 것을 확인한 뒤에 공급을 늘리기로 결정했다고 치자. 이 경우 수요가 늘어난 것보다 공급을 더 크게 늘리면 어떤 일이 벌어질까? 당연히 달걀 가격은 떨어지고 결국 큰 손해를 입게 된다. 따라서 수요가 늘고 가격이 오르더라도 공급을 수요보다 더 적게 증가시켜야 이익을 볼 수 있다. 가격 이론이 필요한 이유는 바로 이것이다.

그러면 소득 이론은 무엇을 위한 것일까? 소득이 어떻게 결정되고, 어떻게 변동하는가를 알기 위해서이다. 그럼 소득 이론을 아는 일은 왜 필요할까? 소득 이론을 알아야 호경기에 충분한 이익을 누릴 수 있고, 불경기에는 손해를 최대한 줄일 수 있기 때문이다.

예를 들어, 회사를 다니다가 그만두고 개인 사업을 하기로 했다고 치자. 경기가 좋은 것 같아서 용기를 냈는데 갑자기 경기가 나빠지면 어떤 일이 벌어질까? 상상만 해도 끔찍한 일일 것이다. 개인 사업은 월급쟁이라면 누구나 한 번쯤 꿈꾸는 일이다. 그 꿈을 실현시키기 위해서는 언제 소득이 증가하는가, 즉 언제 경기가 상승하는가를 반드시 먼저 알아야 한다. 그리고 언제 경기가 하강하는가를 알아야 실패할 가능성이 더 낮아진다. 이것은 가장 중요한 성공 조건 중 하나이자 소득 이론을 제대로 알고 있어야 할 이유이다.

지금까지 경제학은 돈 버는 일에는 무능하기 짝이 없었다. 장차 가격이 어떻게 변동할 것인가, 어떤 사업을 해야 할 것인가, 그리고 장차 소득은 어떻게 변동할 것인가 등에 대해 정확하게 전망할 수 없었다. 기존 경제학은 미래는 말할 것도 없고, 과거에 일어난 가격 변동이나 산업 변동, 소득 변동조차 올바르게 해명하지 못한 경우가 적지 않았다.

물론 과거에는 경제학자에 대한 존경심이 하늘을 찌르듯이 높았던 때도 있었다. 그렇지만 경제학이 실생활에 거의 도움을 주지 못한다는 사실이 차츰 확인되면서 경제학자를 보는 세상의 눈이 점점 더 곱지 않게 변해 왔다. 지위와 명성도 과거에 비해 보잘것 없어졌다.

따라서 경제학자를 위해서도 경제학은 돈 버는 학문으로 변신해야 할 필요가 있다. 그래야 사람들의 관심을 끌 수 있고, 더 많은 연구자를 끌어 모아 발전의 기틀을 다질 수 있다. 이런 의미에서 경제학은 반드시 개인과 기업과 나라를 부자로 만들 수 있어야 한다. 이 책은 1차적으로는 부자가 되기를 바라는 보통 사람을 위한 것이지만, 2차적으로는 경제학자를 위한 것이기도 하다.

## 돈 버는 일은 고상한 것이고
## 애국하는 길이다

문화나 예술을 추구하며 세상을 고고하게 사는 사람들은 돈 버는 일을 멸시하기도 한다. 속마음은 그렇지 않을지라도 겉으로는 그런 척하는 경우가 적지 않다. 자신의 이익이나 운명보다는 민족과 국가의 장래를 더 걱정하는 '뜻이 큰 지사'들도 다르지 않다. 실제로 지식인 사회는 돈 버는 일을 공개적으로 언급하는 일을 가급적 피하는 경향이 강하다.

그러나 돈 버는 일은 결코 부끄러운 것이 아니다. 저속한 것은 더욱 아니다. 이것은 가장 고상한 것으로서 애국하는 지름길이기도 하다. 이런 사실은 학문적으로나 문화적으로 동양보다 앞서 나간 서양의 역사가 여실히 증명한다.

서양이 여러 면에서 동양을 앞선 현대를 살아가는 우리로서는 얼른 납득하기 어려울지 모르지만, 18세기까지만 하더라도 서양은 동양을 동경했다. 동양은 과학적으로나 경제적으로나 여러 면에서 서양을 앞섰다. 실제로 1800년에는 중국이 세계 총생산의 1/3을 차지했고, 인도가 약 20%를 차지했다. 그러나 19세기 이후는 상황이 완전히 바뀌었다. 중국과 인도의 총생산은 1900년에 각각 6.2%와 1.7%로 추락했다(폴 케네디, 『강대국의 흥망』, 211쪽). 그 뒤부터 서양이 동양을 앞서 나간 것은 물론이고 정치적으로나 경제적으로 지배하는 결과까지 빚었다. 그 이유가 무엇일까? 서양이 동양을 앞서게 된 결정적인 이유라고 여겨지는 것들을 중심으로 이 문제를 한 번 살펴보자.

첫째, 15세기 말(1492년) 콜럼버스가 아메리카를 발견한 것이 서양이 동양을 따라잡는 데 기폭제 역할을 했다고 한다.

그 뒤로 쿡, 마젤란, 다가마 등이 세계로 향하는 뱃길을 열었다. 그런데 명나라의 장군 정화는 그보다 거의 1세기 전인 1405년부터 1433년까지 무려 일곱 차례의 원정을 통해 세계를 일주한 바 있다. 남아메리카 남단을 찾아간 것은 물론이고 아프리카 남단의 희망봉을 돌아 유럽의 코앞인 모로코까지 찾아갔다가 돌아오기도 했다.

콜럼버스 선단은 규모가 가장 컸던 2차 항해 때에도 17척의 배에 1,700명이 승선하는 데 불과했으나(1차 항해 때는 3척의 배에 120명이 승선했다), 정화의 선단은 8,000톤 급에 이른 배도 있었고 한 번의 원정에 무려 2만 7,000명이 승선하기도 했다. 그런데 명나라는 왜 세계를 지배하지 못했을까? 정화의 원정은 명나라의 산업혁명 또는 경제 발전을 왜 촉진하지 못했을까?

둘째, 서양이 총포를 앞세워 식민지를 개척한 것이 유럽의 발흥에 결정적인 역할을 했다고 한다. 그런데 고려는 그보다 1세기 이상 앞선 14세기 중·후반에 벌써 화약을 무기에 사용하는 방법을 찾아냈다. 최무선은 총포는 물론이고 로켓 무기까지 선보였으며, 왜구를 소탕하는 실전에도 사용하여 큰 성과를 거둔 바 있다. 15세기 초인 조선시대 초기에도 왜구를 소탕하거나 북방 이민족을 제압하는 데에 총포를 사용했다. 그런데 고려나 조선은 왜 세계적인 강대국으로 올라서지 못했을까?

셋째, 서양에서는 산업화와 문명화에 가장 결정적인 역할을 한 것으로 금속활자의 발명을 꼽는다. 금속활자가 성경을 널리 퍼뜨려 종교개혁을 일으킴으로써 중세 암흑시대를 벗어나는 계기를 마련한 것은 물론이고, 과학과 문화를 더 많은 사람에게 전파함으로써 그 발달을 촉진하였다는 것이다. 그런데 우리나라는 이미 12세기에 금속활자를 발명하여 구텐베르크의 발명보다 무려 2세기 반이나 앞섰다. 그런데 왜 우리나라에서는 금속활자의 역할이 크지 못했을까? 왜 우리나라에서는 금속활자가 산업화와 과학 발달 그리고 근대화에 기여하지 못했을까?

넷째, 과학 발달과 산업혁명이 서양의 발흥에 결정적인 역할을 했다고 한다. 그러나 산업혁명이 일어나던 시기에는 도자기가 최첨단 산업이었고 18세기까지도 동아시아의 전유물이나 다름없었다. 유럽은 도자기 제조에 필요한 온도인 1,400℃까지 끌어올릴 수 없었을 정도로 과학 기술이 낙후하였다. 그 밖에 염료 산업(이것은 현대 화학 산업의 출발점이지 연금술이 아닙니다)이나 비단 산업(고급 염료의 사용처)도 서양은 동양과 비교할 바가 아니었다. 그런데 왜 동양은 산업혁명을 주도하지 못했을까?

## 문명의 진화는
## 돈 버는 일에서 비롯했다

이 의문들에 대한 답은 하나다. 서양에서는 위의 모든 일이 개인적인 이익과 밀접하게 연결되어 있었다. 쉽게 말해서, 그 모든 것이 돈 버는 일이었던 것이다. 그리고 서양에서는 돈을 얼마나 많이 벌었느냐가 사회적 신분을 결정했다. 바로 이런 점들이 결정적으로 서양의 발흥을 불렀다고 볼 수 있다. 이런 사실은 위에서 언급한 문제들을 재검토해 보면 쉽게 드러난다.

첫째, 정화의 대양 항해는 황제의 명령에 의해서 이루어진 것이었고, 황제의 명령에 의해서 중단되었다. 그 뒤로는 이런 일이 다시는 일어나지 않았다. 대양 항해를 계속할 이유가 없었던 것이다. 반면에 유럽의 대양 항해는 경제적 이익 때문에 시작한 것이었고, 돈을 더 많이 벌기 위해서 계속하였다. 대양 항해가 많은 돈을 벌어 주는데 그만둘 이유가 무엇이었겠는가.

둘째, 고려의 총포는 외적을 물리치는 데에 사용되었고, 그 공적이 인정될 때에만 총포를 개발하고 개량하였다. 오히려 총포를 반란에 사용할 수도 있다고 우려하여 개발을 극도로 규제했다. 그러나 유럽은 총포를 식민지 개척 혹은 약탈에 사용하였고, 이것이 경제적 이익을 안겨다 주었다. 그래서 비교적 자유롭게 계속 사용하였고 성능도 지속적으로 개선되었다.

셋째, 고려의 금속활자는 상업적 이익과 거리가 멀었다. 불경을 책자로 만드는 데에 신속하고 편리할 뿐이었다. 그러나 유럽에서는 성경을 인쇄하여 판매하는 것이 돈벌이가 되었다. 유럽의 종교개혁이 산업화에 기여했다는 것은 바로 이 점 때문이다. 베버가 주장하는 합리적 종교 탓이 아니다. 그것이야 어떻든 간에, 유럽에서는 금속활자가 상업적으로 각광을 받았으며 이것이 금속활자의 지속적인 발전을 가능하게 했다.

넷째, 고려는 상감청자라는 획기적인 제품을 생산했으나 상업적인 성공은 거두지 못했다. 왕실에서 관리했던 도자기 굽는 가마인 관요(官窯)에서 생산된 도자기가 최고품이었을 정도로 상업적 성공과는 무관했다. 그러나 유럽에서는 비록 자체적으로 생산하지 못하고 중국으로부터, 그리고 17세기 이후에는 우리나라보다 뒤떨어진 일본으로부터 수입했지만, 이것이 엄청난 이익을 안겨 주었다. 이런 이익은 도자기를 직접 생산하기 위해 오랜 세월 동안 갖은 노력을 기울이게 했다. 그 과정에서 유리 산업이 발달하는 등 각종 산업이 눈부시게 발전할 수 있었으며, 결국 아시아 각국을 능가할 수 있게 되었다.

이처럼 어떤 획기적인 업적이나 과학기술 또는 산업도 개인적인 이익과 관련이 없을 때에는 오래 지속되기 어렵다. 그러므로 돈을 벌고 부를 축적하는 일에 대한 개인적 혹은 사회적 반감을 없애는 것이 무엇보다 중요하다. 부를 축적하는 기반인 기업에 대한 부정적인 인식을 없애는 것도 중요하다. 바꿔 말하면, 개인적으로 돈을 잘 버는 것이 나라를 번영시키는 길이고, 다른 사람이 돈을 많이 버는 것을 높게 평가해 주는 것이 애국하는 길이라는 것이다.

이제는 학자도 예술가도 문화인도 지사(志士)도 돈 버는 일을 외면해서는 안 된다. 오히려 이런 뛰어난 사람들이 돈 버는 일에 적극적으로 나서야 학문도 예술도 문화도 더 빠르게 발전할 수 있다. 보통 사람은 두말할 필요가 없다. 모든 사람이 돈 버는 일을 자랑스러워해야 돈 버는 일에 의미와 정당성을 부여할 수 있다. 그래야 누구나 부끄럼 없이 소신껏 돈을 벌 수 있다. 그래야 비로소 경제생활이 윤택해지는 것이다.

## 경제학 안에 돈 버는 지혜 있다

'솔로몬의 지혜'를 모르는 사람은 아마 없을 것이다. 한 어린 아이를 두고 두 여자가 서로 자기 아들이라고 우기자, 솔로몬은 그 아이를 둘로 나누어 반쪽씩 가져가라고 판결함으로써 진짜 엄마를 찾아냈다. 진짜 엄마는 아이의 목숨을 살리려고 포기할 것으로 봤던 것이다. 이런 게 바로 지혜이다.

세상을 현명하게 살아가기 위해서는 이런 지혜를 기르는 일이 무엇보다도 필요하다. 그렇지만 이건 배워서 얻을 수 있는 것이 아니다. 세상이 돌아가는 이치를 꿰뚫어보고 있을 때에만 이런 지혜가 솟아나올 수 있다. 그러므로 진짜로 배우고 길러야 할 것은 세상 돌아가는 이치와 그것을 꿰뚫어보는 눈이다.

그럼 지식은 무엇일까? 솔로몬의 판결 내용을 아는 것이 바로 지식이다. 만약 가짜 엄마가 솔로몬의 지혜를 미리 알았다면 어떻게 행동했을까? 그녀도 아이를 둘로 가르는 일에 반대했을 것이고, 솔로몬은 진짜 엄마가 누구인지를 알아내기 어려웠을 것이다. 다른 사람에게 이미 알려진 지식은 지혜가 아닌 셈이다. 이런 지식으로는 솔로몬의 판결과 같은 현명한 판단은 나올 수 없다.

그러나 지식이 지혜를 기르는 수단이라는 사실은 잊지 말아야 한다. 지식이 쌓이면 쌓일수록 세상 돌아가는 이치를 파악하는 데에 많은 도움을 받을 수 있다. 그뿐만이 아니다. 지식을 외면하면 손해를 자초할 수 있다. 이미 알려진 지식일지라도 내가 모르고 있으면 다른 사람에게는 그것이 지혜일 수 있고, 그가 그것을 나에게 사용한다면 꼼짝없이 당해야 하기 때문이다. 예를 들어, 솔로몬의 판결이 지혜가 아니라 이미 널리 알려진 지식이라고 하더라도, 그것을 모르고 있다면 위의 가짜 엄마처럼 처벌을 받아야 한다.

세상을 둘러보면 지식은 많고 지혜는 좀처럼 찾아보기 어렵다. 어쩌면 지혜는 많은 지식 위에 살짝 얹힌 아주 조그만

장식물에 불과한지도 모른다. 아니, 이것이 사실이다. 따라서 지식을 배우는 일은 그만큼 중요하다. 지식을 쌓아야 새로운 지혜도 얻을 터전을 마련할 수 있다.

결론을 말하자면, 이미 널리 알려진 경제학 지식을 배우는 데에도 소홀함이 없어야 한다는 것이다. 다만 지식이 많이 쌓였다고 해서 반드시 지혜를 얻었다고 말할 수 없다는 점을 명심해야 한다. 지식을 쌓는 것도 중요하지만 세상 돌아가는 이치를 이해하려고 노력하는 것이 훨씬 더 중요하다. 이것이 지혜를 얻는 원천이자 지름길이다.

이런 의미에서 경제학은 경제 지식이 아니라 경제 원리를 가르쳐야 한다. 경제 원리를 알아야 경제가 돌아가는 이치를 알 수 있고, 이걸 알아야 지혜를 얻을 수 있으며, 그래야 경제를 정확하게 읽어 낼 수 있다. 다른 사람이 미처 파악하지 못한 경제 원리를 먼저 알 수만 있다면, 이런 지혜야말로 돈을 버는 데에 탁월한 힘을 발휘할 것이다.

예를 들어 보자. 주식 가격은 어떻게 변동할까? 주식에 대한 수요가 공급에 비해 더 많이 늘어나면 가격은 오를까? 이것은 틀림없이 맞는 얘기다. 그렇지만 이런 수요와 공급의 상호 작용만이 주식 가격의 변동을 일으키지는 않는다. 실제로도 수요와 공급의 추이만을 파악하여 주식 투자에 나서는 사람은 거의 없다. 다른 사람들 모두가 그 정도는 잘 알고 이미 반응하였을 것이기 때문이다.

돈 버는 데에 진짜로 필요한 것은 여기에 가세하는 새로운 경제 원리이다. 만약 경기 흐름을 다른 사람보다 더 빨리 혹은 더 정확하게 읽어 낼 수 있는 새로운 경제 원리를 포착했다면, 그리고 그 경제 원리를 통해 다른 사람보다 한 발 앞서 주식 가격의 변동을 알아챘다면 더 많은 돈을 벌 수 있다. 경기 흐름은 주식 가격에 막강한 영향을 끼치곤 하기 때문이다. 경기 흐름을 읽어 낼 수 있는 새로운 경제 원리는 '9. 소득 원리로 부자되기'에서 자세하게 다룰 것이다.

이 책은 이미 알려진 경제 지식뿐만 아니라 경제 지혜를 길러 주기 위해서, 다른 사람보다 더 빨리 그리고 더 정확하게 경제를 읽어 내는 눈을 길러 주기 위해서 쓰였다. 다시 말해 지금까지 알려진 경제 원리는 물론이고 아직 알려지지 않은, 기존 경제학 책에는 없지만 경제현상을 정확하게 읽어 내는 데에 훨씬 더 위력적인 새로운 경제 원리도 담으려고 했다. 이런 새로운 경제 원리는 돈 버는 데에 탁월한 효과를 발휘할 것이다.

## 경제학이 쉽다면
## 돈 버는 일도 쉽다

우리 국민은 거의 모든 분야에서 전문가 뺨치는 수준이다. 시골 다방에서 나누는 평범한 사람들의 정치 이야기는 TV에서 정치전문가들이 벌이는 토론이나 별로 다를 바 없다. 시장에서 나누는 아줌마들의 교육 문제에 대한 질타는 교육전문가 수준을 뺨친다. 저잣거리에서 나누는 다른 사회 문제에 대한 평범한 사람들의 얘기도 마찬가지다.

그러나 경제 문제만 나오면 상황이 완전히 달라진다. 아무리 말참견이나 말씨름을 좋아하는 사람일지라도 주위 눈치를 먼저 살핀다. 경제전문가가 주변에 있다면 흔쾌히 그에게 말할 기회를 양보한다. 아무리 격렬한 토론을 하고 있었더라도, 경제전문가가 끼어들어 '이것은 이렇다.'라고 단정 지으면 금방 잠잠해진다.

많은 사람이 '경제'라는 단어만 나와도 고개를 돌려 버린다. '경제학'이라면 더 말할 나위가 없다. 우선 머리부터 내젓고 본다. 경제학이든 경제 문제든 골치 아프고 어렵다는 것이 일반적인 인식이다. 신문에 보도되는 경제 기사를 보더라도 이해하기 어려운 전문 용어가 여기저기에서 툭툭 튀어나온다.

경제학자들이 학술지에 발표하는 글을 보면, 대부분 어떻게 읽어야 할지조차 알 수 없는 해괴한 기호와 부호로 가득 차 있다. 경제학자들은 혹시 외계인이 아닐까? 보통 사람은 어떻게 읽을지도 모르는 기호와 부호 들이 외계인의 언어가 아니고 무엇이겠는가. 사정이 이러하니 어느 누가 쉽게 경제 문제와 친해질 수 있을까. 이런 점이 많은 사람이 경제학을 외면했던 중요한 이유 중 하나일 것이다.

경제 문제처럼 우리 실생활에 밀접한 것이 세상 어디에 있을까. 경제 문제처럼 사람들 관심을 끄는 것이 또 어디에 있을까. 경제 문제는 우리 모두의 문제이고 국가 장래의 문제인데, 이런 일을 어떻게 소수 경제전문가에게만 맡겨둘 수 있을까. 그러므로 경제 문제는 무조건 쉬워야 한다. 문자를 깨우친 사람이라면 누구나 쉽게 이해할 수 있어야 한다.

경제 문제뿐만 아니라 경제학 역시 쉬워야 한다. 경제학은 우리 일상생활에 실질적으로 도움을 줄 수 있어야 한다. 돈을 벌어 줄 수 있어야 하고, 경제적 선택에서 최소한의 판단 기준이라도 제공해 줄 수 있어야 한다. 그리고 의식이 깨어 있는 사람이라면 누구나 경제 정책에 한마디쯤은 거들 수 있어야 한다. 그래야 이 나라의 주권을 제대로 행사할 수 있다. 그러려면 경제학이 지금처럼 어려워서는 안 된다.

사실 기존 경제학은 아주 쉽고 단순하다. 예를 들어, 여기에 사과 하나가 있다고 하자. 그 가격은 어떻게 변동할까? 답은 간단하다. 수요가 더 많아지면 가격은 오르고, 공급이 더 많아지면 가격은 내린다. 다시 말해, 살 사람이 더 늘어나면 가격은 오르고, 그것을 생산해서 팔 사람이 더 늘어나면 가격은 내린다. 이것으로 기존 경제학이 가르치는 가격 이론은 모두 배웠다고 해도 지나치지 않다.

다른 예를 들어 보자. 투자가 더 크면 소득이 늘고, 저축이 더 크면 소득은 줄어든다. 쉽게 말해서, 투자가 활발하면 경기는 호황을 보이고, 투자가 부진해지면 경기는 하강한다. 이것으로 현재의 경제학이 가르치는 소득 이론은 거의 모두 배웠다. 이런 수준조차 모르는 사람은 아마 아무도 없을 것이다.

또 하나, 통화는 신용창조를 한다. 이것은 다소 어렵게 여겨지겠지만, 찬찬히 생각해 보면 어려울 것도 없다. 한국은행이 화폐를 발행하면 그 돈은 경제에 뿌려진다. 경제 안에 뿌려진 돈은 예금 등의 형태로 은행(다른 금융기관 포함)에 돌아오고, 그러면 은행은 예금주에게 수표나 예금 통장을 발급한다. 은행에 돌아온 돈은 대출 등의 형태로 경제에 다시 뿌려지고, 이것이 다시 은행에 되돌아온다. 그 과정에서 남겨진 수표나 예금 통장 등도 돈의 역할을 한다. 그래서 경제에는 한국은행이 발행한 돈보다 훨씬 많은 돈이 유통된다. 이것을 신용창조라고 부른다.

이상에서 언급한 세 가지 이론이 경제학을 구성한다. 즉 미시 이론이라고 불리는 가격 이론, 거시 이론이라고 불리는 소득 이론, 그리고 통화금융 이론이다. 그 밖에 무역에 관한 이론과 정부 재정에 관한 이론 등 여러 분야의 이론이 있으나, 이것들은 모두 소득 이론인 거시 이론에 포함시킬 수 있다.

기존 경제학이 가르칠 수 있는 것은 고작 위와 같은 정도에 불과하다. 물론, 이런 단순하고 쉬운 경제 원리 속에는 아주 많은 의미가 담겨 있고, 그 숨겨진 의미까지 알아내야 비로소 경제를 제대로 읽어 낼 수 있다. 그러나 이것도 어려운 일만은 아니다. 곰곰이 상식적으로 생각하고 끝까지 추적해 보면, 보통 사람도 그 의미를 얼마든지 포착해 낼 수 있다.

그러나 학교에서 가르치는 경제학은 엄청 어렵다. 경제학 교과서를 보면 누구나 그렇게 느낄 것이다. 가격 이론에는 수요표도 나오고 무차별 곡선도 나온다. 한계효용 곡선을 도출해야 하고 한계비용 곡선도 도출해야 한다. 단기 공급곡선을 알아야 하고 장기 공급곡선도 알아야 한다. 한계생산력과 일반균형의 의미까지 이해해야 한다. 소득 이론 중 ISLM 곡선에 이르면 너무 어려워서 입이 딱 벌어진다. 무역 이론 중 헥셔올린 정리는 더 어렵다.

혹시 이런 용어들이 궁금해서 죽을 지경이더라도 굳이 알려고 할 필요는 없다. 이것들을 충분히 이해하려면 너무 많은 시간을 소모해야 한다. 그 과정에서 자칫 논리적 치밀성과 아름다움에 취해서 심미적 함정에 빠져들면, 공연히 오랜 세월을 허비하면서 공리공론의 늪에서 허우적거려야 할지도 모른다. 그냥 그런 것들이 있더라고 생각하면 그만이다.

도대체 이런 것들이 실생활에 무슨 의미를 가질까? 경제생활에 어떤 도움을 줄까? 이런 것들은 경제 현실을 읽어 내고 진단하고 예측하는 데에는 거의 아무런 쓸모가 없다. 조직적이고 과학적인 사고를 키우는 데에는 필요할지 모르지만, 이것들을 경제 현실에 적용하려고 시도하다가는 낭패를 보는 경우가 더 많다. 경제 현실은 이런 이론들과는 거리가 너무 멀기 때문이다.

## 경제학은 왜 어려워졌을까

경제학이 지금처럼 어려워진 이유가 도대체 무엇일까? 경제학자나 경제전문가 들은 왜 어려운 전문 용어를 동원하여 보통 사람을 주눅 들게 만들곤 하는 걸까? 혹시 자신들의 무능을 숨기기 위한 것은 아니었을까?

실제로 그 무능함은 이미 여러 차례 드러난 바 있다. 특히 경기 전망에서 거듭하여 실패함으로써 경제학의 무능을 결정적으로 드러냈다. 거대한 이론 모델을 구축하고 대형 컴퓨터를 동원했지만 결과는 언제나 신통치 않았던 것이다. 전망이 현실의 흐름과 정반대로 나타난 경우도 제법 많았다.

그래서 경제학에 대한 사람들의 신뢰는 추락하고 말았다. 과거에는 대학에서 경제학과가 가장 인기 있는 학과 중 하나였지만, 이제는 지원자가 뚝 떨어졌고, 취업에서도 다른 학과에 뒤떨어질 정도에 이르렀다. 그렇다면 경제학자들이 더 이상 숨길 것이 무엇일까?

기독교가 사회 전반을 지배하던 서양의 중세 시대에는 성경을 자국어로 번역하면 화형에 처해진 적이 있었다. 쉽게 말해서, 성경을 우리말로 번역하면 목숨을 잃어야 했던 것이다. 왜 이런 어이없는 일이 벌어졌을까? 신자들이 성경을 읽고 쉽게 이해하면, 하나님의 사도로서 절대적인 존재로 여겨졌던 신부 등 목회자의 권위가 떨어지기 때문이었다. 실제로 인쇄술이 발달하고 성경이 널리 전파되자 목회자보다 성경을 훨씬 더 정확하게 이해한 사람들이 나타났고, 이들이 종교개혁을 주도적으로 이끌어 냈다.

혹시 경제학자들도 위와 같은 중세의 암흑시대를 만들려는 것은 아닐까? 경제를 읽어 내는 데에 아무런 쓸모가 없는 수학식을 동원하는 이유가 도대체 무엇일까? 수리경제학이 경제현상을 읽어 내는 데에 조금이라도 도움을 준다면 모르지만, 그게 아니라는 사실은 이미 오래전에 거듭 확인되지 않았던가!

이래서는 안 된다. 경제학은 무조건 쉬워야 한다. 경제학자들이 스스로 나서서 경제학을 쉽게 만들어야 한다. 그래야 경제학과 경제학자의 권위가 다시 살아날 수 있다. 종교개혁이 기독교를 살려 냈듯이 경제학의 개혁이 경제학을 살려 낼 것이다. 성경을 누구나 읽을 수 있게 된 뒤에 비로소 종교개혁이 이루어졌듯이 누구나 경제학을 쉽게 이해할 수 있어야 경제학의 개혁도 이루어질 것이다.

경제학은 용어부터가 생소하고 어렵다. 일반적으로 사용하는 쉬운 단어가 아닌 고유의 어려운 용어를 사용하곤 한다. 예를 들어, '상품' 대신 굳이 생소하고 어려운 '재화'라는 용어를 사용한다. 경제학이 쉬우려면 이런 용어부터 우리 일상생활과 친숙하고 쉬운 것으로 바꿔야 하지 않을까?

물론 팔고 사는 것에는 상품만 있는 것이 아니다. 서비스도 사고 판다. 서비스나 상품은 똑같은 경제적 기능을 한다. 둘 다 똑같이 소득을 올려주고, 그 소득은 똑같이 분배되며, 서로 하나도 다르지 않게 생산되고 소비된다. 서비스와 상품을 구분할 이유가 없는 것이다. 우리 일상용어에는 서비스와 상품을 함께 일컫는 용어가 없어서, 기존 경제학은 '재화'라는 생소한 용어를 굳이 사용한 것이다. 그러나 서비스도 하나의 상품에 불과하다. 실제로 서비스 상품이라는 용어가 일상적으로 사용된다. 따라서 특별한 경우가 아니라면 '재화'라는 생소한 용어보다는 익숙한 '상품'이라는 용어를 사용하는 것이 더 바람직하다.

그런데 진짜로 서비스와 상품 사이에는 아무런 차이가 없을까? 상품이 있어야 서비스가 존재하는 것은 아닐까? 상품만이 국부를 창출하고 증진시키는 것은 아닐까? 서비스가 아무리 발달하더라도 국력에는 아무런 도움을 주지 못하는 것이 현실은 아닐까? 그래서 재화라는 생소한 용어를 굳이 사용하는 것은 아닐까? 이런 의문이 들었다면, 당신은 경제학의 선구자들이 고민했던 문제에 접근했다고 볼 수 있다.

지금은 이렇게 주장하는 경제학자들이 거의 없지만, 경제학이 성립하던 초기에는 '농업만이 국부를 창출하는 근원'이라고 주장하던 학자들이 있었다. 중농주의 경제학파가 그들이다. 그 발상지는 농업 부국이던 프랑스였다. 참고로, 우리나라에서도 옛날에는 농사꾼을 천하의 근본이라고 여겼고(農者之天下大本), 공업이나 상업을 하는 사람은 천시당했다.

그러나 산업혁명으로 공업이 획기적으로 발달한 영국이 농업을 중시한 프랑스보다 훨씬 부강해졌다. 이런 사실이 확연하게 드러난 다음부터는 중농주의가 차츰 자취를 감추었다.

상업과 해외 무역에 힘을 기울인 나라들이 경제적으로 더 번영한다는 사실이 드러나면서부터는 서비스업의 중요성을 재인식하는 계기가 되었다. 서비스업도 농업이나 공업과 다르지 않게 돈을 벌어 주며, 아울러 국부까지 창출해 주는 것이다.

이처럼 대부분의 경제 문제는 현실에 비추어 상식적으로 접근하면 비교적 쉽다. 경제학도 크게 다르지 않다. 어쩌면 가장 쉬운 경제학이 경제를 가장 잘 읽어 낼 수 있다고 할 수 있다. '가장 쉬운 경제학'은 가장 기초적인 경제학을 의미하고, 가장 기초적인 경제학은 가장 기초적인 경제 원리에 접근하며, 가장 기초적인 경제 원리를 알면 경제를 올바르게 읽어 낼 수 있는 1차 조건이 갖춰지기 때문이다. 실제로 진실은 항상 우리 곁에 있고, 진리는 가장 기초적이고 쉬운 곳에 있다.

 그동안 경제학이 경제를 제대로 읽어 내지 못했던 원인도 여기에 있었다고 할 수 있다.
 만약 경제학이 '쉬운 경제학', 가장 기초적인 이론 탐구로 다시 돌아갈 수 있다면, 경제현상을 읽어 내는 데에 좀 더 유능해질 수 있을 것이다. 경제현상을 좀 더 유능하게 읽어 낼 수 있다면 돈 버는 일이 좀 더 쉬워질 것이며, 우리의 생활도 더 윤택해질 수 있을 것이다. 사실 기존 경제학에 약간의 수정

만 가한다면, 그래서 경제학을 조금만 더 발전시킨다면, 경제를 읽어 내는 데에도 더 유능해질 수 있다. 뿐만 아니라 누구나 돈 버는 지혜를 터득해서 더 큰 부자가 될 수 있을 것이다.

지금부터는 아주 '쉬운 경제학', 그러나 가장 '강력한 경제학', 기존 경제학에 약간의 수정을 가한 새로운 경제학, '돈 버는 경제학'을 배워 보도록 하자. 그것을 바탕으로 경제를 올바르고 정확하게 읽어 내는 방법을 살펴보도록 하자. 이것이 더 많은 사람에게 전해진다면, 그래서 우리 모두가 돈을 더 많이 벌고 좀 더 여유로운 삶을 살 수 있다면 좋은 일일 것이다.

## 경제학의 철학적 고찰은 돈 버는 데 쓸모없다

경제학 책을 보면 '경제'에 대한 다양한 정의가 있다. 경제사에서 뛰어난 업적을 남긴 A박사는 '경제란 이런저런 것이다.'라고 말했다거나, 당대에 가장 유명한 경제학자인 B교수는 '경제란 그렇고 그런 것이다.'라고 말했다는 등의 내용을 흔히 볼 수 있다. 예를 들어, 마샬은 '복지를 위한 물질적 필요조건의 획득과 이용에 관해 연구하는 것', 피구는 '화폐로 측정할 수 있는 경제적 복지에 관한 연구', 로빈스는 '여러 목적과 대체 용도를 가진 희소한 여러 수단 사이의 인간행동을 연구하는 것', 사무엘슨은 '각종 재화를 지속적으로 생산하기 위해 희소한 생산자원을 어떻게 사용하는가 그리고 그것을 현재와 미래의 소비를 위해 어떻게 배분하는가에 관한 연구'라고 정의했다는 따위가 그것들이다. 그런데 이처럼 어려운 정의가 도대체 무엇 때문에 필요할까?

철학적인 의미를 부여하면 경제를 더 잘 이해할 수 있을지 모르지만, 이것은 의사에게 '인간이란 무엇인가?'라는 철학적인 연구를 하도록 하는 것이나 마찬가지다. 이런 문제는 철학자에게 맡겨두는 것이 좋다. 의학은 사람의 건강을 지켜내면 그만이다. 경제학도 마찬가지로 경제를 잘 읽어 낼 수 있고 돈을 더 많이 벌 수 있게 한다면 그만이다. 굳이 경제가 무엇인가를 철학적으로 고찰할 필요는 없다.

경제학은 사회과학이고 실용과학일 뿐이다. 특히 일반인에게는 개념이나 정의는 아무런 필요도 없다. 이런 철학적인 고찰을 하는 데에 소요되는 시간을 '현실에 유용한 이론'을 하나라도 더 찾아내는 데에 쏟는 것이 훨씬 더 낫다.

사람은 사람이듯이 경제도 경제일 따름이다. 어렵게 생각하면 한없이 어려워지고, 의미를 부여하자면 한없이 다양해진다. 그냥 '상품의 생산과 소비와 분배가 함께 이루어지는 하나의 생물체가 곧 경제'라고 보면 된다. 의사가 사람을 하나의 생물체로 보듯이, 경제를 사람과 같은 하나의 생물체로 보는 것이다.

실제로 경제를 사람과 같은 하나의 생물체로 간주하면, 경제를 이해하는 일이 훨씬 쉬워진다. 경제는 생산과 소비와 분배가 순환하면서 유지되는데, 이것은 생물체의 순환 기능과 유사하다. 만약 이런 순환의 고리 중 어느 하나에 문제가 생기면 곧이어 경제난이 닥치는데, 이것 역시 사람의 순환 기능 중 어느 하나에 문제가 발생하면 병이 발생하는 것과 비슷하다. 이것을 다른 사람보다 먼저 알아낼 수 있다면 큰돈을 벌 기회를 얻을 수도 있다.

이 문제는 '8. 경제병리학으로 손실 예방하기'에서 자세하게 다루겠지만, 간단하게나마 미리 언급해 두자면 이렇다. 10여 년 전 외환위기가 닥쳤을 때, 우리는 대부분 엄청난 경제적 고통을 겪어야 했다. 어떤 이는 잘 다니던 직장에서 해고당했고, 어떤 이는 경영하던 흑자 기업이 졸지에 도산당하는 일을 겪기도 했다. 그러나 다른 한편에서는 아주 큰돈을 번 사람들도 있었다. 경제 파국이 닥치자, 지금은 수십억 원을 호가하는 아파트를 불과 2~3억 원에 살 수 있었고, 지금은 기업 가치가 수백억~수천억 원을 호가하는 기업을 불과 몇 십억이나 몇 백억 원에 인수하기도 했다. 외환위기라는 경제 질병이 그 사람들에게 이처럼 큰돈을 벌어 주었던 것이다.

사실, 경제지표는 우리 경제가 외환위기에서 서서히 벗어나고 있다는 사실을 이미 1998년 상반기부터 보여주었다. 국제수지가 매월 30~40억 달러의 흑자를 기록하고 있었고, 외환보유고는 6월 말에 400억 달러를 넘어섰다. 그렇다면 외환보유고 고갈 사태에서 헤어나고 있고, 부동산이나 기업의 가치도 머지않아 회복될 것으로 볼 수 있었다. 이런 판단이 그들에게 위와 같이 큰돈을 벌어 주었을 것이다. 누구든지 경제문제와 경제 통계에 조금 더 관심을 기울였더라면 외환위기라는 경제질병이 치유되고 있다는 사실을 쉽게 알 수 있었고 그들처럼 큰돈을 벌 수 있었을 것이다.

# 2장

# '돈 버는 경제학', 재테크에 적용하기

재테크의 3박자, 수익성 – 안정성 – 유동성

소득의 변화를 알면 투자 종목이 보인다

수요의 시간 이동으로 투자 적기 가늠하기

'돈 버는 경제학'이 강권하는 주식 투자 6대 철칙

왜 외국인이 우리 주식 시장을 지배하게 되었을까

왜 투자할 곳이 여전히 대한민국인가

지금이 주식 투자의 적기일까

관망과 준비, 기다림의 시기

인구가 늘어나는 곳이 부동산 투자의 노른자위다

부동산 거품 여론은 부풀려져 있다

투자 불패不敗의 오만함에서 투자 필패必敗의 신중함으로

부동산 경기는 언제쯤 다시 살아날까

펀드 투자의 관건은 펀드 운용자에 달렸다

열풍 불 때 떠나라! – 펀드 투자의 기본 원칙

묻지 마 해외 투자는 돈 잃는 지름길이다

요즘 재테크에 관한 책이 큰 인기를 끌고 있다. 다른 어떤 분야보다 많은 종류의 책이 나와 있다. 마치 온 나라가 재테크 열풍에 휩싸인 것 같은 기분이 들 정도다. 이건 오래된 일은 아니고, 비교적 최근에 나타난 현상이다. 그렇다면 사람들은 왜 갑자기 재테크에 관심을 보이게 된 것일까? 재테크가 경제 문제의 하나라고 한다면, 경제학은 이것을 어떻게 해석해야 할까? 어떤 경제 원리로 해석해야 할까?

 사실, 과거에는 버는 것보다 적게 소비하고 열심히 저축하면 '작은 부자'는 얼마든지 될 수 있었다. 과거에는 자본 축적이 절대적으로 부족했기 때문이다. 경제학이 가르치는 바대로, 희소하면 가치가 높듯이 자본 축적이 부족했으므로 이자율은 상대적으로 높았다. 그래서 은행 이자만 받아서 축적하더라도 작은 부자는 얼마든지 될 수 있었다. 그러나 지금은 그게 불가능하다. 지금은 자본 축적이 과잉인 시대로 변했기 때문이다. 기업은 현금 자산이 남아돌고, 소비자 역시 소득은 늘어도 소비를 그만큼 늘리지 않는 것이 지금 우리의 현실이다.

이에 따라 은행의 저축예금 이자는 평균적으로 4~5% 정도에 불과하다. 국공채 수익률 역시 5%에 미치지 못하는 때도 자주 나타난다. 만약 이런 금융 자산에만 투자한다면 재산은 20년 후에 2.5배를 약간 넘게 증가하는 데 그친다(1.05를 20번 곱해 보라). 반면에 평균적인 물가 상승률은 3% 전후에 달한다. 이걸 빼면 약 1.5배가 증가할 뿐이다(1.02를 20번 곱해 보라). 물가 상승을 감안하면 재산은 20년 후에도 거의 늘어나지 않는 셈이다.

반면에 우리나라가 매년 평균 5% 정도 성장하고 물가는 매년 3% 정도 오른다고 가정하면, 이런 평균적인 분야에 투자하더라도 재산은 20년 후에 5배 가까이 증가한다(1.08을 20번 곱해 보라). 은행에 저축하는 것보다 두 배 이상 더 큰 부자가 될 수 있는 셈이다. 이것은 최악의 경우에 올릴 수 있는 평균적인 투자 수익에 불과하다. 성장률은 6%에 이를 수도 있고 7%에 이를 수도 있기 때문이다.

혹시라도 투자 수익률이 연평균 20%를 기록할 수 있다면 재산은 20년 후에 38배로 증가한다(1.2를 20번 곱해 보라). 만약 연평균 수익률이 25%에 이른다면 20년 후의 재산은 무려

87배나 증가한다(1.25를 20번 곱해 보라). 재테크가 중요한 이유가 바로 여기에 있다. 실제로 세계로 눈을 돌려 보면 연평균 수익률이 20%가 넘는 펀드나 투자기관 들을 얼마든지 찾을 수 있다.

　대표적으로, 워렌 버핏이 경영하는 버크셔헤더웨이라는 투자회사는 1965년부터 13년 동안 연평균 수익률이 28%를 기록했고, 1983년부터 10년 동안에는 31%에 달했다. 그 밖의 기간까지 합치더라도 연평균 수익률은 20%를 넘는다. 마젤란 펀드는 피터 린치가 운용했던 1977년부터 1990년까지 14년 동안에 연평균 수익률이 무려 129%에 이르기도 했다. 그 밖에 조지 소로스와 짐 로저스가 함께 설립한 퀀텀 펀드나 줄리안 로버트슨이 설립한 타이거 펀드 등도 아주 높은 수익률을 올리는 것으로 유명하다. 공적 기관인 캘리포니아 교원 연금도 연평균 수익률이 20%를 넘는다. 이들은 도박적인 투자를 멀리 했는데도 이런 높은 수익률을 올렸다.

　그런데 우리나라는 성장률도 미국보다 더 높고, 이자율도 더 높다. 그렇다면 미국보다 더 낮은 수익률을 올릴 이유가 없다. 국내에서도 미국의 투자기관보다 더 높은 수익률을 얼마든지 올릴 수 있다. 그러나 우리 국민은 대부분 이런 점에는 관심조차 없는 것 같다. 이익률이 비교적 낮은 저축이 우리나라 총 금융 자산의 60%에 이를 정도이니 말이다. 우리 국민 60%는 스스로 가난뱅이가 되려고 작심한 것이나 다름

없다고 해도 지나치지 않다.

왜 이런 일이 벌어졌을까? 재테크도 경제 문제라면 경제학자는 이런 사실, 즉 우리나라의 자본 축적이 점점 더 많아져서 조만간 과잉으로 치달을 것이며, 이에 따라 이자율이 지금처럼 크게 떨어질 것이라는 사실을 진작 사람들에게 충분하게 알렸어야 했다. 그러나 우리 경제학자들 중 누구도 그렇게 하지 않았다. 경제학자는 그동안 파업을 하고 있었던 셈이다.

이 책은 결국 기존의 경제학자들이 하지 않았던, 경제학을 재테크에 적용시킨, 이를테면 '재테크 경제학 교본'이라 할 수 있다. 이런 거추장스런 이름을 고쳐서 쉽게 풀어쓴 것이 다름 아닌 '돈 버는 경제학'이다. 이 '돈 버는 경제학'에 입각하여 우선 가장 일반적인 재테크 방법인 주식과 부동산 그리고 최근에 열풍을 일으키고 있는 펀드를 중심으로 살펴보도록 하자.

## 재테크의 3박자, 수익성 - 안정성 - 유동성

왕도는 항상 쉬운 곳에 있다. 다만 실천이 어려울 뿐이다. 열심히 저축하면 작은 부자는 얼마든지 될 수 있다는 사실을 누구나 잘 알지만, 세상에는 가난한 사람이 너무 많다. 수입보다 덜 쓰고 계속 저축하면 그것이 이자를 낳고, 그 이자가 모이면 재산이 더욱 늘어나며, 머지않아 가난을 벗어날 수 있다는 사실은 누구나 잘 알지만, 그것을 실천하지 못하는 것이다.

재테크도 마찬가지다. 널리 알려진, 그리고 아주 쉬운 방법이 바로 왕도이다. '재테크 3분법'이 바로 그것이다. 현금성 자산과 부동산 그리고 주식에 각각 1/3씩 투자하라는 것이다. 그런데 3등분 투자법을 왜 왕도라고 부를까?

투자 수익률이 높으면 위험성은 그만큼 커지고, 안정성만을 추구하면 투자 수익률이 낮아지기 때문이다. 또한 재산의 유동성이 떨어지면 긴급한 필요에 재빨리 대응하지 못함으로써 큰 손실을 입을 수 있기 때문이다. 좀 더 구체적으로 말하자면, 현금성 자산을 가지고 있지 않으면 아무리 좋은 투자기회가 주어져도 그것을 놓치고 만다. 현금성 자산을 어느 정도는 항상 보유하고 있어야 좋은 투자기회가 오면 그것을 잡을 수 있다. 따라서 재테크는 '수익성'과 '안정성'과 '유동성'의 균형을 맞추는 것이 필수적이다. 이것이 바로 재테크의 3박자이다. 재테크가 쉽지 않은 것은 이 세 가지가 균형을 잃고 서로 엇박자를 내기 때문이다.

'재테크 3분법'이 투자의 왕도로 널리 알려진 것은, 현실이 그것을 이미 충분하게 증명했기 때문이다. 따라서 재테크에서 이것처럼 좋은 방법은 없다. 물론 경제 상황이 급변할 때에는 그 비중을 적절하게 조절하는 지혜가 필요하지만 말이다.

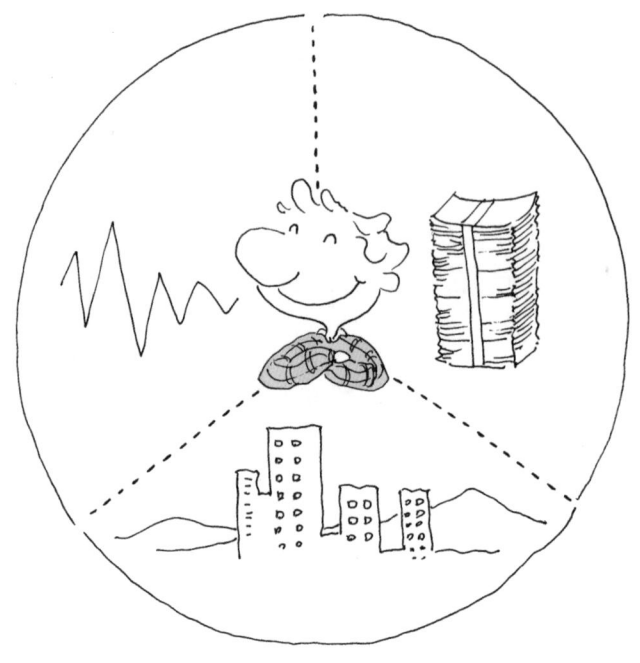

 그럼 현금성 자산은 어떻게 보유하고, 어떤 부동산과 어떤 주식에 투자해야 할까? 부동산은 언제 투자해야 하고, 주식은 언제 투자해야 할까? 현금성 자산의 비중은 언제 높여야 하고, 어떻게 보유해야 할까? 혹시 전문가들이 운용하는 각종 펀드에 투자하는 것이 더 낫지 않을까? 지금부터 '돈 버는 경제학'의 관점에서 이 문제들을 살펴보도록 하자.
 현금성 자산의 비중을 높이는 일은 부동산 및 주식 투자와는 역의 관계를 가지고 있다. 부동산 및 주식 투자를 늘릴 경

우에는 현금성 자산의 비중은 줄어들 수밖에 없고, 반대의 경우에는 그 비중이 높아지는 것이다. 따라서 현금성 자산에 대한 투자의 문제는 굳이 자세하게 살펴볼 필요가 없이 부동산 및 주식 투자의 경우만 살피더라도 충분하다. 그러므로 이 문제는 다음과 같이 간단하게 지적하고 넘어가고자 한다.

현금성 자산은 더 높은 수익을 올릴 기회를 기다리거나 만약의 경우에 대비하는 일종의 대기성 자금이다. 따라서 예금의 형태로 보유하거나, 쉽게 팔 수 있는 국공채·CD 등을 사두거나, 증권사 CMA 계좌 등에 넣어 두는 것이 바람직하다. 이들 금융 상품은 평균 수익률이 은행 이자율보다 더 높고 비교적 쉽게 인출할 수 있으므로 권장할 만하다. 그 밖에 견실한 회사의 회사채를 사 두는 것도 고려해 볼 만하다. 이것들은 일반인도 은행과 증권회사 등 대부분의 금융기관을 통해서 쉽게 사고팔 수 있다.

노파심에서 미리 밝혀 둘 점이 하나 있다. 증권 시장에서는 주식 외에도 외환 선물 증권, 금리 선물 상품, 각종 국제 원자재의 선물 증권, 각종 파생 금융 상품 등이 거래된다. 그런데 이런 금융 상품들은 변동성이 워낙 크고 손실의 위험 부담도 아주 크므로 보통 사람으로서는 관심을 가질 일이 결코 아니다. 투기 거래가 일상적으로 이루어지고, 어떤 의미에서는 도박이라고 해도 지나치지 않을 정도이기 때문이다. 잘 알려져 있듯이 도박은 강한 중독성을 가지고 있으므로 특히 주의할 일이다.

보통 사람이 수십 년 동안 내공을 쌓아 온 이 세계의 전문가들과 겨루어서 돈을 버는 일은 거의 기적에 가깝다. 그렇지만 불을 향해 모여드는 나방처럼 수많은 사람이 이곳에 달려들어 평생 모은 재산을 날리기도 한다. 따라서 이런 시장, 이런 투기적 금융 상품에는 아예 처음부터 관심을 갖지 않는 것이 더 바람직하다. 주식 거래에서도 마찬가지다. 선물이나 옵션 등에 대해서는 특별한 경우가 아니면 관심을 기울이지 않는 것이 바람직하다.

## 소득의 변화를 알면
## 투자 종목이 보인다

흔히 주식 가격은 '기업의 미래 가치'라고 말한다. 맞는 말이다. 어떤 기업이 현재 얼마나 매출을 올리고, 어느 정도의 수익을 올리는가도 중요하지만, 미래에는 매출이 얼마로 증가하고 수익은 얼마나 늘어나는가도 아주 중요하다. 따라서 미래의 전망이 더 밝은 기업의 주식 가격이 높게 나타나는 것은 당연한 일이다. 실제로 유능한 주식 투자자들은 어느 기업의 현재 실적이 좋은가는 물론이고, 어느 기업의 미래 전망이 밝은가를 열심히 추적하여 투자한다. 주식 투자로 돈을 벌기 위해서는 이것은 기본 자세이다.

　우리나라 신설 사업자가 5년 동안 생존할 비율은 5%에도 미치지 못한다. 미국 같은 나라도 5년 안에 90% 이상의 기업이 망한다. 대기업도 크게 다르지 않다. 30년 전 우리나라 30대 기업 중 지금까지 명맥이라도 유지하는 곳은 10여 개에 불과하다. 세계적 경제 저널인 『포브스』가 창립 70주년을 맞아 조사한 바에 따르면, "1917년 당시 미국의 100대 기업 가운데 1987년까지 살아남은 기업의 수는 39개에 불과했으며, 그 가운데 100대 기업의 위상을 유지하고 있는 기업 수는 단지 18개에 불과했다."(잭 웰치, 『끝없는 도전과 용기』, 640쪽)고 한다.

　이처럼 사라질 기업의 주식에 투자하면 이익은커녕 원금까지 모두 날리고 만다. 따라서 주식 종목을 선택하는 일은 어느 무엇보다 중요하다. 아니, 종목만 잘 선택해도 얼마든지 큰돈을 벌 수 있다. 주식 투자에서 종목의 선택은 그만큼 중요하다.

　실제로 주가지수가 약 5배 올랐던 지난 10년 사이에, 현대자동차 주가는 8,000원대에서 10만 원대로 10배 이상 뛰었고, 삼성전자 주가는 3만 원대에서 60만 원대로 약 20배, SK텔레콤도 2만 원대에서 50만 원대로 20배 가까이, 포스코는 4만 원대에서 70만 원대로 약 18배가 뛰었다. 삼성증권은 4,000원대에서 10만 원대로 30배 가까이 올랐고, 신세계는 1만 원대에서 70만 원대로 약 70배가 뛰었다. 현대미포조선의 경우는 2003년까지도 4,000원대에 불과했으나 지금은 40만 원대로서 불과 4년 사이에 무려 100배 가까이 뛰었다. 이런 사실은 주식 투자로도 종목만 잘 선택하면 얼마든지 큰돈을 벌 수 있다는 점을 여실히 증명한다.

세계적인 주식 투자자 워렌 버핏 역시 좋은 종목을 잘 선택하여 그 주식 가격이 충분히 오를 때까지 장기간 보유함으로써 앞에서 언급한 바와 같은 높은 수익을 올렸다. 그는 코카콜라나 맥도날드나 질레트 등의 종목을 평생 보유하는 것이나 다름없고, 워싱턴포스트, ABC, GEICO 등도 마찬가지다. 이처럼 그는 기업의 가치만을 따져 투자하는 것으로 유명하다. 그는 가치 투자의 신기원을 이룩한 셈이다. 그럼 어떤 기업의 가치가 높고 그 가치가 오랜 세월 유지될 수 있을까?

이것을 파악하는 일을 돕는 것이 바로 '돈 버는 경제학'이다. 그 이론을 정확하게 이해하면, 어느 산업의 기업이 상대적으로 더 빠르게 성장할 것인가, 어떤 기업의 이익이 상대적으로 더 크고, 그 이익은 얼마나 빠르게 증가할 것인가 등을 다른 사람보다 더 빨리, 더 정확하게 파악할 수 있다. 워렌 버핏의 가치 투자가 성공할 수 있었던 이유도 비로소 이해할 수 있다.

이 문제는 '4. 수요 원리로 시장 니즈needs 감지하기'에서 본격적으로 다루겠지만, 대강이나마 미리 밝혀 두자면 다음과 같다. 소득이 상승함에 따라, 혹은 경제가 성장함에 따라 소비자의 수요는 크게 변한다. 예를 들어, 1980년대 말처럼 국민 소득이 7,000~8,000달러 수준에 이르렀을 때에는 자동차에 대한 수요가 폭발적으로 증가하기 시작한다. 이런 사실은 자동차 회사의 매출 급증은 물론이고 이익률도 크게 올라갈 것임을 뜻한다. 따라서 그때 현대자동차에 투자해 두었더라면 지금쯤 크게 돈을 벌었을 것이다.

지금처럼 국민소득이 2만 달러 수준에 이르렀을 때에는 장차 더 근본적인 변화가 일어날 가능성이 높다. 종목을 잘 선택하면 주식 투자로 큰 이익을 올려 줄 가능성이 그만큼 크다는 것이다. 일본의 경우, 국민소득이 2만 달러를 넘어선 1988년을 전후하여 수요 구조가 근본적인 변화를 나타냈다. 예를 들어, 건강·문화·안전 등의 산업이 크게 성장했다. 미국은 국민소득이 1만 달러를 넘어선 1973년을 전후하여 수요 구조의 근본적인 변화가 일어났다. 특히 레저, 제약, 외식 산업 등이 비약적인 성장을 시작했다. 월트디즈니나 맥도날드 등이 급성장을 시작한 때가 바로 이 시절이다.

워렌 버핏의 투자는 이런 점을 동물적 감각으로 잘 파악했기 때문에 성공했다고 볼 수 있다. 다시 말해서, 미국의 소득 변화가 불러올 수요의 변화를 정확하게 파악하였고, 그것을 바탕으로 투자했기 때문에 성공할 수 있었던 것이다. 워렌 버핏처럼 동물적인 감각을 갖추지 못한 보통 사람으로서는 이런 수요의 변화를 과학적으로 이해하려는 노력을 치열하게 기울여야 더 많은 돈을 벌 수 있다. 이 문제는 '4. 수요 원리로 시장 니즈needs 감지하기' 중 '먹을거리에서 즐길거리로, 수요 변동의 역사'를 다루면서 다시 자세하게 언급할 것이다.

그런데 수요 이론만으로는 부족하다. '5. 공급 원리로 이윤 창출하기'에서 다룰 공급 이론 역시 충분하게 이해할 필요가 있다. 이 이론은 어느 기업의 이익이 더 큰가, 혹은 어느 기업이 더 빨리 성장하는가 등을 이해할 수 있도록 해줄 것이다. 그것을 제대로 이해하기만 하면 좋은 종목을 얼마든지 스스로 찾아낼 수 있다. 최소한 어느 종목 혹은 어느 기업을 선택할 것인지, 그 기준이나마 스스로 마련할 수 있을 것이다.

## 수요의 시간 이동으로
## 투자 적기 가늠하기

어떤 종목에 투자하느냐도 중요하지만, 그에 못지않게 중요한 일은 언제 주식을 사고 언제 팔아야 하느냐이다. 워렌 버핏은 가치 투자로 큰돈을 벌었지만, 주식 투자의 시기를 잘못 선택했더라면 그처럼 크게 성공하지는 못했을 것이다. 실제로 그는 1960년대 중반 이후 매년 50%에 달하는 경이적인 수익률을 올리던 펀드를 1968년에 자진하여 해산시킨 바 있다. 그 이유는 주식 시장이 과열되었다고 판단했기 때문이다. 실제로 1970년대 초반에 주식 시장이 약세로 돌아섰으며, 이것이 불러왔을 수도 있었을 손실을 절묘하게 피해 갔다.

우리로서도 마찬가지다. 만약 국내 주가지수가 2,000에 이르렀던 2007년 말경에 주식 투자에 나섰다면 큰 손실을 입었을 것이다. 지금은 주가지수가 그때보다 크게 떨어졌기 때문이다. 그 이전에도 마찬가지였다. 만약 2000년 초에 주식 투자에 나섰다가 연말에 정리했다면 투자 금액은 절반도 남기지 못했을 것이다. 주가지수가 연초 1,055에서 연말에는 505까지 떨어졌기 때문이다. 이런 일은 최근에만 일어난 것이 아니다.

1995년에 주식 투자에 나섰던 사람들은 1997년 말에는 투자 원금까지 거의 모두 잃어야 했다. 1980년대 말에는 주식 투자에 나섰던 많은 사람이 원금을 잃은 것은 물론이고, 증권계좌의 신용 잔고를 정리하기 위해 재산을 팔아야 했을 정도이다. 1970년대 말에는 주식 투자를 했던 사람들이 자신은 물론이고 친인척 재산까지 잃게 한 경우도 많았다. 왜 이런 일들이 벌어졌을까? 당연히 투자 시점을 잘못 선택했기 때문이다. 그럼 주식 투자 시점은 어떻게 잡아야 할까?

앞에서 간단하게 언급한 바처럼, 주식 시장은 거의 10년에 한 번씩 투기 장세를 연출하다가 곧 폭락 장세로 돌변했다. 그렇다면 이런 급변을 미리 알아내기만 한다면 큰돈을 벌 수

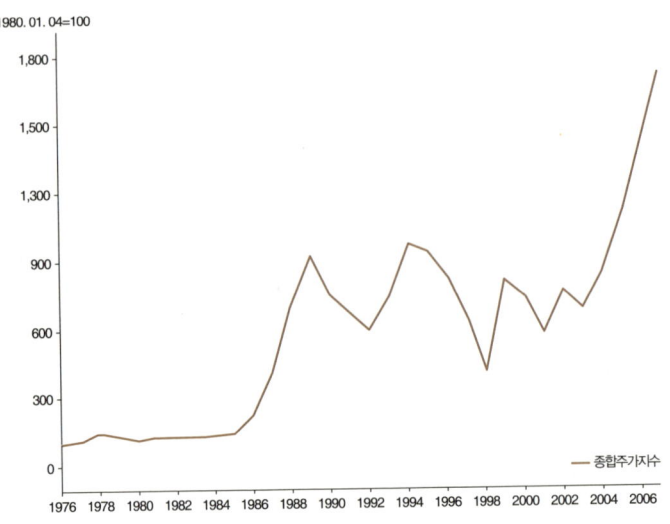

**주가지수 그래프**

있지 않을까? 맞는 말이다. 이것을 알아내기 위해 소득 이론이 존재한다. 앞으로 살펴볼 '돈 버는 경제학'의 소득 이론은 최소한 그 지침이나마 가르쳐 줄 것이다. 이 문제는 '9. 소득 원리로 부자되기'에서 본격적으로 다룰 것인데, 대강을 미리 밝혀 두자면 다음과 같다.

'주식은 기업의 미래 가치'이지만, 미래의 가치를 평가하는 때는 바로 현재이다. 따라서 현재의 경제 상황이 미래 가치 판단에 결정적인 영향을 끼친다. 만약 현재의 경기가 호조를 보인다면 미래 가치에 대한 현재의 평가는 좋게 나타나고, 현재의 경제 상황이 부진을 보인다면 미래 가치도 나쁘게 보일 수밖에 없다. 따라서 현재의 경기 상황은 매우 중요하며, 그것이 장차 어디로 흘러갈 것인가도 매우 중요하다. 보통 사람은 이런 점에 관심을 기울이지 않기 때문에 주식 투자에 나섰다가 큰 손실을 입는다. 주식 투자자라면 누구나 경기 흐름에 관심을 기울여야 할 이유가 여기에 있다.

그렇다면 경기 흐름이 주식의 미래 가치를 전적으로 결정할까? 그것은 아니다. 주식 시장이 한동안 과열되었다가 갑자기 장기간 정체에 들어가는 이유는 따로 있다. 그 이유는 수요가 시간 이동을 하기 때문이다. 이 문제는 '6. 가격 결정 원리로 돈 버는 법 체득하기'에서 다시 자세하게 다룰 것이지만, 간단하게나마 먼저 언급하자면 다음과 같다.

한동안 주식 시장이 달아오르기 시작하면 내가 번 돈이 아니라 돈을 빌려서까지 주식에 투자하는 사람들이 나타나곤 한다. 내가 벌어서 돈을 충분하게 모을 때까지를 기다리지 못하는 것이다. 이런 경우에 주식 시장은 과열로 치닫는다.

주식 시장이 과열로 치달으면 그 다음에는 어떤 일이 벌어질까? 장래에 나타날 잠재 수요자가 현재의 수요자로 옮겨왔으므로, 미래의 수요는 장차 언젠가는 공동화 현상을 보일 수밖에 없다. 역사적으로 우리나라 주식 시장이 10년을 주기로 부침을 거듭해 왔던 가장 근본적인 이유가 바로 이것이다.

이런 경제 원리를 잘 모르면 이익은커녕 큰 손실을 입기도 한다. 실제로 자신 혹은 주변의 한 사람쯤은 주식 시장이 과열되었을 때에 주식 투자에 나섰다가 과열의 거품이 꺼지면서 투자 원금까지 모두 잃은 경험이 있을 것이다.

최근에는 위와 같이 주식 투자로 재산을 잃었던 경험이 반복되면서 그 주기가 짧아졌다. 즉 시간 이동을 하는 수요의 규모가 적어짐으로써 주식 시장이 바닥을 기는 기간도 짧아진 것이다. 지금 상황도 마찬가지다. 2007년 말 이후 주식 시장이 전반적으로 약세를 보이는데, 세계적인 경기 후퇴가 지나치게 오랜 기간 지속되지 않는 한, 현재의 약세 기간도 길지 않을 것으로 보인다. 한마디로, 주식 투자 비중을 높여도 좋은 때가 점점 더 다가오는 것이다. 이 문제는 조금 뒤에 '지금이 주식 투자의 적기일까'에서 다시 다룰 것이다.

## '돈 버는 경제학'이 강권하는 주식 투자 6대 철칙

경제학은 사회과학으로서 반복적인 현상을 탐구 대상으로 삼는다. 반복적인 현상에서 법칙을 찾아내고, 그것을 이론화한 것이 경제학이다. 그런데 모든 경제현상이 규칙적인 것은 아니다. 규칙적인 현상보다는 불규칙적인 현상이 오히려 훨씬 더 많다고 해야 할 정도이다. 그러므로 경제학은 모든 경제현상을 해명할 수는 없고, 오로지 규칙적인 현상에 대해서만 해명이 가능하다. 주식 시장에 대해서도 마찬가지다.

아무리 '돈 버는 경제학'이 뛰어나더라도 불규칙적인 현상까지 모두 포착해 낼 수는 없다. 따라서 '돈 버는 경제학'에 입각하여 주식 투자의 시기와 종목을 잘 선택하더라도 돈을 잃을 위험성이 완전히 사라지지는 않는다. '돈 버는 경제학'을 모르는 경우보다 돈을 잃을 확률이 훨씬 줄어들기는 하겠지만, 그런 위험을 줄이는 노력을 별도로 기울이는 것이 바람직하다. 그럼 어떻게 해야 그런 위험을 줄일 수 있을까? 주식 투자자들이 실패했던 지금까지의 여러 경험이 다음과 같이 가르쳐 준다.

첫째, 부화뇌동하지 말아야 한다. 일반적으로 주변에서 주식 투자 얘기가 자주 들리면 주식 시장은 이미 포화 상태이다. 이런 때에는 주식 시장에서 잠시 떨어져 있는 것이 좋다. 미래의 수요자가 현재의 수요자로 옮겨왔으므로 머지않아 수요가 공동화할 것이기 때문이다. 반면에, 사람들이 주식 시장을 떠날 때에는 열심히 주식을 사 모아도 좋다. 일반적으로 이런 때에는 수요의 공동화로 인해 주식 가격이 지나치게 하락해 있기 때문이다.

둘째, 주식 투자는 부동산 투자를 하듯이 해야 한다. 즉 주식 투자는 반드시 자신이 모은 돈으로만 해야 하고, 돈이 모이는 대로 주식을 사야 하며, 그렇게 사들인 주식을 계속 모아야 한다는 뜻이다. 다만, 오랜 세월 뒤에도 망하지 않고 계속 성장할 우량 회사의 주식을 고르는 노력은 필수이다. 이런 의미에서 회사를 누가 경영하느냐를 살피는 것도 매우 중요하다. 경영자가 누구냐에 따라서 회사의 실적은 물론이고 장래가 크게 달라지기 때문이다. 이 문제는 '5. 공급 원리로 이윤 창출하기'에서 다시 자세하게 다룰 것이다.

셋째, 목표 수익률을 먼저 상정하고, 25%를 넘지 않도록 하는 것이 바람직하다. 혹시 50% 이상의 수익률을 바란다면 투기꾼이고, 100% 이상을 바란다면 도박꾼이다. 그만큼 재산을 모두 날릴 확률도 높아진다. 더욱이 투기나 도박은 중독성이 매우 강해서 좀처럼 그만두지 못하는 성질이 있다. 설령 투기적 거래나 도박적 거래로 큰돈을 여러 차례 벌었다고 하더라도, 언젠가는 그렇게 번 돈을 한 번에 모두 날리곤 하는 것이 일반적이다.

넷째, 객장이나 인터넷의 주식 시세판은 되도록이면 보지 말고, 신문의 주식 시세 기사조차 평소에는 보지 말아야 한다. 주식 시세판을 계속 보고 있으면 주식 시세의 흐름을 포착할 수 있을 것 같은 착각에 빠져들고, 금방 부자가 될 것 같은 기분이 들기도 한다. 그러면 자꾸만 거래를 하고 싶어진다. 만약 자꾸만 거래를 한다면 어떤 일이 벌어질까?

증권 거래세(0.5%)와 거래 수수료(0.1~0.5%)가 눈덩이처럼 커져서 투자한 돈을 거의 모두 날려야 한다. 수수료 부담이 가장 적은 경우(0.5%+0.1%=0.6%)에도 거래 횟수가 백 번을 넘으면 원금의 절반 가까이를 수수료로 까먹어야 한다. 지금 당장 계산기를 꺼내서 0.994×0.994를 100번 쳐 보라. 그러면 이 사실을 금방 확인할 수 있을 것이다. 우리 주변에는 일일 매매(데이트레이딩)나 단타 매매를 하는 투자자가 제법 많은데, 이들이 주식 투자에서 돈을 벌지 못하는 이유가 바로 이것이다. 이들은 하루에 수십 번씩 거래하기도 한다. 그 횟수만큼 수수료를 지불함으로써 투자 이익을 남기기도 전에 투자 원금을 미리 까먹는 셈이다.

다섯째, 은밀하게 전해지는 정보나 소문에 절대로 휘둘리지 말아야 한다. 공개된 정보가 아니라면 누군가 어떤 의도를 갖고 그 소문을 은밀하게 퍼뜨리는 것이 보통이다. 이런 정보나 소문에 의존하여 투자를 하면 소위 '작전'에 걸려들어 큰 손실을 입는 경우가 허다하다. 설령 그런 정보를 다른 사람보다 더 빠르게 확보하여 큰돈을 벌었다고 하더라도 마찬가지다. 이런 방식의 투자는 백 번을 벌더라도 단 한 번에 모두 날릴 수 있다. 증권가에는 이렇게 실패한 사람들이 적지 않다.

끝으로, 실패를 섣불리 만회하려고 달려드는 것은 더 큰 실패를 부를 따름이다. 한 번 실패했다고 좌절할 필요는 더더욱 없다. 세계적으로 큰 성공을 거둔 투자자들조차 실패를 경험하지 않은 사람은 거의 없지 않은가. 사실, 주식 시장을 완벽하게 예측해 낼 수 있는 사람은 아무도 없다. 따라서 주식 투자는 확률의 문제라고 인식할 필요가 있다. 예를 들어, 60%

의 성공 확률이라면 이것은 대단한 수치이다. 열 번의 기회에서 네 번을 실패하더라도 최종적으로는 큰돈을 벌 수 있다.

지금까지 언급한 원칙들은 너무 평범하게 들릴 수도 있을 것이다. 그러나 세상에는 평범한 것이 왕도인 경우가 많다는 사실을 거듭 명심해야 한다. 다시 말해서, 위와 같은 원칙을 지킨다면, 그리고 '돈 버는 경제학'에 입각하여 주식 투자에 나선다면 최소한 크게 실패하는 일은 없을 것이다.

## 왜 외국인이 우리 주식 시장을 지배하게 되었을까

대기업 중 우량 기업은 대부분 외국인 지분이 60%를 넘는다. 우리 기업 중 쓸 만한 것은 거의 대부분 외국인 소유나 마찬가지라고 해도 지나친 말이 아니다. 실제로도 외국인 투자자들은 배당 수익으로 매년 수십억 달러씩 벌어 간다. 우리 국민이 피땀 흘려 수출을 해서 벌어들인 외화가 이렇게 새 나가는 것이다.

그뿐만 아니다. 2008년 3월 10일 한국투자증권이 발표한 바에 따르면, 우리 주식 시장이 개방된 이후 지난 16년 동안 외국인이 우리 주식 시장에서 얻은 평가 차익은 234조 원에 달한다고 한다. 외국인 소유 비율은 한때 40%를 훌쩍 넘어섰다가 지금은 30%를 약간 넘는 수준으로 떨어졌는데, 이 비율이 줄어든 만큼 외국인은 우리 주식을 매각하여 투자 원금을 모두 회수해 갔다. 그러고도 이처럼 엄청난 평가 이익을 남긴 것이다. 이것이 도대체 어찌된 일일까? 어쩌다 이 지경이 되었을까?

외국인이 우리 주식을 대량으로 매입하기 시작한 것은 1998년부터다. 우리나라가 외환위기를 세계에서 가장 성공적으로 그리고 가장 짧은 기간에 부작용과 후유증도 가장 적게 극복했다는 사실이 차츰 드러나기 시작한 뒤였다. 1998년에 국제수지 흑자가 404억 달러를 기록하자, 외국인은 우리 주식을 4.8조 원어치 순매수했다. 1999년 성장률은 9.5%를 기록했는데, 주가지수가 1,000을 넘었음에도 불구하고 1.5조 원어치 순매수했다. 2000년에는 연초에 1,000을 넘었던 주가지수가 연말에 505까지 떨어졌는데, 이때에도 외국인은 무려 11.4조 원어치나 사 모았다. 2001년 이후 주식 시장이 다소 회복될 때에도 7.5조 원어치를 샀다.

이와는 반대로, 주가지수가 1,250에서 1,450 사이로 고공행진을 하던 2006년부터는 순매도를 대폭 늘렸다. 주가지수가 한때 2,000을 넘기기도 했던 2007년에는 무려 24.7조 원어치를 순매도했으며, 2008년에 들어선 뒤에는 불과 석 달 동안에 12조 원어치 이상을 순매도하기도 했다.

물론 특수한 경우도 없지 않았다. 2002년은 미국 나스닥 시장의 붕괴 여파로 미국 펀드들이 큰 손실을 기록하던 때였는데, 우리나라 주식 시장에서 이익을 실현하여 그 손실을 보전하였다. 그래서 그해에는 700~800대였던 주가지수가 연말에는 600대까지 떨어졌는데도 외국인은 2조 9,000억 원을 순매도했다.

**최근의 외국인 주식 순매수(조 원) 및 주가지수(연말) 추이**

| 구분 | 1998 | 1999 | 2000 | 2001 | 2002 | 2003 | 2004 | 2005 | 2006 | 2007 |
|---|---|---|---|---|---|---|---|---|---|---|
| 순매수 | 4.80 | 1.51 | 11.38 | 7.45 | -2.89 | 13.76 | 10.48 | -3.02 | -10.75 | -24.71 |
| 지수 | 406 | 1,028 | 505 | 694 | 628 | 811 | 896 | 1,380 | 1,435 | 1,897 |

*자료 : 대신증권 인터넷 사이트

위에서 살펴본 것처럼, 대체적으로 외국인은 주가지수가 낮을 때에 사 모으고 높을 때에 팔았다. 즉 주가지수가 1,000을 넘지 못할 때에는 대규모의 순매수를 기록했고, 주가지수가 1,000을 훌쩍 넘을 때에는 대체적으로 순매도를 기록했다. 반면에 내국인은 그만큼 낮은 가격에 우리 주식을 외국인에게 팔아 치우고, 그만큼 높은 가격에 되샀다. 어쩌다가 이런 일이 벌어졌을까?

주가지수가 떨어지던 때에는 항상 우리 경제에 비관적인 분위기가 짙었다. 비관적인 분위기가 우리 국부를 외국인에게 유출시킨 것이다. 그럼 진짜로 당시에 우리 경제가 비관적이었을까? 아니다. 대표적으로 한 해만 따져 보자. 주가지수가 1,055에서 505까지 떨어졌던 2000년에는 성장률이 8.5%를 기록했을 정도로 국내 경기는 호조를 보였다. 외국인은 이런 통계만을 분석하여 주가지수가 계속 떨어져도 우리 주식을 줄기차게 사 모았다.

그럼 장차 우리 주식 시장은 어디로 흘러갈까? 외국인이 우리 주식을 계속 매도한다면 앞으로는 더 이상 오르지 못하는 것이 아닐까? 혹시 조만간 폭락 장세를 보이는 것은 아닐까? 꼭 그렇지만은 않다. 바로 뒤에 살펴볼 것처럼 우리나라의 국제경쟁력과 성장잠재력은 세계적으로 가장 양호한 편에 속한다. 따라서 이것을 충분히 발현시킨다면 경기를 호조로 전환시킬 수 있으며, 경기 호조가 장기간 지속된다면 주가지수는 2~3년 이내에 2,500을 넘어설 수도 있고, 5년 이내에 5,000을 넘어설 수도 있다.

## 왜 투자할 곳이 여전히 대한민국인가

우리 경제는 최근에 비교적 오랜 기간 경기 부진에 시달렸다. 지난 5년의 연평균 성장률은 4.4%에 불과했다. 그럼 우리 경제가 진짜로 비관적이고 부정적이어서 이런 결과가 나타났을까? 아니다. 우리 경제는 더없이 낙관적이고 긍정적이었다.

국제경쟁력과 성장잠재력 등 경제 체력은 물론이고 해외 시장 등 경제 여건도 어느 때보다 좋았다. 대표적인 근거를 몇 가지 들어 보자.

첫째, 지금 우리나라 수출은 두 자리 수의 증가율을 5년 넘게 기록하고 있다. 수출이 이처럼 장기간 호조를 보인 것은 단군 이래 최고 호황이라던 1980년대 말 이후 처음이다. 기간은 그때보다 훨씬 더 길다. 더구나 환율이 그 사이에 크게 떨어졌다는 사실을 주목할 필요가 있다. 2001년 말 1,326원에서 2007년 말에는 930원대까지 떨어진 것이다(2007년 10월에는 한때 900원 아래로 떨어지기도 했다). 그런데도 수출은 2배 반 이상 증가했다. 이것은 무엇을 의미할까? 국제경쟁력이 그만큼 높지 않고는 이런 일은 벌어질 수 없다. 우리 경제는 사상 최고의 국제경쟁력을 자랑한 셈이다.

최근의 수출 증가율(%)과 환율(원/달러, 말 기준) 추이

| 구분 | 02 하반기 | 2003 | 2004 | 2005 | 2006 | 2007 |
|---|---|---|---|---|---|---|
| 수출 증가율 | 20.3 | 19.3 | 31.0 | 12.0 | 14.4 | 14.1 |
| 환율 | 1,200 | 1,198 | 1,044 | 1,013 | 930 | 938 |

*자료 : 한국은행 『조사통계월보』 2008년 3월호

둘째, 국제경쟁력이 높으면 잠재성장률은 당연히 높다. 실제로 1999년 9.5%, 2000년 8.5%, 2002년 7.0% 등 높은 성장률을 기록했을 때에도 물가 불안이나 국제수지 악화라는

부작용은 나타나지 않았다. 오히려 물가는 어느 때보다 안정적이고, 국제수지도 여전히 대규모 흑자를 기록했다. 이런 높은 성장률은 얼마든지 지속 가능했던 것이다.

셋째, 지금처럼 원천 기술에 접근해 갔던 적이 없다. 과거에는 우리 과학자들 논문이 『사이언스』, 『네이처』, 『셀』 등 세계적인 과학 잡지에 실리는 일을 1년에 한 건도 구경하기 어려웠다. 그러나 1997년 2건에서 1999년부터는 10건을 넘어섰고, 2005년에는 27건에 이르렀다. 우리나라 과학 논문 발표 건수도 세계 12위로 부상했고, 증가율은 세계 2위이다. 그래서 미국 랜드 연구소는 우리나라를 세계 7대 과학 선진국으로 분류했다.

**3대 과학 잡지(『사이언스』, 『네이처』, 『셀』) 논문 게재 건수**

| 구분 | 1997 | 1998 | 1999 | 2000 | 2001 | 2002 | 2003 | 2004 | 2005 |
|---|---|---|---|---|---|---|---|---|---|
| 건수 | 2 | 6 | 10 | 10 | 13 | 18 | 12 | 14 | 27 |

*자료: 과학기술부(현재는 교육과학기술부로 변경), 2006년 발표

넷째, 소재 부품 산업이 왕성하게 일어났다. 2005년 현재 부품 소재 국산화율은 반도체가 64%, 휴대폰 70%, 자동차 90~95%, 선박은 80% 등으로서 과거에 비해 월등하게 높아졌다. 10년 전만 하더라도 국내 업체가 부품 소재를 개발하면 일본 경쟁 업체가 가격을 떨어뜨려 그 싹을 잘랐지만, 이제는 그것이 불가능해졌다. 개발 품목이 워낙 많아져서 감당하기

가 어려워졌기 때문이다.

다섯째, 성장 동력 산업이 크게 일어났다. 2004년 말에 딜로이트라는 회계법인이 아시아에서 가장 빠르게 성장하는 기업 500개를 선정하여 발표한 바 있는데, 우리나라 기업이 그중 109개를 차지했다. 우리보다 경제 규모가 다섯 배가 더 큰 일본은 70여 개, 세계에서 가장 빠르게 성장하는 중국도 80여 개를 등록시키는 데에 불과했다. 국내 성장 동력 산업이 그만큼 활발하게 일어난 셈이다.

## 지금이 주식 투자의 적기일까

앞에서 살펴본 것처럼 우리나라 경제 체력은 역사상 최강이라고 해도 지나친 말이 아니다. 그렇다면 지금부터 국내 주식에 투자하면 돈을 많이 벌 수 있을까? 그것은 아니다. 경제 체력이 아무리 우수하더라도 경제 성적이 나쁘게 나타나는 경우가 종종 있는데, 지금이 바로 그런 때다. 이해하기 쉽게 다음과 같이 비유를 들어서 살펴보자.

마라톤 코스를 2시간 5분대에 뛰는 아주 뛰어난 선수가 있다고 치자. 이런 선수도 오르막에서는 제 실력을 충분히 발휘하기가 어렵다. 오르막이 가파르다면 겨우 걷는 속도로 달리거나 기어서 올라가야 할 경우도 있다. 만약 이런 가파른 언덕에서 무리하게 속도를 높이면 곧 탈진하고 만다. 여건은 이만큼 중요하다. 우리 경제도 마찬가지로, 경제 체력은 아주 튼튼하지만 빠르게 성장할 수 없는 상황이 지금 벌어지고 있다.

최근에 석유와 곡물 등 주요 원자재 가격이 천정부지로 오른 것도 문제지만, 그동안 장기 경제 번영을 누리면서 세계적인 호황을 이끌었던 미국 경제가 심각한 국면으로 치닫고 있는 것이 더 심각한 문제이다. 서브프라임 모기지(비우량 주택 담보 채권) 사태가 본격적으로 실물 경기에 영향을 끼쳐서, 미국의 경기 부진은 최소한 1~2년은 지속될 것으로 보인다.

실제로 이런 비슷한 일이 1990년대 초에도 벌어진 바 있다. 미국 경제는 1990년과 1991년에 각각 0.8%와 -0.5%의 성장률을 기록했는데, 이때 상황을 당시 연방준비위원회(FRB) 의장이던 그린스펀은 그의 자서전『격동의 시대』에 이렇게 적어 두었다.

"많은 저축 대부 조합이 적자에 허덕이게 되었고, 1989년에는 대다수가 법적으로 파산하고 말았다. (중략) 1980년대 말에는 대공황 이후 가장 최악의 시기였다. 중소 규모의 은행들이 파산하고 씨티뱅크나 체이스맨해튼 같은 거대 은행도 위험한 지경에 처해 있었다. (중략) 많은 은행이 제 구실을 하지 못한 채 겁을 집어먹고 급기야 대출까지 꺼리는 지경에 이르렀다. (중략) 그것은 불황에서의 회복을 몹시 어렵게 만들

었다."(그린스펀, 『격동의 시대』, 176~181쪽)

당시와 마찬가지로 최근 몇 년 사이에도 부동산 투자 열풍이 불었고, 그것이 꺼지자 서브프라임 모기지 사태가 터졌다. 이것이 프라임 모기지(우량 주택 담보 채권)까지 전염시켰으며, 전체 금융기관에 심각한 타격을 가했다. 2007년 하반기에만 씨티그룹은 218억 달러의 손실을 입었고, 메릴린치는 251억 달러의 손실을 입었다. 2008년 3월에는 미국 5대 은행 중 하나인 베어스턴스가 300억 달러의 공적 자금을 지원받은 것으로도 부족하여, 결국 헐값으로 JP모건에 인수당하고 말았다. 사정이 이렇다면, 그 결과도 당시와 거의 같거나 더 나빠질 것으로 봐도 무방할 것이다.

그린스펀은 당시 상황을 책에 이렇게 적었다.

"우리 연준위(연방준비위원회)가 실시했던 그 어떤 조치도 효과적으로 보이지 않았다. 불황에 이르기 훨씬 전부터 금리를 완화하기 시작했지만 경제는 꿈쩍도 하지 않았다. 심지어 우리가 1989년 7월과 1992년 7월 사이 3년 동안에 23차례나 연방 기금 금리를 낮췄지만 기록상으로 보면, 회복만큼 더디게 나타나는 현상도 없었다."(앞의 책, 181쪽)

최근에 미국 정부는 세금을 1,600억 달러나 환급해 주기로 결정했고, 연준위는 2007년 9월부터 최근까지 여러 차례에 걸쳐서 금리를 5.25%에서 2.25%까지 인하하는 등 경기 침체를 막기 위해 온 힘을 기울이고 있다. 그렇지만 1991년처럼 큰 성과를 거두기는 어려울 것 같다. 거듭 밝히거니와, 경기 침체는 아니더라도 경기 부진이 최소 1~2년은 이어질 가능성이 높다.

## 관망과 준비, 기다림의 시기

위에서 살펴본 것처럼 우리 경제의 외부 환경은 점점 더 나쁜 방향으로 움직이고 있다. 그뿐만 아니라 국내 경제 상황도 점점 더 어려워지고 있다. 우선, 물가 불안이 심상치 않다. 2%대에서 꾸준히 안정세를 보였던 소비자물가 상승률이 2008년 1월에 3.9%, 2월에 3.6%, 3월에는 4.1%를 기록했다. 생산자물가 상승률은 더 높아서 1월에 5.9%, 2월에 6.8%, 3월에 8.0%를 기록했다. 무엇보다 심각한 일은 그 둘 사이의 격차가 크게 벌어졌다는 사실이다. 생산자물가 상승률이 소비자물가 상승률에 비해 더 높으면 기업의 경영 수지는 점점 더 악화될 수밖에 없고, 이로 인해 투자와 고용은 위축되기 마련이다. 그러면 국내 경기는 결국 조만간 하강으로 돌아서지 않을 수 없다.

국제수지 동향도 심상치 않다. 최근에 매년 300억 달러를 넘거나 육박했던 무역수지 흑자가 2007년 12월부터 갑자기

적자로 돌아섰다. 무역수지 적자가 2008년 1월에 38.5억 달러를 기록한 뒤, 2월에는 12.8억 달러, 3월에는 8.2억 달러, 4월에는 0.4억 달러 등으로 계속 줄어들었지만, 다시 악화될 가능성을 완전히 배제하기는 어렵다.

이처럼 가파른 오르막에서는 조금만 빠른 성장률을 보이더라도 쉽게 탈진하는 것이 경제다. 그만큼 현재의 경제 상황은 좋지 않다. 향후의 경기 흐름은 지금보다 더 부진해질 가능성이 높다. 그렇다면 당분간은 주식 시장을 관망하는 것이 더 바람직하다고 해야 할 것 같다. 실제로 2007년 10월 한때 2,000을 넘었던 주가지수는 2008년 4월 현재 1,800대에서 오르내리고 있다. 좀처럼 상승세를 타지 못하는 것이다. 자칫 1,500대 아래로 떨어질 가능성도 없지 않다.

모름지기 주식 투자를 할 때는 손해 볼 가능성과 그 손해의 규모를 미리 따져 볼 필요가 있다. 설령 손해 볼 가능성이 낮더라도 손해의 규모가 지나치게 클 것으로 보인다면, 주식 투자의 적기는 아니다. 반면에 이익 볼 가능성이 높더라도 이익의 규모가 작은 경우도 주식 투자의 적기라고 보기는 어렵다. 지금의 상황이 바로 그렇다. 이런 때에는 좀 더 좋은 기회를 기다리는 것이 바람직하다. 기다리면 큰돈을 벌 기회가 반드시 찾아올 것이다. 앞에서 살펴본 것처럼 우리 경제 체력은 매우 뛰어나기 때문이다.

한편, 세계적인 경기 부진을 불러일으켰던 미국의 정책 능력이 과거와 비교하여 놀라울 정도로 발전했다는 점은 꼭 염두에 둘 필요가 있다. 사실, 1991~92년처럼 경제 상황이 심각했던 시기조차 경기 후퇴 기간은 2년에 불과했을 정도로 미국의 정책 능력은 뛰어나다. 당시 많은 경제전문가가 경제공황이 다시 찾아오는 것은 아닌지 우려하였지만, 경기를 비교적 빠르게 상승 국면으로 전환시켰고, 이후 15년 이상 초장기 호황을 구가하게 하였다. 한마디로, 장차 세계 경기는 늦어도 2~3년 이내에 다시 상승 국면으로 전환할 것으로 기대할 수 있다는 것이다.

만약 세계 경기가 상승으로 돌아서면, 국내 경기도 그 영향을 받아 상승으로 돌아설 가능성이 높다. 그래서 국내 경기의 상승 기간이 1년 이상 지속되면, 그때가 바로 주식 투자에 본격적으로 나설 때라고 봐도 좋을 것이다. 이때는 이미 주식 가격이 어느 정도 상승한 다음일 테지만, 상승세는 그 뒤로도 더 오래 이어질 가능성이 높다. 경기가 상승한 뒤에 상당한 시간이 지나야 호경기가 나타나고, 그때에야 비로소 사람들은 그것을 알아채기 때문이다. 따라서 주식 가격은 그 뒤로도 비교적 상당히 긴 기간 동안 더 높이 올라갈 것으로 봐도 좋다.

이런 방법, 즉 경기가 상승한 뒤 시간이 어느 정도 흐른 다음에 주식 투자를 하는 것은 손실 위험을 줄일 수 있는 유력한 투자 방법이다. 실제로 주식 투자자라면 누구나 작은 상승에 미혹하여 주식을 매입했다가 큰 하락이 나타남으로써 오히려 큰 손실을 입었던 경험을 한 번쯤 했을 것이다. 따라서 주식 시장의 상승 장세가 어느 정도 이어진 뒤, 그 상승 장세가 확고하게 유지될 때에 비로소 주식 매입에 나서는 것이 가장 바람직하다.

주식을 처분할 때도 마찬가지다. 주식 시장의 상승 장세가 조금 더 이어질 것처럼 보일 때에 매각하는 것이 바람직하다. 이미 하락을 시작한 뒤에는 미련이 남아서 쉽게 매각하지 못하는 것이 일반적인 심리이기 때문이다. 이런 경험도 주식 투자자라면 누구나 한 번쯤 해 봤을 것이다. 이런 실패의 경험을 반복하지 않기 위해서는, 오르기 시작할 때의 초기 이익은 다른 사람 몫으로 넘겨주고, 상승하고 있을 때에는 후기 이익도 다른 사람 몫으로 나눠준다는 마음 자세를 가질 필요가 있다.

그럼, 구체적으로 언제 사고 언제 팔아야 할까? 그 시기를 정확하게 포착하기 위해서는, 현재의 경기 흐름이 언제까지 유지될 것인지, 그리고 언제 어떻게 바뀔 것인지 등을 다른 사람보다 좀 더 빨리 알아낼 수 있어야 한다. 이 문제는 간단하게 살펴볼 성질의 것이 아니므로, '9. 소득 원리로 부자되기'에서 자세하게, 그리고 다각적으로 다루기로 한다.

## 인구가 늘어나는 곳이
## 부동산 투자의 노른자위다

　주식에 이어 부동산 재테크를 살펴볼 차례이다. 이해하기 쉽게 실전적인 예를 들어 시작하자. 소위 386세대의 맏언니 격인 박 여사(가명)는 운동권 출신이다. 명문 여대를 나왔지만, 운동권 경력 때문에 취직할 기회를 놓쳤다. 우연한 기회에 친구의 권유로 부동산 투자에 나섰고, 지금은 제법 돈을 많이 벌었다. 세상이 그녀를 투기꾼 혹은 복부인이라고 비난해도 눈썹 하나 까딱하지 않는다. 그녀의 논리는 간단하다.

　운동 경기에서는 뛰어난 선수일수록 상대를 잘 속인다. 축구도 그렇고 야구도 그렇다. 농구나 배구도 마찬가지다. 규칙만 어기지 않으면 상대를 속이는 짓이 비난받기는커녕 오히려 유능하다고 칭송받는다. 부동산 투자도 마찬가지다. 부동산 투기를 막는 일은 제도가 할 일이고, 그 제도 안에서 돈을 많이 버는 것은 비난받을 일이 전혀 아니라는 것이 그녀의 생각이다. 오히려 유능하다고 평가해야 한다는 것이다.

　실제로 그녀는 단 한 번도 법을 위반하지 않았다고 자부한다. 뿐만 아니라 세금도 철저하게 내는 것으로 유명하다. 부동산 투기꾼으로 몰려서 세무 조사를 받은 적이 있었는데, 조사를 나왔던 공무원이 감탄할 정도였다고 한다. 물론 세법의 구멍을 잘 이용한 덕분에 세금은 크게 줄였지만 말이다.

그녀가 처음 부동산 투자에 나섰을 때에는 주위 친지나 같은 대학 출신 들을 끌어들였다. 뒤처리 솜씨가 깔끔하여 공동 투자자가 점점 늘어났고, 차츰 다른 대학 출신들이 더 큰 비중을 차지했다. 지금은 큰 부자들이 먼저 연락해 올 정도이다. 그들 사이에서는 그녀를 따라 하거나 그녀가 권하는 대로 투자하면 반드시 돈을 번다고 알려져 있다. 그녀가 부동산 투자에 이처럼 성공한 것은 어릴 적 경험이 중요한 역할을 했다고 한다.

그녀는 지방 도시의 변두리에서 자랐다. 그 도시가 대도시로 커 가면서, 그녀가 살던 집과 농토 주변은 주택과 상가로 채워져 갔다. 농사를 천직으로 알았던 그녀의 부모는 땅을 지켰지만, 대부분의 고향 사람은 일찌감치 팔았다가 크게 후회했다. 이런 기억이 그녀의 부동산 투자에 지침서 역할을 했다.

그녀는 먼저 서울의 큰 공장들이 서울에서 가까운 경기도로 옮겨가는 현상에 주목했다. 공장들이 옮겨간 인근에서 주택 단지나 상업 단지로 바뀔 만한 곳을 일일이 찾아다니며 땅을 매입했다. 그 뒤 안양이나 광명 등으로 옮겨갔던 큰 공장들이 다시 화성이나 평택 등 좀 더 먼 곳으로 옮겨가던 때에는 이미 매입해 두었던 땅을 팔아서 그곳의 땅을 샀다. 작은 공장이나 물류 단지 들이 옮겨가던 이천이나 용인 등 내륙에도 땅을 미리 사 두었다.

지금 그녀의 재산은 금융기관 대출 등 빚을 제외하고 수백

억 원에 달하는 것으로 알려져 있다. 그녀를 이렇게 부자로 만들어 준 부동산 투자의 원칙은 의외로 간단했다. 첫째는, 인구가 가장 빠르게 증가하는 수도권 인근의 작은 도시에 투자한다. 둘째, 그런 도시 변두리에서 값싼 곳만 골라서 투자한다. 셋째, 농지 특히 논에는 투자하지 않고 건축 허가가 비교적 쉬운 땅에 투자한다. 넷째, 인구가 더 빠르게 증가하는 곳이 나타나면 이미 사 둔 땅은 미련 없이 팔아치우고 그곳으로 옮겨간다. 가격이 오르고 있더라도 마찬가지다. 다섯째, 한곳에 집중적으로 투자하지 않고 분산하여 투자한다. 여섯째, 단독으로 투자하지 않고, 부자나 권력자를 공동 투자자로 끌어들인다. 그들이 더 큰 부자를 불러오기 때문이다. 일곱째, 서울에 투자할 때는 부자들이 모여 사는 곳에 투자한다.

위의 얘기는 부동산, 특히 땅 투자를 하려는 사람에게 제법 큰 도움을 줄 것 같아서 여기에 소개했다. 부동산 투자를 어떻게 해야 하는지, 그 방법을 충분히 유추할 수 있을 것이다. 다만, 그녀가 부동산 투자에 성공한 이면에는 투자 시기를 잘 선택했다는 점이 감춰져 있다는 사실을 유의해야 한다. 만약 부동산 투기가 지나간 직후에 투자에 나섰더라면, 돈을 벌기는커녕 잃어야 했을지 모른다.

## 부동산 거품 여론은
## 부풀려져 있다

지금까지 성공 가도를 달려 왔던 박 여사도 요새는 남모를 고민에 쌓여 있다. 어떤 전문가는 부동산 가격이 다시 상승할 수밖에 없을 것이라고 말한다. 국내 경기가 부진하고 주식 시장마저 약세를 보이고 있으므로 돈이 갈 곳은 부동산밖에 없다는 것이다. 만약 이것이 사실이라면 그녀는 걱정할 일이 하나도 없다. 그녀는 거의 모든 재산을 부동산에 투자해 두었기 때문이다.

그러나 다른 전문가는 우리나라 부동산 경기도 1990년대 일본처럼 거품이 꺼지면서 1/3까지도 떨어질 수 있다고 말한다. 만약 이런 일이 벌어진다면 그녀는 졸지에 모든 재산을 잃을 수도 있다. 대출 이자가 만만치 않아서 매입한 가격보다 훨씬 더 싼값에라도 부동산을 팔아야 하기 때문이다. 실제로 최근에는 시중 가격의 60%에 불과한 매물 정보가 그녀에게 은밀히 전해지기도 했다. 일부 기업들이 보유 중이던 상가나 아파트를 암시장에 내놓고 있는 것이다. 그만큼 부동산 경기는 나빠지고 있다.

그렇다면 일부 전문가가 분석하는 것처럼 장차 부동산 경기는 일본처럼 추락하지 않을까? 아니다. 이런 분석은 경제 원리를 제대로 이해하지 못했기 때문에 나온 것이다. 쉽게 비유를 해보자. 체온이 36.5℃를 기록했다면 병에 걸린 것일까? 아니다. 이것은 정상이다. 평상시의 체온이기 때문이다. 그럼 체온이 37℃로 올랐다면 어떻게 봐야 할까? 이것 역시 정상이라고 봐야 한다. 평상시 체온과 크게 다르지 않기 때문이다. 만약 체온이 39℃로 올라갔다면 당연히 병원에 가서 진찰을 받아 봐야 한다.

부동산 가격도 마찬가지다. 현재 수준이 거품인가 아닌가를 먼저 판단해야 한다. 그 판단을 위해서는 경제질병에 대한 지식이 조금은 있어야 한다. 그렇지만 기존 경제학계는 아직까지 경제질병에는 관심을 보이지 않았다. 아니, 그 존재조차 모른다. 경제병리학에 오랜 세월 관심을 기울여 온 내 판단으로는, 현재의 부동산 가격 수준은 심각한 거품이라고 보기는 어렵다. 참고로 경제병리학에 대해서는 '8. 경제병리학으로 손실 예방하기'에서 자세하게 언급할 것이다.

물론 지금은 부동산 투기가 한바탕 지나간 다음이므로 한동안은 부동산 시장이 정체 상태에서 벗어나지 못할 가능성이 높다. 역사적으로 보더라도 부동산 경기는 주식 시장처럼 10년을 주기로 반복해 왔다. 1960년대 후반과 1970년대 후반 그리고 1980년대 후반에 부동산 경기가 크게 일어났다. 최근에는 2003년부터 부동산 경기가 살아나서 대단한 투기 바람을 일으킨 바 있다. 이번에는 주기가 10년을 조금 넘었지만, 그 사이에 외환위기를 당했다는 점을 감안하면, 10년 주

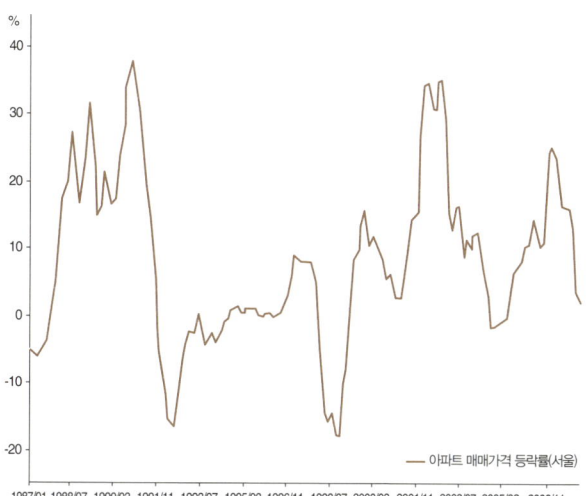

**아파트 가격 상승률**

기가 크게 어긋났다고 보기는 어렵다.

  부동산 경기는 왜 이처럼 긴 주기를 보일까? 그것은 부동산의 독특한 특성 때문이다. 부동산은 우리가 생활에 직접 사용하는 상품이기도 하지만 재산을 축적하는 수단이다. 그리고 이것을 사기 위해서는 한꺼번에 큰 목돈이 필요하다. 부동산 투기가 일어나면 미래의 수요를 현재로 끌어들이는 경향이 나타나고, 이에 따라 투기 열풍이 생기곤 한다. 그러다가 그 거품이 꺼지면 미래의 수요가 공동화되어 버린다. 그래서 새로운 수요가 축적될 때까지는 비교적 오랜 세월이 흘러야 한다. 이런 점을 반드시 명심해야 부동산 투자에 실패하지 않을 수 있다.

  사실, 부동산 투자가 항상 큰 이익을 남겨 주는 것은 아니다. 이번 부동산 투기가 일어나기 직전인 2002년의 상황을 1990년과 비교해 보자. 그 사이에 물가는 연평균 5.1%가 상승하였지만, 부동산은 전국적으로 연평균 2.0%가 상승했고, 서울에서도 2.7%가 상승한 데에 불과했다. 물론 이 기간은 최악의 경우이고, 2003년 이후부터 최근까지는 부동산 가격이 가파르게 상승했다.

  이것은 무엇을 의미할까? 부동산 투자도 시기를 잘 선택해야 한다는 것이다. 그럼 부동산 경기는 언제쯤 다시 살아날까? 이 문제는 뒤에 다시 살펴보기로 하고, 우선은 부동산 투자에서 주의할 점을 좀 더 자세하게 살펴보기로 한다.

## 투자 불패不敗의 오만함에서
## 투자 필패必敗의 신중함으로

얼마 전까지는 부동산 투자가 실패하는 일은 매우 드물었다. 주택이든 토지든 마찬가지였다. 그래서 전문적인 부동산 투기꾼까지 생겨난 것이 우리 현실이다. 그렇지만 이제는 사정이 많이 바뀌었다. 돈을 벌기는커녕 크게 실패할 수도 있다. 지금부터 이 점을 꼼꼼히 따져 보도록 하자.

우선, 그동안 주택 투자가 실패하지 않았던 것은 주택 보급률이 낮았기 때문이다. 그리고 도시 주변의 토지 투자가 실패하지 않았던 것은 인구가 계속 증가해 왔고, 농촌 인구의 도시 유입이 지속되었기 때문이다. 그런데 이제는 인구 증가율이 크게 줄어들었고, 농촌 인구의 도시 유입 역시 빠르게 줄어들고 있다.

특히, 주택 보급률을 눈여겨봐야 한다. 1990년대 초까지 주택 보급률은 70%를 겨우 넘었는데, 1990년대 중반에 80%를, 1990년대 후반에 90%를 넘어섰다. 2002년에는 드디어 100%를 넘겼고, 2005년에는 106%에 이르렀다. 간단하게 말해서, 부동산 투자에서도 세심한 주의를 기울여야 하고 전문적인 탐색이 필요한 상황으로 바뀐 것이다.

**주택 보급률(%) 추이**

| 구분 | 1990 | 1995 | 2000 | 2001 | 2002 | 2003 | 2004 | 2005 |
|---|---|---|---|---|---|---|---|---|
| 보급률 | 72.4 | 86.0 | 96.2 | 98.3 | 100.6 | 101.2 | 102.2 | 105.9 |

*자료 : 과학기술부(현재는 교육과학기술부로 변경), 2006년 발표

일반적으로 주택 보급률이 110%를 넘어서면 대도시에서는 집단적인 빈민촌이 생겨난다. 세를 들어올 사람이 없어서 빈집은 늘어나고, 빈집이 밀집한 지역은 우범 지역으로 바뀌며, 그래서 세를 들어올 사람이 더욱 줄어들면서 집단적인 빈민가가 발생하는 것이다. 이런 지역의 집값은 장기간 하락을

면치 못하며, 부동산 투기 열풍이 몰아칠 때에도 미풍조차 불지 않는다.

이런 징후는 주택 보급률이 100%를 넘어서는 때부터 나타나는데, 우리나라도 마찬가지였다. 서울 강남 지역 아파트 가격은 크게 올라도 강북 지역 중 일부는 거의 오르지 않았거나 오히려 떨어진 곳이 있을 정도였다. 재개발 지역에 속하지 않은 일부 단독 주택과 다세대 주택의 경우는 가격이 더 크게 떨어졌다. 심지어 반지하 주택은 전세를 들어올 사람조차 점점 줄어서 빈 곳이 적지 않다. 이제는 주택 가격 상승률이 지역별로는 물론이고 주택 종류별로도 큰 격차를 보이게 된 것이다.

그 밖에 지금까지 불패신화를 기록해 왔던 아파트 투자도 실패할 가능성을 완전히 배제할 수 없는 상황으로 바뀌어 가고 있다. 새로운 주거 문화가 생겨났기 때문이다. 주거 시설과 생활 편의 시설을 동시에 갖춘 대형 주상 복합 건물이 큰 성공을 거두는 현상이 그것이다. 그렇다면 아파트에 몰렸던 투자 수요가 이런 곳으로 옮겨 갈 가능성이 크다고 볼 수 있다. 그동안 우등재의 역할을 해왔던 아파트가 이제는 상대적인 열등재로 전락할 가능성도 완전히 배제할 수 없는 상황이다(쌀은 보리쌀에 비해 우등재다. 소득이 늘면서 보리쌀의 수요는 줄고, 쌀의 수요는 늘어났다. 반면에 쌀은 고기에 비해 열등재다. 소득이 늘면서 쌀의 수요는 고기의 수요에 비해 상대적으로 줄어들었다).

한편, 인구 증가와 농촌 인구의 도시 유입이 도시 확대와 신도시 개발을 촉진시켜 왔는데, 이제는 그것이 둔화될 수밖에 없는 상황으로 바뀐 사실도 주목할 필요가 있다. 인구 증가율도 낮아졌고, 농촌에는 젊은이가 거의 없을 정도에 이르렀다. 그만큼 부동산 투자는 실패할 가능성이 과거보다 더 높아졌다.

물론 수도권 비대화는 지금도 한창 진행 중이고, 아직 로또 복권 당첨과 같은 행운을 기대할 수 있다. 특히 신도시 개발 예정지나 재개발 단지, 공업 단지 및 관광 단지 등 개발 예정지에 대한 투자는 큰 이익을 남겨 줄 가능성이 높다. 그렇지만 보통 사람이 개발 예정지의 정보를 들었을 때는 투기가 한바탕 지나간 다음이다. 쉽게 말해서, 자칫 상투를 잡을 가능성도 배제할 수 없다는 것이다. 따라서 주택은 물론이고 토지 투자에서도 전문적인 식견과 주의력이 필요한 때가 되었다고 볼 수 있다.

그런데도 부동산 투자는 여전히 매력적인 재테크 수단 중 하나인 것은 틀림없다. 무엇보다 다른 어느 재테크 수단보다 안정적이다. 주식의 경우에는 휴지 조각이 될 수도 있지만, 부동산은 설령 가격이 폭락해도 사라지는 일은 없다. 아니, 부동산 가격이 크게 떨어지는 일은 좀처럼 일어나지 않는다. 부동산에 투자한 사람들은 대부분 금전적으로 여유가 있는 사람들이므로 부동산 가격이 떨어지면 팔기보다는 그냥 버티는 경향이 강하기 때문이다. 그래서 부자들은 대부분 부동산을 많이 보유하고 있다.

## 부동산 경기는 언제쯤 다시 살아날까

1970년대 중반에 부동산 투자의 기회를 잡은 사람들은 1970년대 말에 큰돈을 벌었다. 1980년대 중반에 그런 기회를 잡은 사람들도 1980년대 말에 재산을 크게 늘릴 수 있었다. 2002년쯤 부동산 투자에 나선 사람은 지금쯤 큰돈을 벌었을 것이다. 앞으로도 이런 기회는 언젠가는 반드시 찾아온다.

그런 때가 과연 언제 다시 찾아올까? 부동산 투기가 언제 기승을 부리는가를 알면 그 시기를 미리 짐작할 수 있다. 일반적으로 유동성이 풍부할 때, 즉 돈이 넘쳐 날 때에 부동산 투기 바람이 분다. 그럼 언제 유동성이 풍부해지고 돈이 넘쳐 날까? 경기 호조가 최소한 2~3년 이상은 지속된 다음이다.

경기 호조가 비교적 장기간 이어지면 기업의 이익은 빠르고 크게 증가한다. 그러면 기업의 부동 자금이 늘어난다. 이런 때에는 임금 상승률도 빠르게 증가하면서 소득이 소비보다 더 많아지고, 개인의 저축도 많이 늘어난다. 기업 이익이 늘어나고 그 이익이 쌓이면 기업 가치가 커지고, 당연히 주식 가격이 올라간다. 주식 시장이 상승장을 보이면 개인 투자자도 주식 투자에 관심을 보이기 시작하고, 그동안 쌓아온 저축이 몰려오면 주식 시장은 더욱 달궈진다. 주식 시장이 호황을 보이면 더 많은 돈을 벌어 주고, 이에 따라 돈은 더 풍부해진다.

이렇게 불어난 돈이 부동산 시장으로 눈을 돌리면 부동산 투기 바람이 본격적으로 일어난다. 간단하게 말해, 위와 같은 일들이 벌어지고 부동산 가격이 남모르게 조금씩 오르는 기간이 1년 정도 지속되면, 이때가 부동산 투자에 나설 절호의 기회라고 보면 틀림없다. 지금은 아직 그런 조짐이 보이지 않지만, 장차 경기가 살아나서 1~2년 정도 지속되면, 위와 같은 일들이 차례로 일어날 것이다.

그럼 경기는 언제 살아날까? 경기가 살아날 것을 어떻게 미리 알아낼 수 있을까? 이 문제에 대해서는 한마디로 말하기가 어렵다. 소득이 어떻게 변동하는가를 먼저 알아야 하는데, 그 경제 원리가 여간 복잡하지 않기 때문이다. '9. 소득 원리로 부자되기'에서 이 문제를 다시 자세하게 다룰 것이다.

## 펀드 투자의 관건은
## 펀드 운용자에 달렸다

우리 국민 대부분은 재산의 거의 모두를 집 한 채에 투자해 두고 있다고 해도 지나치지 않을 정도다. 이것은 '재테크 3분법'의 원칙에서 벗어난다. 따라서 이제는 부동산 투자는 점차 줄이고, 주식은 물론이고 펀드 등 다른 재테크 수단의 비중을 더 늘려야 할 때가 왔다고 볼 수 있다. 이런 의미에서 최근 펀드 투자 열풍이 분 것은 자연스럽고 바람직한 일이라고 할 수 있다.

실제로 우리 주변에는 펀드 하나라도 가입하지 않은 사람이 거의 없을 정도다. 수익률도 비교적 높아서 2~3년 전에 가입했다면 연평균 수익률이 20% 이상에 달한다. 2008년에 들어선 뒤에 수익률이 크게 떨어지기는 했지만, 개인적인 투자에 자신 없는 사람이나 그동안 직접 투자로 손해 본 사람이라면, 전문가가 운용하는 펀드에 가입하는 것은 여전히 훌륭한 재테크 방법이다.

펀드의 종류도 다양하여 입맛대로 고를 수 있다. 주식형 펀드, 부동산 펀드, 해외 펀드, 해외 곡물 펀드, 금 펀드, 자원 펀드, 석유 펀드 등 종류를 헤아리기조차 어렵다. 투자 대상이 둘 이상인 혼합형 펀드도 있고, 브라질이나 러시아나 중국 등 신흥 시장에 전문적으로 투자하는 브릭스BRICs 펀드 등도 있다. 자신의 취향에 따라서 이 중 어느 것이라도 선택할 수 있다.

그러나 펀드는 이익은커녕 손실을 남기기도 한다는 사실을 명심해야 한다. 투자할 펀드를 고르는 일은 이래서 어느 무엇보다 중요하다. 그럼 어떻게 펀드를 골라야 할까? 당연히 장기간에 걸쳐 비교적 양호한 수익률을 올린 펀드를 골라야 한다. 단기간에 폭발적인 이익률을 남긴 펀드는 피하는 것이 좋다. 이런 펀드는 투기성이 강하므로 그만큼 돈을 잃을 확률도 크다. 구체적으로 어느 펀드를 고르는 것이 좋을까? 제로인, 한국펀드평가, 모닝스타코리아 등 국내 각종 펀드를 평가하는 회사가 제공하는 정보를 참고하여 고르면 크게 실패하지는 않을 것이다.

펀드를 고르는 아주 쉬운 방법이 하나 있다. 즉 펀드를 운용하는 자산 운용 회사 담당자가 자주 바뀌지 않는 펀드를 고르면 크게 실패하지 않는다. 펀드 수익률이 지나치게 낮거나 손실을 기록하면 운용자가 자주 바뀌는 경향이 있기 때문이다. 한 운용자가 오랜 기간 운용하는 펀드는 비교적 안정적인 수익률을 올린다. 그런 펀드를 운용하는 사람에게 투자하는 것도 좋은 방법일 것이다. 세계적으로도 펀드 운용자가 누구냐에 따라서 돈이 몰려다니는 현상을 자주 목격할 수 있다.

## 열풍 불 때 떠나라!
### - 펀드 투자의 기본 원칙

펀드 열풍이 불었던 지난해 말 이후에 조성한 펀드는 대부분 손실을 기록하고 있다. 펀드 평가 회사인 제로인이 2008년 2월 10일 발표한 바에 따르면, 대형 펀드조차 2007년 말 이후 3개월 동안 수익률이 대부분 -20%를 넘는 것으로 나타났다. 삼성투신운용이 -17.2%, 현대와이즈자산운용이 -16.9%, 프랭클린템플턴자산운용이 -15.5%, 푸르덴셜자산운용이 -15.6%, 펀드 최강자로 불리는 미래에셋자산운용조차 -14.7%를 기록했다고 한다. 그만큼 손실이 크게 난 셈이다.

해외 주식에 투자하는 펀드 역시 최근에는 큰 손실을 기록하고 있다. 위 발표에 따르면, 2007년 말 이후 3개월 동안의 평균 수익률이 -15.5%로서 국내 주식형 펀드의 -13.8%보다 오히려 부진하게 나타났다. 특히 중국 주식형 펀드 수익률은 -22.7%로서 최하위를 기록했다. 그 밖에 일본 주식형 펀드는 -19.6%, 남미 신흥국 주식형 펀드 -16.6%, 북미 주식형 펀드 -13.3%, 글로벌 주식형 펀드 -12.6%, 아시아 신흥국 주식형 펀드 -12.5% 등 저조한 실적을 기록했다. 예외적으로 인도 주식형 펀드는 17.1%의 수익률을 기록 중이다.

물론 위 기간을 포함한 6개월 동안의 수익률은 대체적으로 10% 이상을 기록하고 있다. 장기 수익률은 비교적 양호한 실적을 유지하는 셈이다. 이런 사실은 펀드에 투자하는 시기가 얼마나 중요한가를 우리에게 일깨워 준다. 최근에 펀드에 투자했다면 큰 손해를 봤겠지만, 그보다 빨리 투자했다면 큰 이익을 봤을 것이기 때문이다. 그럼 어떻게 해야 펀드 투자 시기를 현명하게 선택할 수 있을까?

  이 점은 주식 투자와 부동산 투자와 관련하여 이미 앞에서 살펴본 바와 같다. 시기를 조금만 더 기다리면, 돈 벌 기회가 반드시 찾아온다고. 최근처럼 펀드 열풍이 불 때에는 잠시 떠나 있다가, 그것이 잠잠해진 뒤에 부동산 투자하듯이 적립식 펀드에 꾸준히 투자한다면, 아주 높은 수익률을 기대해도 좋을 것이다. 어쩌면 그 기회가 바로 눈앞에 다가와 있는지도 모른다. 수익률이 이미 큰 폭의 마이너스를 기록했으므로. 한마디로 지금은 펀드 투자에 다시 관심을 기울여도 좋은 때가 되었다.

## 묻지 마 해외 투자는 돈 잃는 지름길이다

국내 주식 시장과 부동산 시장의 여건이 점점 더 나빠지자, 최근에는 돈 좀 있다는 부자들은 해외 투자로 눈을 돌리기 시작했다. 그러나 재산을 더 크게 증식시킬 목적으로, 혹은 좀 더 안정적인 수입을 목적으로 해외 투자에 무작정 나선다면 장차 후회할 일이 벌어질지도 모른다. 이해하기 쉽게 과거의 실제 사례를 하나 들어 보자.

  문 사장(가명)은 1980년대 중반에 국내 재산을 모두 정리하여 미국으로 이민 갔다. 열심히 일해서 제법 성공을 거두었다. 생활의 여유가 어느 정도 생기자, 심각한 향수병에 시달렸다. 결국 1980년대 말에 되돌아오려고 결심했다.

미국에 있는 전 재산을 모두 정리하기로 하고, 그것을 우리 돈으로 환전했을 때의 가치를 따져 보았다. 그리고 국내에서 거주할 아파트와 노후생활을 보장해 줄 수익성 빌딩도 알아보았다. 그 결과는 무척 놀라웠다. 아파트와 빌딩 가격이 너무 올라서, 이민을 떠날 때 팔아 치웠던 재산의 절반도 살 수 없었다. 그는 결국 귀국을 포기했고 지금은 가끔 서울을 방문하여 옛날 얘기나 하는 것으로 만족하며 살고 있다. 왜 이런 일이 벌어졌을까?

첫째는, 원화 가치가 크게 올랐기 때문이다. 연평균 환율은 1986년 달러당 886원에서 1989년에는 671원으로 떨어졌다. 그 바람에 외국으로 유출시켰던 재산이 원화 가치로 30% 이상 떨어졌다. 둘째, 이자율 격차도 국내와 미국 사이에 10%에 육박했다. 1980년대 말 국내 회사채 수익률은 13~15%를 오르내렸고, 1990년대 초에는 더 오르기도 했다. 셋째, 1980년대 말과 1990년대 초 사이의 우리나라 성장률은 평균적으로 9%를 넘어서, 당시 미국 성장률보다 5% 이상 더 높았다. 그만큼 국내에서는 더 크게 벌 기회가 많았던 셈이다.

위의 얘기는 좀 오래된 것이므로, 최근의 사례도 하나 살펴보자. 이 회장(가명)은 소위 재벌가의 일원이다. 국내에서 몇 차례 사업을 하다 실패하고, 외환위기 직후에 생활 근거지를 홍콩으로 옮겼다. 국내 재산도 대부분 정리하여 홍콩 금융기관에 예치하거나 부동산에 투자했고, 일부는 주식 등 수익성 자산에 투자했다. 한동안은 생활하는 데에 지장이 없었다.

그러나 최근 몇 년 사이에 생활의 여유가 점점 더 줄었다. 그는 1년 중 반 이상을 국내에서 생활하는데, 최근 우리 돈의 가치가 홍콩 달러에 비해 그때보다 크게 올랐기 때문이다. 그의 재산 가치도 홍콩으로 떠날 때의 절반을 겨우 넘는 수준으로 줄었다. 국내 다른 지인들이 돈을 크게 번 것과 비교하면, 자신이 한심하게 느껴지기까지 했다. 우리나라로 다시 돌아오고 싶어도 자존심이 허락하지 않아서 아직 최종 결심을 못하고 있다.

이처럼 환율 변동을 외면하면 재산상으로 큰 손실을 입을 수 있다. 해외 투자도 마찬가지로서, '묻지 마' 투자는 돈을 잃는 지름길일 수 있다. '돈 버는 경제학'을 배워야 하는 이유가 여기에 있다. 환율 변동은 '돈 버는 경제학'을 전반적으로 이해하지 못하면 쉽게 알아챌 수 없기 때문이다. 이 문제는 '6. 가격 결정 원리로 돈 버는 법 체득하기'에서 '환율을 모르면 환차손의 부메랑을 맞는다'라는 제목으로 다시 자세하게 언급할 것이다.

물론 위와 같은 사정이 앞으로는 다소 달라질 수 있다. 무역 수지가 악화되면 환율이 다시 상승할 수 있기 때문이다.

환율이 상승하면 해외 투자는 당연히 환차익을 가져다준다. 예를 들어, 달러당 950원에 1만 달러를 해외에 투자했다면, 우리 돈으로는 950만 원을 투자한 셈이다. 만약 환율이 1,100원으로 오른다면, 이 1만 달러의 해외 투자는 우리 돈으로 1,100만 원으로 늘어남으로써 가만히 앉아서 150만 원을 벌어 준다. 장차 환율이 더 오르면 환차익이 그만큼 더 커지는 것은 당연한 일이다.

반대 경우도 성립한다. 무역 수지가 개선되면 환율이 다시 떨어질 수 있다는 것이다. 이런 점을 다각적으로 고려해야 돈을 잃지 않고 벌 수 있다. 그럼 환율은 구체적으로 언제 상승하고 언제 하강할까? 이 문제는 앞에서 언급한 바와 같이 '환율을 모르면 환차손의 부메랑을 맞는다'라는 제목으로 자세하게 살펴볼 것이다.

## 3장

# 가격 원리로
# 세상 이치 깨닫기

가격의 오르내림에 경제가 울고 웃는다
석유 가격이 폭등했는데 왜 경제난을 겪지 않았을까
물이 비등점에서 끓듯, 물가도 폭등점이 있다
돈을 벌려면 가격 원리를 제대로 이해하라

경제가 돌아가는 것을 가만히 들여다보노라면 참으로 신비롭게 느껴진다. 누가 시키지 않아도 살아가는 데 꼭 필요한 상품을 누군가 필요한 만큼 생산해 준다. 누가 강요하지 않아도 생산된 상품 대부분을 누군가 소비해 준다. 생산으로 얻어진 소득은 누군가에게 분배되어 충분한 소비를 가능하게 한다. 얼마나 경이로운 일인가.

만약 누군가가 생산을 기획하고 분배를 할당하여 소비를 가능하도록 한다면, 이건 얼마나 번거로운 일일까? 비용은 또 얼마나 많이 들까? 실제로 경제를 이렇게 경영한 나라들이 있었다. 과거 소련을 비롯한 공산주의 국가들인데, 결국은 실패하고 말았다. 이런 사실만 보더라도, 경제에서 생산과 소비와 분배가 자동적으로 이루어지는 것은 신의 축복이라고 할 만하다. 경제가 스스로 알아서 모든 일을 해결해 주니, 우리로서는 얼마나 고마운 일인가!

경제학의 아버지로 불리는 애덤 스미스는 이것을 '보이지 않는 손'이라 불렀다. 사람은 누구나 자신의 이익만을 위해서 생산하고 소비하는데, 그 이익이 모든 사람에게 돌아가도록 '보이지 않는 손'이 작동한다는 것이다. 다시 말해, 각 개인이 이기적으로 열심히 살아가면 사회 전체의 공익은 자연스럽게 이루어진다는 것이다.

'보이지 않는 손'을 작동하도록 하는 것은 무엇일까? 필요한 상품을 필요한 양만큼 생산하도록 하는 것은 무엇일까? 생산된 상품을 대부분 소비하도록 해주는 것은 무엇일까? 그리고 생산으로 얻어진 소득을 적절히 분배하여 소비가 충분히 이루어지도록 해주는 것은 또 무엇일까? 그것은 바로 가격이다.

소비가 생산보다 더 많아지면 가격은 오른다. '보이지 않는 손'은 가격이 오르면 생산자에게는 더 많이 생산하라고, 소비자에게는 더 적게 소비하라고 이른다. 반면에 생산이 소비보다 많아지면 가격은 내린다. '보이지 않는 손'은 가격이 내리면 생산자에게는 더 적게 생산하라고, 소비자에게는 더 많이 소비해도 좋다고 이른다. 이렇게 해서 '보이지 않는 손'은 경제에 너무 많은 상품이 생산되어 남아돌거나, 너무 적게 생산되어 가격이 폭등하는 일을 줄여 준다. 경제학에서는 이를

'균형'이라고 부른다. 남지도 부족하지도 않다는 의미인데, 그래야 경제가 안정적으로 유지된다는 뜻도 담고 있다.

## 가격의 오르내림에 경제가 울고 웃는다

가격의 변동이 생산과 소비를 조절해 줌으로써 경제의 작동을 지속적으로 가능하게 한다면, 가격 변동은 무엇이 일으키고 어떻게 일어나는 것일까? 그건 이미 앞에서 밝혀 두었다. "수요가 (공급에 비해) 더 많아지면 가격이 오르고, 공급이 (수요에 비해) 더 많아지면 가격은 내린다."고. 이건 경제학의 가장 초보적인 이론이고 아주 쉽기도 하다. 더 이상 장황하게 설명하는 것은 시간 낭비일 따름이다. 그러나 이것은 너무 중요해서 절대로 잊어서는 안 되는 근본적인 경제 원리다. 이 점을 새삼스럽게 강조하는 것은 이 원리를 올바르게 이해하지 못하면 큰 손해를 입을 수도 있기 때문이다. 구체적인 예를 하나 들어 보자.

1990년대 초 WTO 협정(세계무역협정)이 체결됐을 때, 농산물 수입 개방은 피할 길이 없었다. 그에 따른 농민 피해를 줄이기 위해 정부에서는 대대적인 재정 지원을 하겠다고 나섰다. 당시 정부는 1년 예산의 절반에 이르는 재원을 불과 몇 년 동안에 쏟아 부었다. 농민들로서도 공짜 자금이나 다름없는 이런 재정 지원을 반겼다. 지원 자금으로 어떤 농민은 대규모 자동 온실을 지었고, 어떤 농민은 대규모 저온 저장 시설과 가공 시설을 지었다. 이런 시설들이 큰돈을 벌어줄 것으로 기대했다. 그러나 결과는 농촌에 남아 있던 소수의 '부자'들마저 망하게 했다. 가격 변동이 수요와 공급의 상호 작용에 의해서 일어난다는 가장 기초적인 경제 원리를 간과했기 때문이다. 그 사연을 좀 더 들여다보자.

대규모 자동 온실을 짓자, 방울토마토나 꽃 등을 훨씬 더 싼값으로 훨씬 더 많이 생산할 수 있었다. 예를 들어, 과거에는 생산비가 1,000원이 들었다면 이 시설에서는 600원밖에 들지 않았다. 만약 1,100원에 팔리던 것이라면 과거에는 100원밖에 못 벌었지만 이제는 500원을 벌 수 있을 것처럼 보였다. 더욱이 생산량도 과거보다 훨씬 더 많이 늘었다. 그래서 농민들은 곧 큰 부자가 될 것이라고 기대했다. 그러나 이것은 수요의 측면을 간과한 계산법에 불과했다. 실제로 수요가 충분하게 증가하지 못하자 공급 과잉이 일어났다. 당연히 가격은 폭락했고 생산비도 건지지 못하는 일이 벌어졌다.

저장 시설이나 가공 시설도 마찬가지였다. 농산물은 수확기에는 가격이 싸고, 시간이 흐를수록 가격이 비싸지는 경향이 있다. 그래서 저장했다가 팔거나, 가공해서 시간이 지난 뒤에 팔면 더 높은 가격을 받을 수 있다. 그러나 저장 시설과 가공 시설이 너무 많이 늘어나면서 가격 차이가 거의 없어지고, 저장 비용과 가공 비용만 손해 보는 일이 벌어졌다.

결국 제법 잘 살던 농민들 중에도 상당수가 부도 위기에 빠졌고, 그들 중 일부는 밤 봇짐을 싸서 정든 고향을 남몰래 떠나야 했다. 대도시 주변의 달동네에서는 이런 사람들을 어렵지 않게 찾을 수 있다. 그런데 가관인 것은 그 정책을 입안했던 자들이다. 그들은 우리나라 최고의 경제전문가라 자처했으나, 사실은 경제학의 가장 기초적인 원리조차 몰랐던 것이다. 아니, 몰랐던 것이 아니라 너무 쉽고 단순한 것이라서 잊었던 것이다.

강조하거니와, 어떤 경우에도 공급과 수요를 반드시 함께 살펴야 한다. 어느 한 면만 보면 돈을 벌기는커녕 잃는 일이 이미 보증된 것이나 마찬가지다. 이 문제는 아주 단순하고 쉽다. 그리고 현실적으로 돈을 버는 데 정말 중요한 것이다. 다음과 같은 사례를 하나 더 살펴보도록 하자.

## 석유 가격이 폭등했는데
## 왜 경제난을 겪지 않았을까

많은 경제전문가는 석유 가격이 배럴당 30달러를 넘어선 2003년부터 과거의 석유파동 때처럼 우리 경제가 곧 위기에 빠져들지 모른다고 우려하고 경고했다. 50달러를 넘긴 2005년부터는 거의 히스테릭한 분위기가 연출되었다. 그 뒤 석유 가격은 한때 내림세로 돌아서기도 했으나 다시 줄기차게 올랐다. 2006년 말에는 66달러, 2007년 말에는 90달러까지 돌파했다.

그러는 사이에 우리 사회의 비관적인 분위기는 점점 더 짙어져만 갔다. 석유 가격이 계속 폭등하자 국내 경기는 심각한 타격을 입을 것이라는 얘기가 여기저기에서 튀어 나왔고, 대부분의 사람은 그렇게 믿었다. 그러나 국내 경기는 최소한 2007년까지는 하강하지 않았다. 오히려 상승했다고 봐야 할 정도이다.

만약 이런 비관적인 사회 분위기에 휩쓸려 좋은 투자 기회를 놓쳤다면 큰 이익을 놓친 셈이다. 조금만 관심 있게 석유 가격 상승과 국내 경기의 상관관계를 살폈더라면, 그리고 가격이 수요와 공급의 상호 작용에 의해 변동한다는 점을 충분히 인식했더라면, 국내 경기는 하강하지 않을 것이고 주식 시장도 강세장을 이어갈 것으로 볼 수 있었다.

만약 석유 가격 상승이 진짜로 국내 경기에 심각한 타격을 입힐 것이었다면 진작 그런 조짐이 나타났어야 했다. 석유 가격이 본격적으로 상승하기 시작한 것은 이미 4년이나 지났다. 그런데 국내 경기는 실제로는 이와 반대의 양상을 보였다. 석유 가격 상승률이 각각 30%가 넘었던 2004년과 2005

년에는 성장률이 각각 4.7%와 4.2%를 기록하여 2003년의 3.1%보다 더 높았다. 2006년에는 추가로 17%가 상승했지만 성장률은 5.1%로 더 높아졌고, 2007년 12월에는 석유 가격이 91달러를 기록했어도 성장률은 5.0%를 기록했다. 석유 가격이 폭등했지만 경기는 이처럼 하강하지 않았던 것이다.

**최근의 석유 가격 상승률과 성장률 추이**

| 구분 | 2003 | 2004 | 2005 | 2006 | 2007 |
| --- | --- | --- | --- | --- | --- |
| 석유 가격 상승률 | 18.8 | 33.5 | 36.0 | 17.0 | 9.3 |
| 성장률 | 3.1 | 4.7 | 4.2 | 5.1 | 5.0 |

*자료 : 한국은행 「조사통계월보」 2008년 3월호

물론 과거 1970년대 초와 1980년대 초에 두 차례 석유 파동이 터졌을 때에는 세계 경제가 그 영향을 받아 경기 부진과 물가 불안이 비교적 오랜 기간 지속됐다. 우리나라도 심각한 경제난을 겪어야 했다. 그런데 최근에는 왜 이런 일이 벌어지지 않았을까? 그 답은 아주 간단하다. 과거 석유 파동 때에는 공급 부문이 가격 상승을 일으켰고, 최근에는 수요 부문이 가격 상승을 일으켰기 때문이다.

과거 석유 파동 때에는 석유 공급이 줄어들자 석유 가격이 폭등했고, 그러자 다른 물가들도 그 영향을 받아 크게 상승했다. 이에 따라 구매력이 떨어졌고, 구매력이 떨어지자 소비가 줄었으며, 생산도 함께 줄었다. 그 바람에 실업률이 크게 올랐고, 소비는 더 줄어들었다. 결국 심각한 경기 침체를 겪어야 했다.

그러나 최근에는 공급 부문이 석유 가격 상승을 부른 게 아니다. 수요 부문이 가격 상승을 일으켰다. 특히 인구 13억인 중국의 에너지 소비 증가율이 연평균 40%를 넘었고, 인구 11억의 인도 역시 연평균 20%를 넘었다. 그만큼 중국 경제와 인도 경제가 비약적인 성장을 한 것이다. 이것은 무엇을 의미할까? 중국 경제와 인도 경제의 비약적인 성장은 다른 나라들에게 해외 특수라는 선물을 안겨 주었음을 의미한다. 그뿐만이 아니다. 석유 가격의 상승은 산유국의 구매력까지 향상시켰고, 산유국 특수를 일으키기도 했다. 그래서 세계 경기는 최근까지 호조를 보였던 것이다.

석유 가격 상승이 국내 경기에 영향을 끼치는 경로는 크게 두 가지다. 하나는, 석유 가격 상승이 국내 물가를 상승시키고, 이것이 구매력을 약화시켜(같은 소득으로 더 적은 소비를 할 수밖에 없으므로) 국내 경기를 하강시키는 경로이다. 그렇지만 2007년 말까지는 국내 물가가 다른 어느 때에 못지않게 안정적이었다.

다른 하나는, 세계 경기가 하강하여 우리 수출이 부진해지고, 이에 따라 국민 소득이 줄면서 내수 경기도 하강하는 경로이다. 그렇지만 우리 수출은 석유 가격이 오르기 시작한 때부터 최근까지 계속 호조를 보였다. 따라서 석유 가격 상승이 국내 경기에 미치는 악영향은 크게 걱정할 필요가 없었다.

이런 간단한 경제 원리를 몰랐기 때문에 대부분의 사람은 큰돈을 벌 결정적인 기회를 놓치고 말았다. 대표적으로 주식 투자를 예로 들어 보자. 주가지수는 2002년 말 628에서 줄기차게 올라 2007년 10월 말에는 2,000을 넘기도 했다. 이 기간 동안 주식에 투자했더라면 세 배 이상의 투자 이익을 올릴 수 있었다. 그런데 이런 최고의 상승 장세에서도 개인 투자자들은 비관적인 분위기에 휩쓸려 큰돈을 벌기는커녕 오히려 손해를 보기도 했다.

실제로 개인 투자자들은 2003년에 5.9조 원어치나 순매도했고, 2004년에는 6.6조 원, 2005년 8.1조 원, 2006년 3.1조 원 등을 순매도했다. 주가지수가 낮은 수준에서 계속 상승하는 동안에 헐값으로 팔아치운 것이다. 반면에 주가지수가 1,400을 넘어 2,000을 향해 치달리던 2007년에는 6.4조 원어치를 순매수했다. 헐값에 팔아치웠던 우리 주식을 그만큼 비싼 값으로 다시 사들였던 것이다.

최근의 주가지수와 개인 투자자 순매매(조 원) 추이

| 구분 | 2003 | 2004 | 2005 | 2006 | 2007 |
|---|---|---|---|---|---|
| 주가지수 | 680 | 833 | 1,074 | 1,352 | 1,713 |
| 개인 순매매 | -5.9 | -6.6 | -8.1 | -3.1 | 6.4 |

*자료 : 한국은행 『조사통계월보』 2008년 3월호

기업도 마찬가지였다. 대부분은 설비 투자를 망설였고, 그 바람에 더 많은 이익을 올릴 좋은 기회를 놓쳤다. 다른 나라 기업들이 설비 투자를 늘리는 사이에 우리나라 기업들은 그것을 쳐다만 봐야 했다. 사회 분위기가 비관적이지 않았던 중국은 2003년부터 10%대의 높은 성장률을, 싱가포르는 2004년부터 2007년까지 연평균 7.8%의 성장률을 보였다. 우리나라가 최근 5년 동안 겨우 4.4%의 성장률을 기록하는 동안 이 나라들은 이처럼 비약적으로 성장했다. 우리 기업들은 그만큼 세계 시장을 중국이나 싱가포르에게 내준 셈이다.

## 물이 비등점에서 끓듯, 물가도 폭등점이 있다

2008년에 들어선 뒤에는 석유 가격이 더 높이 올랐다. 100달러를 넘어선 것은 이미 오래전 일이고, 4월에는 110달러를 넘어섰다. 여기에다 농산물 가격까지 폭등함으로써 지금까지와는 전혀 다른 경제 상황이 전개될 가능성이 점점 더 높아졌다. 2006년 초 부셸당 3달러대였던 밀 가격이 2007년 2월 26일에는 12.2달러로 세 배 이상 폭등했다. 옥수수 가격도 같은 기간에 2달러대에서 5.6달러로 두 배 이상 폭등했다. 쌀 가격 역시 2배 이상 올랐다. 농산물 가격의 이런 폭등은 소위 애그플레이션\*을 불러오고 있다.

　물은 100℃가 넘지 않으면 끓지 않는다. 100℃가 넘어야 비로소 끓기 시작한다. 경제에서도 이런 경향을 보이는 변수들이 제법 있다. 물가도 그 중 하나다. 비등점에 이를 때까지는 좀처럼 움직일 것 같지 않다가 한꺼번에 폭발적으로 상승한다. 석유 가격도 마찬가지고 밀과 옥수수 등 농산물 가격도 마찬가지다. 이런 가격들이 비등점을 지나면 물가에 본격적인 영향을 끼친다. 지금의 가격 폭등이 바로 그런 수준에 이르렀다고 우려하지 않을 수 없는 상황이다.

　실제로 그동안 안정세를 보이던 국내 물가가 불안해지기 시작했다. 앞에서도 언급한 것처럼, 2%대에서 안정세를 보이던 소비자물가 상승률은 2007년 말부터 상승세를 타기 시작하여 2008년 1월 3.9%, 2월 3.6%, 3월에는 4.1%를 기록했다. 생산자물가 상승률은 더 높아져서 1월에 5.9%, 2월에 6.8%, 3월에 8.0%를 기록했다. 특히 주목할 점은 생산자물가와 소비자물가의 상승률 격차가 너무 크게 벌어졌다는 사실이다. 이미 살펴본 것처럼, 생산자물가 상승률이 소비자물가 상승률보다 더 높으면 기업의 경영 수지는 악화되고, 그러면 생산과 고용이 줄면서 경기가 하강 압력을 받는다.

* Agriculture Inflation의 합성어. 농산품인 쌀, 밀, 옥수수, 콩 등의 가격 폭등으로 빚어지는 물가 상승을 뜻한다.

더욱이 농산물 가격이 폭등하는 현상은 경기 호황의 끝자락쯤에 나타나곤 한다는 점이 문제의 심각성을 더 높여 준다. 역사적으로 농산물 가격이 본격적으로 상승하면 식료품비가 급등하기 시작하고, 이에 따라 소비자의 구매력이 약화되면서 소비가 부진해지며, 결국 경기는 하강으로 돌아서곤 했다.

물론 전체 소비 지출에서 식료품비가 차지하는 비중은 1/4에도 미치지 못한다. 그렇지만 소득 하위 계층으로 갈수록 그 비중이 커지는 것이 문제다. 소득 하위 계층은 소비성향이 상대적으로 높아서 국내 수요와 경기 동향에 매우 강한 영향을 끼친다. 반면에, 식료품비의 지출이 적은 소득 상위 계층은 소비성향이 비교적 낮아서 경기 동향에 상대적으로 더 적은 영향을 끼친다.

장차 농산물 가격 상승은 식료품비 상승을 부를 것이고, 이것은 그 지출 비중이 높은 소득 하위 계층의 구매력을 크게 축소시킬 것이다. 소비성향이 비교적 높은 이들의 구매력이 떨어지면 수요 위축을 피할 수 없고, 결국 경기는 하강으로 돌아서지 않을 수 없다. 농산물 가격 폭등이 물가 불안을 야기하는 현상이, 경기 호황의 끝자락에 나타나는 이유가 바로 이것이다.

그럼 장차 어떻게 해야 할까? 어떻게 해야 돈을 벌고, 그렇지 못하다면 손해를 최소한으로 피할 수 있을까? 자원을 풍부하게 보유한 나라들의 주식에 투자하면 돈을 벌 수 있을까? 석유와 곡물 등 자원 가격이 천정부지로 폭등하니 국제 선물 거래소에서 각종 자원의 선물을 매입해 두면 앞으로 큰 돈을 벌 수 있을까? MBC 프로그램 「경제야 놀자」에서 추천한 바와 같이 최근 반 년 사이에 30% 이상의 수익률을 올린 '금 펀드'에 가입하면 장차 돈을 벌 수 있을까? 단기적으로는 그럴 가능성이 높다. 그러나 장기적으로는 더 큰 손실을 입을 가능성이 크다.

그 이유가 무엇일까? 자원은 수요에 대한 가격 탄력성이 매우 크기 때문이다. 혹시라도 세계적으로 경기가 장차 본격적으로 후퇴하기라도 하면 각종 자원에 대한 수요가 정체하거나 감소할 것이다. 이 경우에는 수요가 감소한 정도보다 훨씬 큰 폭으로 자원 가격이 떨어질 것이다. 금도 마찬가지일 것이다. 실제로 석유 파동에 뒤이어 자원 파동이 터졌던 1970년 대 초반이나 1980년대 초반에도 이런 일이 벌어졌다. 이 문제는 '4. 수요 원리로 시장 니즈needs 감지하기'에서 자세하게 살펴볼 것이다.

지금 가격이 오르고 있다고 그 추세가 영원히 지속되리라 믿는 것은 어리석은 일이다. 추세는 언제든지 바뀔 수 있고, 실제로 이런 일이 벌어진다면 개인 투자자나 기업은 큰 손해를 입어야 한다. 사실 추세가 언제, 어떻게 변할지를 알아채는 일은 쉽지 않다. 그러나 경제 원리를 전반적으로 이해하면 전혀 불가능한 일만은 아니다. '돈 버는 경제학'이 앞으로 그

길을 안내할 것이다.

다만, 단기 투자로 돈 버는 일에는 '돈 버는 경제학'도 거의 쓸모가 없다는 점을 미리 밝혀 두어야 할 것 같다. 어떤 투자 상품이든 가장 낮은 가격에 샀다가 가장 높은 가격에 팔면 단기적으로 큰 이익을 남길 수 있지만, 짧은 기간에 그 타이밍을 정확하게 포착하는 일은 거의 불가능에 가깝다. 단기적으로 돈 버는 일, 특히 그 타이밍을 정확하게 찾아내는 일은 경제학이라는 사회과학의 영역을 벗어난다고 봐야 한다. 그것은 감각적인 분야일 따름이다.

감각이 아주 뛰어난 사람이라면 단기적인 투자로도 돈을 벌 수 있겠지만, 보통 사람은 이런 단기 투자에서 감각이 특별히 뛰어난 사람들을 도저히 이겨낼 수 없다. 그런데도 단기 투자에 나서겠다면 돈을 잃지 않을 수 없을 것이다. 한마디로 보통 사람에게는 단기 투자는 금물이다.

## 돈을 벌려면 가격 원리를 제대로 이해하라

경제학 이론으로 주식 투자를 하겠다고 나서면, 주식 시장을 조금이라도 아는 사람이라면 거의 예외 없이 비웃을 것이다. 친절한 사람이라면 "이론과 현실은 다른 법"이라고 충고할 것이다. 기존 경제학으로는 주식 투자에 성공할 수 없다는 사실은 전문가 세계에서 불문율이나 다름없다. 그 이유가 무엇일까?

경제학은 시장과 가격을 핵심적인 탐구 과제로 삼는다. 주식은 일종의 가격이며, 주식 시장도 엄연한 시장이다. 그런데 경제학의 가격 이론으로는 주식 투자에 성공할 수 없다고 한다. 이것은 뭔가 이상한 일이다. 주식 시장이나 주식 가격이 잘못되었거나, 경제 이론이 잘못되었거나 둘 중 하나인데, 현실이 잘못되었다고 말할 수는 없다. 그렇다면 이론이 잘못된 것이다. 현실은 자연의 섭리(혹은 신의 섭리)가 만들어 냈지만, 이론은 현실을 대상으로 불완전한 인간이 만들어 낸 것에 불과하지 않은가.

경제학의 가격 이론은 어떤 점이 잘못된 것일까? 잘못된 것은 없다. 여전히 수요와 공급의 상호 작용은 가격 현상을 설명할 수 있는 유력한 이론적 도구이다. 다만 그 수준이 아직 낮을 따름이다. 다시 말해, 현재의 가격 이론이 주식 시장을 정확하게 읽어 낼 수 있는 수준에 미처 도달하지 못했을 뿐이라는 것이다.

기존 경제학은 완전 경쟁과 일반 균형을 전제로 성립했다(이 말이 무슨 뜻인지 모르더라도 실생활에서는 전혀 중요하지 않으므로 그냥 모른 채 지나가도 된다). 그렇다면 경제학은 주식 시장에서 벌어지는 가격 현상을 당연히 충분하게 읽어 낼 수 있어야 한다. 주식 시장보다 더 완전한 경쟁이 이루어지는 시장이 또 어디에 있겠는가? 경제학은 다른 어느 시장보다 주식 시장을 더 잘 읽어 낼 수 있어야 한다. 그러나 그게 안 되고 있다. 기존 경제학의 가격 이론은 심각한 문제점을 안고 있다. 그게 구체적으로 무엇인가는 바로 뒤 제4~6장에서 자세하게 다룰 것이다.

만약 가격 이론의 수준을 주식 시장이나 주식 가격의 흐름을 읽어 낼 수 있는 수준까지 끌어올릴 수 있다면, 경제학으로도 주식 투자에서 얼마든지 성공할 수 있다. 아니, 이런 방법으로 주식 투자를 하면 성공할 가능성을 훨씬 더 높이고, 실패할 가능성은 훨씬 더 낮출 수 있다. 사회과학으로서의 경제학은 그만큼 정확하고, 그 힘 또한 강력하기 때문이다. 과연 그런 가격 이론이 있을까? 분명히 있다. 그것이 바로 '돈 버는 경제학'에서 밝히는 가격 이론이다. 지금부터 그것을 배워 보도록 하자.

# 4장

# 수요 원리로 시장 니즈needs 감지하기

---

'먹을거리'에서 '즐길거리'로, 수요 변동의 역사
수요는 어떻게 변하고, 어떤 수요가 뜰까
왜 공기와 물은 값이 없고, 다이아몬드는 비싼가
가격 탄력성을 모르면 바겐세일로도 못 판다
자원 펀드가 경제질병을 유발한다
탄력성의 차이는 어떤 경제적 기능을 할까
안경과 렉서스의 가격 차별화

---

기존 경제학은 수요와 공급이 가격을 '결정'한다고 가르친다 (실제로는 조금 뒤에 살펴볼 것처럼, 수요와 공급은 가격의 '변동'만을 결정할 뿐 가격을 결정하는 변수는 따로 존재한다). 이것은 기존 경제학의 전반을 지배하는 가장 기초적인 이론 토대이다. 그럼 수요와 공급은 무엇이 결정할까? 기존 경제학은 효용과 비용이 그것들을 결정한다고 가르친다. 이것이 과연 적합한 논리일까? 효용과 비용이 가격 현상을 읽어 내는 데에 유용한 개념일까?

 비용이 공급을 결정한다는 논리는 어느 정도 설득력이 있다. 공급의 주체인 기업은 이익을 추구하는 존재이고, 이익의 크기는 비용이 결정적으로 좌우하기 때문이다. 그러나 효용이 수요를 결정한다는 것은 논리적으로 볼 때 맞지 않다. 수요의 주체인 소비자는 특정의 효용만을 위해서 존재하지는 않으며, 효용의 종류는 아주 다양하기 때문이다. 따라서 효용이 수요를 결정한다고 단정하는 것은 지나치게 단순한 발상이다. 이것은 논리학에서 말하는 '단순화의 오류'라고 해야 한다.

물론 효용의 개념을 최대한 확장하여 해석하면 논리적인 문제가 일어나지 않을 수도 있다. 그러나 개념의 무한 확장은 현실에서는 아무런 쓸모없는 거대 담론에 빠져들게 할 뿐이다. 실제로도 기존 경제학의 '효용'이라는 개념은 너무 포괄적이고 거대하다. 뿐만 아니라 '효용'의 원리에 관한 탐구는 절대적으로 부족하다. 지금부터라도 효용의 종류와 그 변동에 관한 과학적 원리를 탐구해야 할 필요가 있다.

그럼 효용은 현실적으로 무엇을 의미할까? 세상에는 종류를 헤아리기 어려울 정도로 많은 상품이 있다. 수많은 종류의 상품마다 소비자의 효용은 서로 다르다. 기본적으로 식품의 효용은 목숨을 유지하는 데 있고, 옷의 효용은 추위를 벗어나는 데 있다. 그 밖에 주택, 의약품, 가전제품, 자동차, 영화, 스포츠, 각종 서비스 등은 각각 서로 다른 성격의 효용을 지닌다. 효용의 종류는 상품의 종류만큼이나 많아 거의 무한대라고 할 수 있다. 이처럼 각양각색인 효용을 하나의 단어로 묶어 모두 포괄할 수 있을까? 이것이 과연 바람직한 일일까?

경제 현실을 보면, 소비자가 소비하는 상품은 소득 수준의 변동에 따라 크게 달라진다. 예를 들어, 소득 수준이 낮을 때에는 생명을 유지하기 위한 식료품의 비율이 높지만, 소득 수준이 높아질수록 소비하는 상품의 구성은 더 다양해지고, 문화생활과 취미생활 등을 위한 각종 상품(서비스 포함)의 비중이 더 커지는 등 고도화한다. 사회 계층에 따라서도 소비의 내용이 크게 달라지는데, 상위 계층으로 갈수록 과시형 소비 등 파생적 수요의 비중이 커지는 경향이 있다.

다시 말해, 소득 수준과 사회 계층의 차이에 따라 효용의 개념이 변하는 것이다. 구체적으로는, 식품의 효용이 '목숨 유지'에서 '맛'으로 변하거나, 의류의 효용이 '체온 유지'에서 '멋'으로 변한다. 이것은 기본적인 효용은 아니고 파생적인 효용이지만, 이 파생적인 효용이 공급자, 즉 기업의 입장에서는 더 중요하다. 현실적으로도 파생적 효용이 기업의 이익을 결정적으로 좌우한다. 맛을 찾거나 멋을 찾는 일은 가격이 비싸도 용납하기 때문이다.

'효용이 수요를 결정한다.'는 명제는 '효용'이라는 개념이 너무 넓은 의미를 포괄한다. 그러므로 '수요'를 좀 더 정확하게 이해하기 위해서는, 나아가 가격 현상을 좀 더 정확하게 읽어 내기 위해서는 효용의 구성과 변동에 관한 심층적이고 다각적인 탐구가 필요하다. 최소한 소득 수준에 따라, 사회 계층에 따라 수요가 어떻게 변동하는가 하는 문제라도 규명할 필요가 있다. 그러나 기존 경제학은 이런 문제에 관해서는 거의 아무런 탐구나 해명도 하지 않는다. 그러니 기존 경제학이 어떻게 가격 현상을 제대로 읽어 낼 수 있겠는가?

이 문제는 수요 현상을 읽어 내는 데에만 필요한 게 아니다. 공급 현상을 읽어 내는 데에도 필수적이다. 특히 공급의 주체인 기업이 어떤 상품을 얼마나, 그리고 어떤 수준의 품질로 생산할 것인가를 결정하는 데 이것만큼 중요한 문제는 없다. 소비자가 어떤 상품을 얼마나 소비할 것인가, 소비자의 소득 수준이 변동함에 따라 혹은 사회 계층에 따라 상품의 소비 구성은 어떻게 달라질 것인가 등을 알 수만 있다면, 기업의 성공 조건 중 가장 중요한 하나가 충족되었다고 할 수 있다. 특히, 장차 어떤 상품이나 산업이 각광을 받을 것인가는 기업의 가장 핵심적인 관심 사항이다. 따라서 효용의 구성과 변동은 경제학의 다른 어떤 과제보다 중요하다.

쉽게 말해서, 어떤 사업을 해야 성공할 수 있을까, 어떤 직장에 들어가야 성공적인 삶을 살 수 있을까, 이것을 결정하는 것이 효용의 변동이다. 효용의 변동, 특히 소득의 변동이나 사회 계층의 분화에 따라 효용의 구성이 어떻게 변동하는가를 파악하는 일은 성공적인 사업 혹은 성공적인 직장생활을 보장한다고 할 수 있다. 물론 수요와 공급을 모두 함께 살펴야 가격 현상을 제대로 읽어 낼 수 있듯이, 효용과 함께 비용의 측면도 함께 살펴야 함은 두말할 나위가 없다. 다음에서는 이런 문제들에 대해 살펴보도록 하자.

## '먹을거리'에서 '즐길거리'로, 수요 변동의 역사

인류 역사는 언뜻 보기에는 우연의 연속인 것 같지만, 실제로는 필연의 연속이다. 무수한 우연이 무수한 시행착오를 낳고, 무수한 시행착오가 필연의 길로 이끌기 때문이다. 인류의 산업 발달사도 마찬가지다. 우연한 일이 거듭되지만 결국은 필연의 길을 걷는다.

필연의 길은 다음 두 가지 형태로 집약할 수 있다. 하나는, 인류에게 가장 시급하고 기초적인 필요를 충족시키는 산업부터 먼저 발달했고, 그런 필요가 어느 정도 충족된 뒤나 거의 충족되는 시기에 새로운 산업이 나타나 발달해 왔다는 점이다. 다른 하나는, 양적인 수요가 충족된 뒤에는 반드시 질적인 수요가 나타났다는 점이다.

너무 빤한 얘기 같지만, 이것은 향후 어떤 산업이 나타날 것인가, 개인적으로는 어떤 사업을 해야 돈을 더 많이 벌 수 있는가, 또는 어떤 직장에 취업하는 것이 연봉을 더 많이 받을 수 있는가를 판단하는 데에 아주 중요한 기준을 제공한다. 지금부터는 인류의 산업 발달사를 이런 견지에서 개관해 보도록 하자.

산업 발달이 처음 이루어진 분야는 당연히 인류에게 가장 기초적이면서 시급하게 필요한 분야였다. 그럼, 가장 기초적이면서 시급하게 필요한 것은 무엇일까? 당연히 생명을 유지하는 것이다. 그래서 생명을 유지하는 데에 가장 필수적인 '식량'을 생산하는 농업에서부터 산업 발달의 싹이 텄다. 이와 함께 농업에 필요한 도구를 생산하는 산업이 자연스럽게 나타나서 발달했다. 인류 역사가 도구의 재질에 따라 석기 시대, 청동기 시대, 철기 시대 등으로 발전한 것처럼.

'먹을거리' 문제가 어느 정도 해결되자, 그 뒤를 이어 혹은 거의 동시에 나타난 것이 '입을거리' 산업이었다. 인류의 생존을 가장 크게 위협한 것은 굶주림과 함께 추위였기 때문이다. 짐승 가죽, 닥나무 껍질로 만든 삼베, 목화로 만든 면직물, 누에에서 생산한 견직물, 양 등의 털로 만든 모직물 등은 이렇게 탄생했다. 그런데 입을거리 마련을 위해서는 긴 시간의 노동이 필요했고, 그러다보니 충분한 양을 공급할 수 없었다. 이 문제를 해결하는 과정에서 산업혁명이 일어났다. 산업혁명으로 등장한 방적 기계와 방직 기계, 그리고 증기 기관 등은 입을거리 문제를 결정적으로 해결해 주었고, 여기에는 발명이 결정적인 역할을 했다.

먹을거리와 입을거리 외에도 목숨을 보호하고 유지하기 위한 다른 수단이 제법 많다. 그 중 하나가 추위를 피하고 외적의 침입을 막아 줄 잠잘자리와 불의 사용이다. 잠잘자리 확보를 위해 건설업이 태동하였고, 불은 나중에 산업의 동력원 역할을 하였다. 그 밖에도 질병을 치료해 줄 의료와 외적으로부터 방어할 무기, 정치 체제 등도 목숨을 유지하는 데 중요한 수단이었다. 그것을 해결하기 위해 의료업과 무기업, 정치 체제가 나타났다.

근대에 이르러 먹을거리, 입을거리, 그리고 잠잘자리가 어느 정도 해결되고, 건설업과 의료업의 발달에 따라 생명의 안전이 어느 정도 보장되자, 그 뒤에 혹은 그와 함께 우리 일상생활을 더 편리하고 안락하게 만들어 주는 '생활거리' 산업이 등장하였다. 냉장고, 전자레인지, 세탁기, 청소기, 에어컨 등의 전자제품을 비롯하여, 이것들의 생산과 유통을 촉진하는 현대의 주요 수송 수단인 철도나 자동차 등을 생산하고 운용하는 산업이 바로 그것이다.

입을거리 산업에서 태동한 기계 산업과 석유 화학 산업, 그 동력원인 석탄과 석유, 그리고 전력 산업 등의 에너지 산업은 생활거리 산업의 발달을 더욱 촉진하였고, 결국 20세기의 '대량 생산 대량 소비 사회'를 탄생시켰다. 이런 대량 생산 산업의 공장 건설은 대규모의 자본을 필요로 했고, 금융 산업은 이 시대에 들어 더욱 눈부시게 발전하였다.

'대량 생산 대량 소비 사회' 이후 혹은 그와 함께 부상한 것이 '즐길거리' 산업이다. 20세기 초에 대두하여 중반쯤부터 본격적으로 꽃을 피운 영화 산업과 대중음악을 비롯한 각종 문화 산업, 축구·야구 등의 각종 스포츠 산업, 라디오에서 TV로 이어져 온 미디어 산업, 유선에서 무선으로 진화해 온

통신 산업, 컴퓨터와 함께 등장한 인터넷과 전자 게임 등이 그것이다. 이 산업들은 현대의 첨단 산업으로 자리매김하였으며, 다른 산업에 비해 상대적으로 훨씬 더 빠르게 성장하고 있다.

## 수요는 어떻게 변하고, 어떤 수요가 뜰까

지금까지 개략적으로 살펴본 산업들이 현재의 경제 사회를 지배하고 있으며, 당분간은 마찬가지일 것이다. 다만, 유의할 점이 하나 있다. 엘빈 토플러가 지적했듯이, 앞으로는 두 가지 이상의 산업이 결합하여 발전하는 형태의 산업혁명이 지속될 것으로 예견된다는 점이다. 사실, 과거부터 이어져 온 전통 산업은 다른 산업과의 결합이 비교적 단순했다. 자원·소재 산업과 기계·설비 산업만 뒷받침해 주면 그만이었다. 섬유 산업이나 철강 산업 그리고 석유 화학 산업 등 굴뚝 산업으로 일컬어지는 산업은 거의 모두 그랬다.

그러나 지금의 첨단 산업은 그게 아니다. 예를 들어, TV가 잘 팔리기 위해서는 방송을 송출하는 산업과 그 콘텐츠, 즉 방송 프로그램 등을 생산하는 산업은 물론이고 연예인을 양성하는 산업까지 충분히 발달해야 한다. 그리고 컴퓨터가 잘 팔리기 위해서는 '윈도우즈'와 같은 운영체계가 충분히 뒷받침되어야 한다. 여기에 인터넷 망과 이것을 통해 누릴 수 있는 메일 등의 기능도 뒷받침되어야 하며, 검색 기능과 함께 검색해서 얻을 수 있는 콘텐츠도 뒷받침되어야 한다. 그리고 그 망에서 즐길 수 있는 전자 게임이나 카페(블로그) 등도 발달해야 한다. 이제는 하드웨어와 소프트웨어의 결합, 소프트웨어들끼리의 결합, 제조업과 서비스업의 결합 등이 일반화되고 있다.

이런 특성은 무엇보다도 산업 표준의 선점이 중요하다는 점을 부각시킨다. 즉 다른 산업과의 결합을 위해서는 결합 수단과 결합 방식이 필요하다. 그러므로 그 수단과 방식을 선점하여 표준으로 인정받으면 독점력을 행사할 수 있으며, 이에 따라 엄청난 독점적 이익을 챙길 수 있게 된다. 마이크로소프트가 윈도우즈라는 컴퓨터 운영체계를 개발하여 컴퓨터와 결합시키고 시장을 독점함으로써 세계 최고 수준의 이익을 남기고 있는 것이 대표적인 사례이다. 이제는 산업 표준의 선점이 발명에 못지않게 중요해졌다.

위와 같은 산업의 발전과 함께, 돈의 중요성과 자본 축적의 중요성이 과거 어느 시대보다도 커졌다. 이에 따라 현대에서는 금융 산업이 다른 어느 산업에 못지않게 융성하고 있다. 돈을 버는 일이 중시되면서 정보와 지식이 과거 어느 때보다 중요해졌다. 정보와 지식을 지배하는 자가 큰 이익을 얻을 수 있기 때문이다. 따라서 정보와 지식을 누가 더 빨리 습득하느냐가 중요하다. 다시 말해, 정보와 지식을 갖추고 시간을 지배한 자가 돈을 더 잘 벌 수 있게 된 것이다. 이런 점들은 미래학자 토플러가 그의 책 『권력이동』에서 설득력 있게 보여준 바 있다.

지금까지 살펴본 바와 같이, 효용의 역사적 변천은 기업의 성장이나 개인의 취업 등에 중요한 점을 시사한다. 즉 과거 산업의 수요가 포화 상태에 이를 때쯤이면 반드시 수요가 빠르게 증가할 새로운 산업이 등장한다는 것이다. 그리고 첨단 산업은 수요가 매우 빠르게 증가하는데, 전통 산업의 수요는 대체 수요가 일어나는 것이 고작이다.

그럼 모든 사람과 모든 기업이 수요가 팽창하는 첨단 산업만 추구해야 할까? 수요가 정체된 전통 산업은 희망이 전혀 없는 것일까? 그것은 아니다. 전통 산업은 첨단 산업이 갖지 못한 여러 장점이 있다. 첨단 산업은 수요가 급증하는 만큼 경쟁자의 진입도 폭발적이어서 치열한 경쟁에 노출되어 있고 쉽게 부침을 거듭한다. 그것에 반해 전통 산업은 경쟁이 상대적으로 덜 치열하고, 경기가 크게 변동하더라도 수요가 비교적 안정적인 경향이 있다. 따라서 전통 산업은 안정적인 이익을 얻을 수 있으며, 그만큼 생명력도 질기다.

무엇보다 중요한 사실은, 양적인 수요가 충족된 뒤에는 반드시 질적인 수요가 나타난다는 점이다. 예를 들어, 먹을거리의 수요는 '영양'에서 '맛'으로, 입을거리의 수요는 '보온'에서 '멋'으로, 생활거리는 '편리'에서 '과시'로 질적인 변화가 일어난다. 따라서 전통 산업들도 이런 질적인 수요에 부응하면 첨단 산업에 못지않게 높은 이익을 누릴 수 있다. 실제로 소위 명품으로 불리는 제품은 일반 상품에 비해 수십 배의 높은 가격에 팔린다. 품질력과 상표력만 확보하면 전통 산업도 얼마든지 번영할 수 있다.

그 밖에 산업 발달사에서 유의할 점이 몇 가지 더 있다. 우선, 어떤 산업은 나름의 독특하고도 강력한 독점력을 행사한다는 점이다. 금융, 유통, 운송, 에너지, 기초 소재 산업 등이 그것이다. 이런 산업들은 제조업은 물론이고 서비스업에까지 지배력을 행사한다. 첨단 산업에서도 이 점은 마찬가지다. 특히 금융 산업의 지배력이 두드러진다. 돈이 자본을 형성하여 모든 것을 지배하는데, 그 돈을 지배하는 것이 금융 산업이기 때문이다.

한편, 우리 인간의 생명을 다루는 의료 산업은 시대의 흐름과는 상관없이 옛날이나 지금이나 높은 소득을 보장한다. 미래에도 마찬가지일 것이다. 생명은 그 무엇보다 소중한 것이기 때문이다. 더욱이 의료 행위는 법률에 의해서 자격을 가진 자만 할 수 있도록 독점력을 부여받고 있다. 법률에 의해서 독점적 지위가 보장된 변호사, 회계사, 세무사 등의 다른 전문 직종이 높은 소득을 누리는 이유도 마찬가지로 설명할 수 있다. 따라서 이런 독점적 전문가 산업은 앞으로도 번영을 누릴 가능성이 높다.

이상에서 살펴본 것처럼, 인류의 문명 발달에 따라 상품의 생산은 끊임없이 변동해 왔다. 그 변동은 수요 혹은 효용이 결정했다. 즉 긴급한 수요 혹은 효용에서 출발하여 덜 긴급한 수요 혹은 효용으로 상품의 생산이 발달해 온 것이다. 이런 사실은 수요의 가격 탄력성이나 소득 탄력성이 상품마다 다르다는 점을 가르쳐 준다. 이것을 모르면 돈을 버는 일이나 경제현상을 읽어 낼 때 실패할 가능성이 높다. 그러므로 이 개념은 경제학적으로나 현실적으로 아주 중요하다. 다음에서는 이 탄력성 문제에 대해 살펴보도록 하자.

## 왜 공기와 물은 값이 없고 다이아몬드는 비싼가

"공기와 물은 인간이 살아가는 데에 없어서는 안 될 매우 소중한 존재지만, 가격은 거의 없는 것이나 마찬가지다. 반면에, 다이아몬드는 인간이 살아가는 데는 없어도 그만이지만, 값은 엄청나게 비싸다." 이것이 바로 경제사에서 아주 유명한 '가치 역설'이다. 가치가 없는 다이아몬드는 가격이 비싸고, 가치가 큰 공기와 물은 가격이 싼 현실을 초기 경제학자들은 도저히 이해하기 어려웠다. 그래서 '역설'이라고 불렸다.

19세기 경제학자들은 이 문제를 해결하기 위해 오랜 세월 온갖 노력을 기울였다. 그렇지만 좀처럼 풀리지 않았다. 경제학을 창시하고 개척했던 스미스, 리카도, 마르크스 등이 '노동 가치설'에 집착했던 이유가 여기에 있다. 그들은 '노동 가치가 상품의 가격을 지배한다.'고 믿었다. 즉 공기와 물을 얻는 데에는 노동을 지불할 필요가 없어서 가격이 싸고, 다이아몬드를 얻는 데에는 평균적으로 많은 노동이 필요하므로 가격이 비싸다고 봤던 것이다. 그러나 노동 가치로 가치 역설을 해명하려고 한 시도는 좀 억지스러웠다. 우연히 발견한 다이아몬드는 값이 싸야 했기 때문이다. 무엇보다도 시장 가격은 노동 가치와는 상관없이 자꾸만 변동했다.

영원히 해결이 불가능할 것처럼 보였던 이 가치 역설을 결정적으로 해결해 낸 것이 바로 '한계 혁명'이다. '최종 단위의 효용이 가치를 결정한다.'는 것이 바로 그 원리이다. 이 이론은 1870년대에 멩거, 제본스, 발라 등 세 경제학자가 거의 동시에 발표했다(요즘에는 마샬도 비슷한 시기에 이 개념을 발견한 것으로 인정해 주는 경향이 있다).

실제로, 공기와 물은 너무 흔하므로 마지막에 사용하는 단위는 효용이 거의 없다. 아니, 마지막으로 사용하고도 공기와 물은 남아돈다. 이처럼 아무리 필수적인 것일지라도 너무 흔하면 가치가 낮을 수밖에 없다. 이에 반해, 다이아몬드는 매우

희귀하고, 따라서 최종 단위의 효용이 매우 높다. 아무리 쓸모가 없는 것일지라도 귀하면 높은 가치로 평가받는 것이다.

  한계 혁명은 가치 역설을 명쾌하게 해결해 냈다. 마르크스가 이 '한계'의 개념을 알았더라면 『자본론』을 쓰지 못했을 것이고, 20세기에 전 세계 인류의 거의 절반을 지배한 사회주의도 나타나지 않았을 것이라고 말하는 경제학자들이 있을 정도다. 그만큼 경제학적으로 '한계 혁명'은 매우 중요한 이론이다.

'한계'라는 개념은 처음에는 수요에만 적용되다가 차츰 공급과 분배에도 적용되기에 이르렀다. 수요 이론의 한계효용, 공급 이론의 한계비용, 분배 이론의 한계생산력 등의 개념은 이렇게 탄생했다. 최종 단위의 효용인 한계효용이 수요를 결정하고, 최종 단위의 비용인 한계비용이 공급을 결정하며, 최종 단위의 생산력인 한계생산력이 분배를 결정한다는 것이다.

이 부분은 경제학을 본격적으로 배우지 않았으면 이해하기 어려울지 모르겠다. 만약 그렇다면 그냥 넘어가도 좋다. 실생활에서는 그렇게 중요한 것들이 아니니까. 한계 개념이 중요한 역할을 한다는 점만 알아도 충분하다. 한계 개념은 경제학뿐만 아니라 일상생활에서도 중요한 역할을 한다.

이해하기 쉽게 사례를 하나 들어 보자. 두 사람이 있다. 한 사람은 병상에 누워 운동장을 바라보고 있고, 다른 한 사람은 병원 옆 운동장에서 축구를 하고 있다. 건강의 관점에서만 보자면 이 두 사람 중 누가 더 행복할까? 많은 사람이 운동장에서 축구하는 사람을 꼽을 것이다. 그러나 그 사람은 건강이 점점 나빠지고 있고, 병상에 누워 있는 사람은 건강이 좋아지고 있다면, 어떻게 판단해야 할까? 당연히 병상에 누워 있는 사람이 더 행복할 것이다. 건강이 차츰 좋아져 곧 축구를 할 수 있으니까.

돈 버는 일에는 이 한계의 개념이 더욱 중요하다. 한계효용이 높은 상품을 생산하는 기업은 다이아몬드처럼 높은 가격을 받을 수 있으므로 돈도 많이 벌 수 있고, 그런 기업에 취업하는 사람은 임금이 높다. 투자에서도 마찬가지다. 한계효용이 점점 더 커지는 상품에 투자하면 더 많은 돈을 벌 수 있다. 예술가가 죽으면 그의 작품 가격이 갑자기 오르는 것도 이런 이유 때문이다. 더 이상 제작할 수 없으므로 최종 단위의 효용, 즉 한계효용이 점점 더 커지는 것이다. 골동품도 마찬가지고, 우표 등 다른 수집품들도 마찬가지다.

최근에 우리 사회가 미술품 투기 열풍에 휩싸였던 배경에도 이런 경제 원리가 작용했다. 소득이 증가함에 따라 미술품에 대한 수요가 크게 증가했고, 그런 미술품의 한계효용이 점점 더 커짐으로써 가격은 더 크게 올랐으며, 이것이 큰돈을 벌어 주었던 것이다. 그래서 우리나라 대표 기업 삼성의 소유주인 이건희 일가도 미술품 등을 그토록 사재기했을 것이다.

다른 일반 상품도 마찬가지다. 한계효용이 높은 상품일수록 가격은 높고 더 많은 돈을 번다. 이것이 바로 명품을 판매하는 기업들이 수량을 제한하는 이유다. 생산량을 늘리면 단기적으로는 이익이 당연히 늘어나지만, 장기적으로는 최종 단위의 효용 즉 한계효용이 떨어지므로 가격이 떨어지지 않을 수 없다. 결국 이익이 크게 줄어들고 만다. 고급 식당은 좌석 수를 제한하는 경우가 많은데, 이것도 마찬가지 이유에서다. 최종 단위의 한계효용을 유지하기 위해 좌석 수를 제한하는 것이다. 이런 점을 모르고 자영업을 하겠다고 나서면 실패하거나 큰돈을 벌기가 어려울 것이다.

## 가격 탄력성을 모르면 바겐세일로도 못 판다

경제학이 어렵게 느껴지는 가장 큰 이유는 생소한 용어들 때문일 것이다. 경제학 용어가 정확하게 무엇을 의미하는지, 현실 세계에서 어떤 기능을 하는지, 이것이 얼마나 중요한지 등을 보통 사람으로서는 이해하기가 쉽지 않다.

그러나 이런 용어를 정확하게 이해하지 못하면 경제 원리를 이해하거나 경제를 정확하게 읽어 내는 것은 거의 불가능에 가깝다. '탄력성'도 그런 대표적인 용어다. 이런 어려운 용어를 쉽게 이해하는 방법이 하나 있다. 현실적인 사례를 통해서 이해하는 방법이다. 이번에는 '탄력성'의 개념과 기능에 대해서 알아보자.

조 사장은 어렸을 때 상경하여 재래시장에서 잔뼈가 굵었다. 점원으로 들어가서 자기 일처럼 열심히 일했다. 사장이 그런 모습에 감동하여 그에게 가게를 하나 임대해 주었다. 그는 더 열심히 일을 해서 착실하게 돈을 모았다. 그렇게 모은 돈으로 가게를 사들였고, 나중에는 건물 전체를 샀다. 하는 일마다 실패하는 법이 없었다.

　자신이 배우지 못한 한을 풀기 위해 아이들 교육을 위해 강남으로 이사하자마자 때마침 투기 바람이 불었고, 매입한 아파트 가격이 갑자기 두 배로 뛰기도 했다. 은퇴한 뒤에 농사지으며 살고자 서울 인근에 땅을 사 두었는데, 가격이 수십 배나 올랐다. 돈 버는 데에는 천부적인 재능을 타고났다는 소리를 들었다. 어려운 아이들에게 20년 가까이 남몰래 장학금을 지원해 준 사실이 언론에 알려져 유명 인사가 되기도 했다. 그는 소위 성공한 사람이었다.

　최근에는 이런저런 사정으로 재래시장 번영회의 회장직을 맡게 되었다. 달갑지는 않았지만 기왕 맡았으니 최선을 다하기로 했다. 마침 정부가 재래시장을 적극적으로 육성하겠다고 발표하자, 정부에도 찾아가고 국회에도 찾아가서 결국 지원을 받아 냈다. 그 지원금을 바탕으로 시장을 깨끗하고 산뜻하게 리모델링했고, 주차장도 마련했다. 그러나 고객은 별로 늘어나지 않았다. 시장 상인들이 빌린 정책 자금은 이자가 아주 쌌지만, 매상이 증가하지 않자 이것마저 부담이 컸다. 원성이 자자해졌다.

　조 사장의 판단으로는 백화점처럼 대대적인 바겐세일을 하면 난관을 타개할 수 있을 것 같았다. 어렵사리 시장 상인들의 동의를 얻어 바겐세일에 나섰다. 그러나 결과는 좋지 않았고, 그는 불명예스럽게 회장직에서 물러나지 않을 수 없었다.

하는 일마다 실패해본 적이 없었던 그가 왜 이번에는 처참하게 실패했을까? 한마디로, 경제학의 '탄력성'이라는 개념을 몰랐기 때문이다.

어떤 상품은 가격을 내리면 수요가 크게 증가하지만, 어떤 상품은 가격을 내려도 수요가 거의 증가하지 않는다. 이처럼 가격 변동이 수요 변동을 일으키는 정도를 탄력성이라고 부른다. 정확하게는 가격에 대한 수요의 탄력성이라고 한다. 백화점이 철마다 바겐세일을 하는 것은 그곳에서 팔리는 상품들의 가격 탄력성이 매우 크기 때문이다. 가격을 조금만 내려도 수요가 큰 폭으로 증가한다. 그래서 가격을 내리면 훨씬 더 많이 팔림으로써 더 큰 이익을 남길 수 있다.

반면에, 재래시장에서 팔리는 상품들은 가격에 대한 수요의 탄력성이 낮다. 가격을 내려도 수요가 거의 증가하지 않거나 조금밖에 증가하지 않는다는 것이다. 따라서 가격을 내리면 오히려 손해를 볼 수도 있다. 백화점이 바겐세일 때처럼 항상 싼값으로 판매하지 않는 이유도 바로 이것이다. 즉 상품을 항상 싸게 팔면 그 상품의 가격 탄력성은 점점 떨어지게 된다.

## 자원 펀드가
## 경제질병을 유발한다

조 사장은 자신의 실패가 탄력성을 몰랐던 데에 있다는 사실을 알게 된 뒤, 자신의 유동 자산을 거의 모두 투자했던 브릭스 펀드를 다시 생각하게 되었다. 그렇지 않아도 2007년 말부터 브라질과 러시아와 중국 등의 주식 시장이 약세를 보이면서, 2008년부터는 수익률이 크게 떨어지는 중이었다. 그는 실패를 반복하지 않기 위해 여러 경제전문가를 찾아다녔다.

그들은 대부분 석유나 곡물과 같은 자원에 투자하거나 자원이 풍부한 나라의 금융 상품에 투자하라고 권유했다. 이런 나라들은 산업 발달에 필수적인 여러 자원을 풍부하게 보유하고 있으므로, 경제도 비교적 안정적으로 성장할 수 있다는 것이 이유였다. 특히 지금처럼 세계 경기의 전망이 불투명한 때에는 더욱 그렇다는 것이었다.

이 제안은 그럴 듯한 분석처럼 들린다. 그럼 자원이 풍부한 나라에 투자하면 진짜로 돈을 더 많이 벌 수 있을까? 그렇지 않다. 단기적으로는 이익을 남길 수 있겠지만, 장기적으로는 이익보다 훨씬 더 큰 손해를 볼 가능성을 배제하기 어렵다. 앞에서 언급했듯이, 짧은 기간에 수익을 얻는다는 것은 극소수 특수한 재능을 가진 사람을 제외하고는 거의 불가능하다고 봐야 하기 때문이다. 보통 사람에게는 단기간의 투자로 돈을 버는 것은 요행을 바라는 것이나 마찬가지여서, 이것은 재테크라고 부를 수도 없다.

경제전문가조차 '탄력성'이라는 개념을 정확하게 이해하지 못했기 때문에 장차 큰 손실을 불러올 가능성이 높은 위와 같은 제안을 한 것이다. 자원 부국에 투자하는 것이 얼마나 위험한가를 지금부터 탄력성의 개념에 입각하여 차분하게 따져 보도록 하자.

일반적으로 천연 자원 등 1차 산품은 수요가 조금만 늘어도 가격이 폭등하고, 수요가 조금만 줄어도 가격이 폭락한다. 즉 수요에 대한 가격의 탄력성이 매우 크다. 최근에 석유를 비롯한 에너지 자원과 각종 금속 등 공업용 원자재는 물론이고 밀이나 옥수수, 콩 등 농산품의 가격이 급상승한 것도 이런 이유 때문이다. 세계적인 호황이 지속되면서 수요가 늘어나자, 수요가 증가한 정도보다 훨씬 더 높은 비율로 가격이 오른 것이다. 그래서 이런 상품에 투자한 펀드는 큰 이익을 남겼다.

이런 경제 원리는 경기가 하강할 때에도 그대로 적용된다. 즉 세계 경제의 성장이 둔화되거나 경기가 하강하면, 수요가 줄어든 정도보다 훨씬 더 큰 폭으로 가격이 떨어진다. 이런 자원들은 수요에 대한 가격의 탄력성이 매우 크기 때문이다. 그런데 세계 경기는 앞에서 '지금이 주식 투자의 적기일까'라는 문제를 다루면서 살펴본 바와 같이 전망이 불투명하다.

그렇다면 장차 경기가 혹시라도 정체하거나 하강하면 자원의 수요는 더 큰 폭으로 줄어들 것이 뻔하고, 이 경우에는 자원 가격이 단기적으로 폭락하거나 장기간에 걸쳐 지속적으로 하락할 가능성이 매우 크다. 그러면 자원 보유국의 수출은 단기간에 크게 혹은 장기간에 걸쳐 계속 줄어들게 되고, 이에 따라 국제수지가 악화되면 그 나라의 화폐 가치가 떨어진다. 그러면 이런 나라에 대한 투자는 환차손까지 입게 된다.

그뿐만이 아니다. 만약 세계 경제가 장차 부진해지면 가장 큰 타격을 입을 나라는 다름 아니라 이런 자원 부국들이다. 이런 나라들은 이미 '네덜란드 병'에 시달리고 있기 때문이다. 그런데 네덜란드 병이란 게 도대체 무엇일까? 그린스펀은 자서전 『격동의 시대』에서 '네덜란드 병'을 다음과 같이 자세하게 언급했다.

네덜란드가 천연 가스 생산을 시작한 뒤, "천연 가스에 대한 외국의 수요가 커지자 네덜란드 통화인 길더의 막대한 매입으로 이어졌고, 이는 다시 달러, 독일 마르크화 그리고 다른 주요 통화와 대비한 네덜란드 통화의 가치를 상승시켰다. 이는 천연 가스 이외의 다른 네덜란드 수출품이 세계 시장에서 비교 우위(가격 경쟁력)를 잃고 있음을 뜻했다."

러시아에서도 "네덜란드 병의 징후는 이미 확연하다. 석유와 가스 수출이 급증하자 루블화 가치가 상승했고, 비소비재 수출 가치가 뒤처졌다. 1998년부터 2006년 사이 루블화 가치는 교역국들의 인플레이션을 고려한다 해도 그들의 통화 가치에 비해 배로 올랐다."(『격동의 시대』, 474쪽) 한마디로 말해, 러시아의 국내 산업은 루블화 가치의 상승에 의해 전반적으로 경쟁력을 잃어가고 있다. 이런 상태에서 만약 석유와 가스 가격마저 떨어져서 외환 수입마저 줄어든다면 성장률은 당연히 떨어질 것이고, 러시아에 대한 투자는 장차 큰 손실을 남기지 않으면 다행일 것이다.

## 탄력성의 차이는 어떤 경제적 기능을 할까

위에서 살펴본 바와 같은 탄력성의 차이는 일반적으로 인류 역사에 등장한 상품의 순서에 따라서 나타난다. 즉 먹을거리보다는 입을거리가, 입을거리보다는 생활거리가, 생활거리보다는 즐길거리가 수요와 공급에 대한 가격의 탄력성이 상대적으로 더 적게 나타나고, 반대로 가격에 대한 수요와 공급의 탄력성은 더 크게 나타나는 경향이 있다. 예를 들어, 공급이 감소했을 경우에는 먹을거리 상품이 입을거리 상품보다, 그리고 입을거리 상품이 생활거리 상품보다 가격이 더 크게 오르는 경향이 있다. 이런 경향이 일반적인 이유는 인간의 욕구 중에서 먹을거리를 해결하려는 욕구가 가장 강하고, 다음으

로는 입을거리와 생활거리 그리고 즐길거리 등의 욕구가 그 뒤를 잇기 때문이다. 인류 문명도 이 흐름에 따라서 발전해 왔다.

　한편, 가격에 대한 수요 혹은 공급 탄력성이나, 수요와 공급에 대한 가격 탄력성 외에, 소득에 대한 수요의 탄력성이라는 개념도 있다. 예를 들어, 최신식 휴대전화를 생산하거나 초대형 벽걸이 TV를 생산하는 것과 같은 첨단 산업은 소득이 증가함에 따라 수요가 늘어나는 정도가 매우 크다. 반면에,

이런 산업은 경기가 후퇴하면, 즉 소득이 감소하면 수요가 더 크게 감소한다. 첨단 산업이 섬유 산업 등 전통 산업에 비해 경기 변동에 매우 민감한 이유는 바로 이런 경제 원리 때문이다. 이런 점을 올바르게 이해해야 기업을 성공적으로 경영할 수 있다. 특히 첨단 산업 기업은 이 점을 특별히 유의해야 한다. 그래야 기업이 경기 변동에 적응하지 못하고 도산하거나 큰 손실을 입는 일을 피할 수 있다.

수량이 충족되면 품질에 대한 욕구가 강하게 나타나는 것이 일반적이듯이, 품질을 지향하는 상품은 수량을 지향하는 상품보다 수요에 대한 가격의 탄력성이 상대적으로 적다. 즉 '맛'이 중요한 역할을 하는 고급 음식점이나 '멋'이 중요한 역할을 하는 명품 옷이나 가방, 그리고 '과시'가 중요한 역할을 하는 고급 자동차 따위의 품질 상품은 수요가 크게 변동하더라도 가격의 변동은 다른 일반 상품에 비해 상대적으로 더 적다. 반대로 가격에 대한 수요의 탄력성은 일반 상품에 비해 훨씬 더 크다. 즉 이런 상품은 가격이 변동하면 수요가 상대적으로 더 큰 폭으로 변동하는 경향을 보인다.

이에 비해, 재래시장에서 팔리는 일반 상품은 가격에 대한 수요의 탄력성이 적은 편이다. 즉 가격이 아무리 내려도 수요가 증가하는 폭은 크지 않다. 반면에 수요와 공급에 대한 가격의 탄력성은 매우 큰 편이다. 그래서 공급이 조금만 줄어도 가격은 크게 상승한다. 농산물의 가격 파동이 심심치 않게 발생하는 이유가 바로 여기에 있다. 그리고 수요가 조금만 줄어도 가격은 크게 떨어지며, 수요가 조금만 늘어도 가격은 크게 상승한다. 이런 점을 모르면, 위에서 예로 든 조 사장처럼 돈을 벌기는커녕 크게 실패할 수도 있다.

## 안경과 렉서스의 가격 차별화

가격 차별화 문제도 이해하기 쉽게 실전적인 사례를 통해 살펴보자. 김 여사는 강남의 부촌에 산다. 입는 옷도 최고급이고 집안의 가구도 최고급이며 자동차도 최고급이다. 최고급이 아니면 쳐다보지도 않는다. 딸이 대학에 진학하자, 자신이 다니는 최고급 미용실로 데려갔다. 보통 사람은 상상하기 어려울 정도로 비싼 요금을 지불해야 하지만, 아무리 비싸도 최고급 미용실에서 머리를 다듬고 피부 손질을 받아야 첫인상부터 귀족처럼 보인다고 철석같이 믿는다.

그런데 요금 계산서가 너무 싸게 나왔다. 순간적으로 이 미용실 수준이 그만큼 떨어진 것은 아닌가 하는 의심이 들었다. 이제는 그만 다녀야겠다는 마음이 언뜻 생겼지만, 그래도 이만한 곳이 흔치 않다고 생각이 들어서 물었다. 왜 요금이 이렇게 싸게 나왔냐고. 답변은 간단했다. '학생은 반값'이라는 것이었다. 돌아오는 길에 딸에게 물었다. '학생 버스비가 싸듯이, 정부에서 학생은 모두 반값을 받으라고 한 것이냐?'고. 딸은 "경제학 안 배웠어? 안경점이 가격 차별화를 하는 것이나 마찬가지지." 하고 말했다. 자존심이 크게 상했지만 그때에야 비로소 대학 시절에 배운 경제학 교과서에 실린 안경점의 '가격 차별화'가 생각났다.

학생은 돈이 상대적으로 풍족하지 못해서 가격에 대해 탄력적인 반응을 보이는 것이 일반적이다. 학생들은 가격이 싸면 더 많이 사고, 가격이 비싸면 더 적게 사는 것이다. 반면에 일반인은 가격에 대해 비탄력적인 반응을 보이는 것이 일반적이다. 스스로 돈을 벌기 때문에 학생에 비해서는 상대적으로 가격보다는 품질이나 사회적 위신을 먼저 따지곤 한다. 그래서 일반인에게는 비싼 값에 팔아도 안경의 수요가 크게 줄지 않는다. 이것을 가격 차별화라고 부르는데, 이런 방법을 통해서 안경점 주인은 더 많은 돈을 벌 수 있다. 이것을 모르는 기업은 당연히 더 많은 매출, 더 높은 이익을 포기하는 것이나 마찬가지다.

가격 차별화는 안경점만 하는 것은 아니다. 거의 모든 기업이 시행하고 있다. 예를 들어, 자동차 생산 업체는 여러 등급의 차종을 판매하는데, 이것도 일종의 가격 차별화라고 할 수 있다. 즉 돈 많은 사람에게는 차체가 크고 고급스러우며 성능이 상대적으로 더 우수한 차를 아주 비싼 가격에 팔고, 서민에게는 차체가 아담하고 성능도 합리적인 수준의 차를 비교적 싼 가격에 파는 것이다. 심지어 세계 자동차 업계의 선두 주자 중 하나인 도요타는 최고급 차종인 '렉서스'를 시장에 내놓았는데, 이 차에는 도요타 자동차라는 제조 회사 이름을 찾아보기가 어렵다.

자동차뿐만 아니라 거의 모든 상품의 판매에서 우리가 알게 모르게 이런 가격 차별화가 이루어진다. 먹을거리 중에서는 유기농 제품을 내세워 가격 차별화를 행하기도 하고, 입을거리 중에서는 최신 유행의 패션이나 뛰어난 디자인 혹은 매력적인 색상을 내세워 가격을 차별화하기도 한다. 그 밖의 상품도 마찬가지로서, 공급자인 기업은 다양한 방법을 동원하여 가격 차별화를 한다. 이런 가격 차별화를 알아야 기업을 하는 사람이든 자영업을 하는 사람이든 더 많은 돈을 벌 수 있다. 소비자로서도 이런 가격 차별화를 알면 이익을 볼 수 있다. 예를 들어, 안경점에 학생인 아들이나 딸과 동행하면 더 싼값으로 안경을 살 수 있듯이 말이다.

# 5장

# 공급 원리로
# 이윤 창출하기

PDP TV가 LCD TV에 뒤처진 이유
독점력이 곧 경쟁력이다
경쟁력이 부가가치를 창출한다
생산비를 줄이고 판매가를 높이는 게 왜 중요할까
뛰어난 CEO 한 명, 열 투자자 안 부럽다
매출이 영업이익보다 중요한 이유

기업은 이익을 위해 존재한다. 이익도 없이 어떻게 공급이 이뤄지겠는가? 이것은 상식적인 얘기다. 그러나 기존 경제학은 기업의 이익을 부정한다. 기업이 생존하는 데 필요한 최소한의 적정 이익만을 인정할 따름이다. 경쟁이 이루어지면 기업의 초과 이익은 모두 사라진다고 간주한다. 이것은 말장난에 불과하다. 이익이 사라지면 기업은 존립할 이유가 없고, 기업이 사라지면 당연히 경쟁은 이루어지지 않기 때문이다. 무엇보다도 이익을 모두 사라지게 할 완전 경쟁이란 원천적으로 불가능하다. 세상의 자원은 한정되어 있기 때문이다. 자원이 한정되어 있다면, 생산시설도 무한 경쟁이 가능한 수준까지 확장할 수는 없다.

경제학이 이렇게까지 기업을 편들 이유는 아무것도 없다.

이것은 아담 스미스가 경제학을 창시하면서 내세웠던 '보이지 않는 손', 즉 '누구나 자신의 이익만을 위해서 경제 활동을 하는데, 그 이익은 모든 사람에게 돌아간다.'라는 원리에도 위배된다. '보이지 않는 손'의 원리가 작동하려면 '기업은 오직 자신의 이익만을 최대한 끌어올리기 위해 노력하는데, 이것이 결국은 모든 사람에게 혜택을 준다.'고 해야 한다. 현실적으로도 기업은 이익을 최대화하기 위해 온갖 노력을 기울이며, 어떤 기업은 적정 이익이라고 보기에는 너무 큰 이익을 남기기도 한다.

그렇다면 경제학의 공급 이론은 '어떻게 해야 기업이 가장 큰 이익을 얻을 수 있는가'의 문제를 다루는 것이 정상이다. 이것이 돈 버는 길이기도 하다. 기존 경제학의 공급 이론이 돈 버는 데에는 아무런 쓸모가 없는 이유가 바로 이것이다. 지금부터는 경제의 공급 현상을 이해하는 데에도 탁월하고, 돈 버는 데에도 쓸모 있는 '돈 버는 경제학'의 공급 이론에 관해 살펴보도록 하자.

경제에서 가격은 신호등이고 소비자와 기업은 이 신호등에 따라 반응한다. 이 반응을 이끌어 내는 것은 물론 이익(또는 효용)이다. 소비자가 살 것인가 말 것인가를 선택하는 것도, 어떤 상품을 선택할 것인가를 결정하는 것도 그 기준은 '이익'이다. 어느 것이 이익인지를 따져서 소비를 하는 것이다. 기업은 두말할 필요가 없다. 어떤 상품을 생산할 것인가를 결

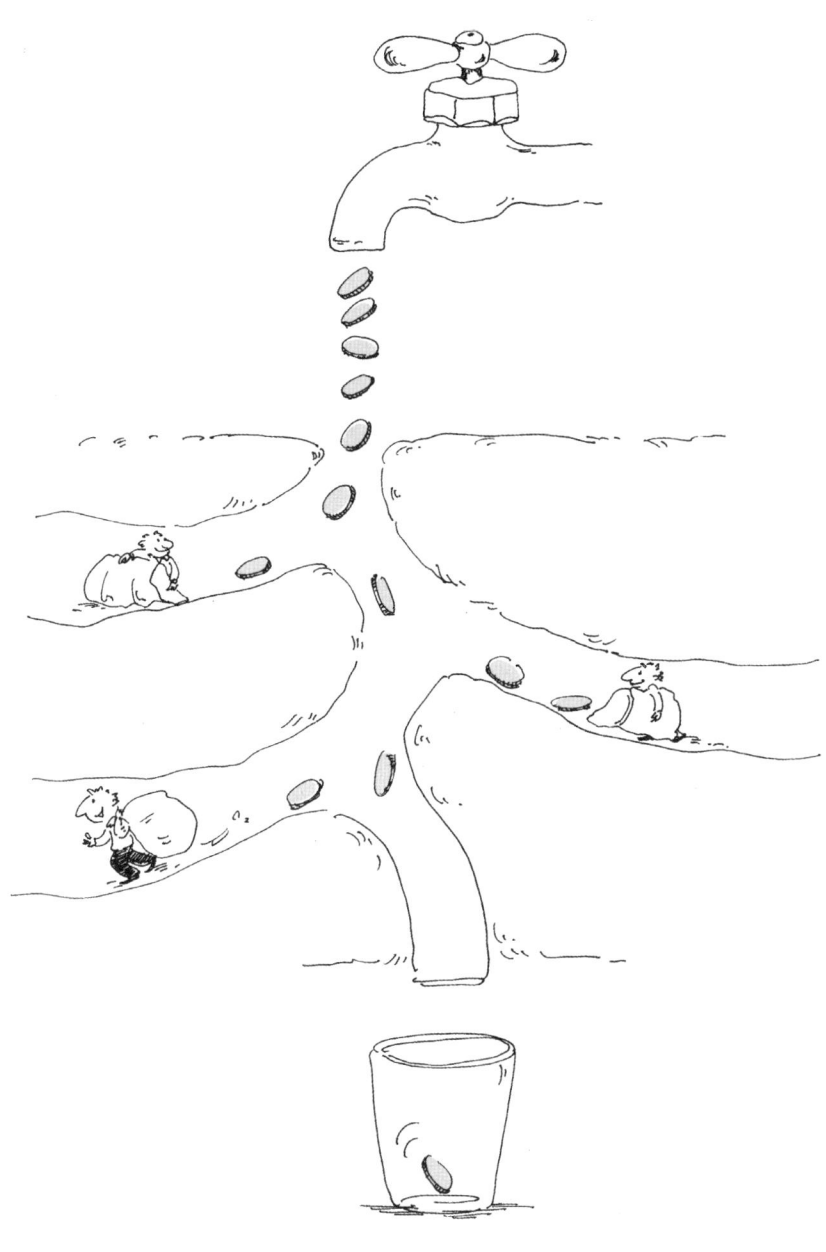

정하는 것도, 생산을 늘릴 것인가 줄일 것인가를 선택하는 기준도 이익의 크기이다. 이익이 커진다면 생산을 늘리고, 이익이 줄어든다면 생산을 줄인다.

그럼 이익의 크기는 무엇이 어떻게 결정할까? 이익이란 판매가에서 비용을 뺀 것을 의미한다. 그러므로 판매가를 높일 수 있으면 이익은 커지고, 비용을 줄일 수 있어도 이익은 커진다. 따라서 비용을 더 크게 줄여 갈 수 있는 상품을 생산하면 더 많이 벌 수 있고, 판매가를 더 크게 높여 갈 수 있는 상품을 생산하면 더 많이 벌 수 있다. 그렇다면 이런 상품을 찾아내서 생산하는 기업에 투자하거나 이런 직장에 취직하는 것이 돈을 잘 버는 지름길이라 할 수 있다.

그러나 보통 사람은 물론이고 경제전문가조차 이런 간단하고도 쉬운 원리를 외면하거나 간과하곤 한다. 지금부터는 이 두 가지 문제에 대해 좀 더 깊이 살펴보도록 하자. 즉 '생산 비용을 줄이면 이익이 커진다.'와 '판매 가격을 높이면 이익이 커진다.'는 문제를 차례대로 살펴보자는 것이다. 이 문제도 다음과 같이 실전적인 사례를 통해서 접근하면 훨씬 더 쉽게 이해할 수 있다.

# PDP TV가
# LCD TV에 뒤처진 이유

김 선생은 아내의 손을 잡고 전자제품 매장을 찾았다. 그동안 용돈을 아껴서 모은 돈으로 대형 TV를 하나 장만하고 싶어서였다. 그동안 그의 아내는 그런 것조차 마련하지 못하고 산다고 불평이 이만저만 아니었다. 많지 않은 월급으로 아이들 교육시키며 먹고 사는 게 만만치 않았던 그의 아내는 새 TV 구매를 여간 반기지 않았다.

넓은 매장을 가득 채운 TV들은 집안에 있는 구식 TV와는 비교가 되지 않았다. 두께가 얇은 것은 말할 것도 없고, 화면의 선명도가 너무 크게 차이 났다. 그런데 어떤 것을 선택해야 할지 망설이지 않을 수 없었다. PDP라는 것도 있고, LCD라는 것도 있어서였다. 서로 큰 차이가 없는 것 같은데, 큰 맘 먹고 사는 것이라서 잘 선택하고 싶었다. 그래서 이것저것 점원에게 물어보기도 하고 매장 컴퓨터에서 인터넷으로 검색해 보기도 했다.

LCD는 액정에 의해서, 그리고 PDP는 플라스마로 화면을 만든다는데, 이해하기가 좀처럼 쉽지 않았다. 중요한 것은 이것이 아니므로 각각의 장단점을 점원에게 물었다. LCD는 화면이 더 선명하나 그만큼 눈이 피로하고, 화면이 끌리는 잔상 효과가 있다고 한다. 반면에 PDP는 화면이 부드럽고 동영상의 잔상 효과도 거의 없지만, 전기 소비가 더 많다고 한다. 그런데 이런 단점들은 이제 거의 모두 개선되어 서로 큰 차이는 없다고 한다. 김 선생은 어느 것이 대세냐고 물었다. 아무래도 LCD가 점점 더 우세를 보이고 있다고 한다.

왜 LCD가 우세를 잡았을까? 개발 초기에는 LCD는 기껏해야 계산기 화면에나 사용되었을 뿐이다. LCD의 성능이 크게 개선된 지금도 PDP의 성능이 LCD에 비해 결코 뒤지지 않는다는 것이 전문가들의 일반적인 평가다. 축구 같은 스포츠를 더 즐기는 사람에게는 동영상의 잔상 효과가 나타나지 않는 PDP가 더 낫다고도 한다. 그런데 왜 LCD가 판정승을 해가고 있을까? 가장 중요한 원인은 생산 비용의 절감 속도에서 LCD가 PDP에 비해 훨씬 빨랐던 데에 있다.

LCD와 PDP 사이의 생산 단가 인하 경쟁은 자연스럽게 판매가 인하 경쟁을 불렀고, 이에 따라 생산 단가의 인하가 판매 가격의 인하를 따라가지 못한 PDP 생산 업체는 이익이 크게 줄거나 심지어 손실을 입기도 했다. 반면에 LCD는 생산 단가가 떨어지는 속도가 PDP에 비해 훨씬 빨라서, 그것을 생산하는 업체는 상대적으로 더 큰 이익을 거둘 수 있었고, 이것이 경쟁에서 결정적으로 우위를 점하게 하였다.

이런 경제 원리를 제대로 이해했다면, 다른 산업 분야에서도 어떤 상품의 생산을 선택할 것인가를 쉽게 결정할 수 있다. 즉 다른 산업 분야에서도 생산 비용을 상대적으로 빠르게 줄여 갈 수 있는 상품을 생산하면 더 큰 이익을 남길 수 있다는 것이다. 생산 비용을 떨어뜨릴 수 있어야 판매 가격을 떨어뜨릴 수 있고, 그래야 다른 기업과의 경쟁에서 이겨낼 수 있다.

물론 기업으로서야 판매 가격을 낮추는 일이 싫겠지만 판매 가격을 떨어뜨리지 않으면 다른 기업과의 경쟁에서 이겨낼 수 없고, 그러면 그 기업은 살아남기 어렵다. 생산 비용과 함께 판매 가격을 낮춰 가는 것이 치열한 경쟁에서 기업이 살아남을 수 있는 길이다.

판매 가격을 낮추면 소비가 더 크게 늘어나 기업의 이익은 오히려 더 커지기도 한다. 예를 들어, 가격이 10% 떨어지더라도 판매량이 20% 증가한다면, 이익은 오히려 8%가 늘어난다($0.9 \times 1.2 = 1.08$). 수요가 상대적으로 더 빠르게 증가하는 최신 개발 상품 혹은 첨단 산업에서 이런 현상이 특히 두드러지게 나타난다. 판매 가격을 낮추는 것이 바로 돈 버는 길인 셈이다.

그런데 위와 같은 기술 개발만이 판매가를 떨어뜨릴까? 아니다. 그 밖에도 크게 나누어 다음 두 가지가 더 있다. 하나는, 생산비가 적게 들도록 생산 기술을 혁신하는 것이다. 포드 자동차가 최초로 도입했던 컨베이어 시스템, 즉 자동으로 움직이는 벨트 위에 자동차 차체를 올려놓고, 단계별로 부품을 조립해 가는 생산 조직을 개발한 것은 대표적인 사례이다.

이런 생산 기술의 혁신을 통해서 포드 자동차는 당시에 수만 개에 달했던 자동차 업계를 거의 모두 제압한 것은 물론이고, 가격을 크게 떨어뜨림으로써 자동차의 대중화를 이끌었다. 포드 자동차가 당시에 큰 이익을 남긴 것은 두말할 나위가 없다. 생산 기술의 혁신은 이처럼 중요하다.

다른 하나는, 대량 생산을 함으로써 생산성을 높이는 방법이다. 생산량을 늘리면 '규모의 경제'가 작동하고, 그러면 단위당 생산비는 줄어든다. 참고로, 규모의 경제란 생산 규모를 늘려 갈수록 생산성이 커지는 현상을 뜻한다. 생산을 늘려 가면 분업이 그만큼 원활하게 이루어지고, 분업이 잘 이루어지면 작업이 단순해져서 생산성은 더 커진다. 또한 기술 개발을 독립적으로 수행할 능력도 생기고, 영업 조직도 독립시켜서 활성화시킬 수 있는 등 여러 이점이 나타난다.

다만 규모의 경제는 생산 규모가 적정한 수준에 이를 때까지만 작동한다. 그 수준을 넘어서면 '규모의 비경제'가 작동한다. 그럼 적정한 규모란 어느 수준을 말할까? 옷을 생산하는 공장보다는 자동차를 생산하는 공장의 적정 규모가 훨씬 큰 것처럼 산업에 따라 달라진다. 산업의 종류가 다양한 만큼 적정 규모도 다양하다.

위에서 살펴본 것처럼, '생산비를 줄이는 것이 이익을 키우는 지름길'이라는 사실을 인식하는 것은 일반적인 경제 문제를 읽어 내는 데도 큰 기여를 한다. 예를 들어, 농업이나 섬유 산업 등 우리의 전통 산업은 상대적으로 정체하는데, 그 이유가 무엇일까? 이런 산업에 종사하는 인구가 지속적으로 줄어드는 이유는 또 무엇일까? 대부분의 전통 산업 제품은 생산 기술을 획기적으로 발전시키기 어렵기 때문이다. 특히 농업은 수천 년 동안 지속되어 왔으므로 그런 생산 기술은 이미 모두 발견되었다고 봐도 무방할 정도이다.

여담이지만, 섬유 산업이나 농업 등의 전통 산업이 정체한 데에는 다른 이유가 하나 더 있다. 이런 전통 산업의 제품은 소비의 증가가 대체적으로 정체되어 있다는 점이다. 농산물의 수요는 가격에 대한 탄력성이나 소득에 대한 탄력성이 대체적으로 적다. 쉽게 말해서, 가격이 내려도 소비량이 증가하는 정도가 적고, 소득이 늘어도 소비가 증가하는 정도가 적다.

## 독점력이 곧 경쟁력이다

이익은 판매가를 낮춰 갈 때에만 커지는 것은 아니다. 판매가를 높여 갈 수 있어도 이익은 커진다. 특히 전통 산업에서는 판매가를 높이지 않으면 이익은 늘어나지 않는다. 이율배반으로 보일 수도 있겠지만, 이것이 경제 현실이다. 현실적으로 전통 산업을 경영하면서 큰 이익을 남기는 기업도 많다. 지금부터는 이 문제를 살펴보도록 하자.

일반적으로 말해서, 가격이 높으면 수요는 줄어든다. 그러면 이익은 오히려 줄어들 수도 있다. 따라서 판매가를 높여도 수요가 줄어들지 않을 방법을 찾아낸다면 이익이 줄지 않고 오히려 더 늘어날 수 있다. 그럼 어떻게 해야 수요가 줄지 않는 가운데, 판매가를 높여갈 수 있을까? 그 해답은 독점력이다. 독점력이 크면 클수록 판매가를 높여도 수요는 줄지 않는다.

사실, 완전 경쟁의 지위에 있는 기업은 큰 이윤을 기대하기가 어렵다. 새로운 진입이 언제나 가능하고, 이에 따라 경쟁이 치열해지면 높은 값을 받기가 어렵기 때문이다. 반면에 불완전 경쟁의 극단인 독점 기업은 최대의 이윤을 취할 수 있다. '가격을 선도'할 수 있고 '가격 차별화' 정책도 거의 무한정 사용할 수 있기 때문이다. 그리고 과점 기업과 같은 불완전 경쟁 시장의 기업들은 그들의 독점적인 지위에 걸맞은 초과 이윤을 취득할 수 있다.

이런 사실에서 알 수 있듯이, 공급자의 이윤은 독점의 강도와 밀접한 관계를 맺고 있다. 실제로 경제 사회에서 거의 모든 공급자는 다양한 형태의 독점력을 보유하며, 그 독점력이 없으면 생존할 수 없다. 거대 기업은 주로 자본력과 조직력 그리고 정보력에 의한 독점력으로 조직을 유지하고, 중소기업은 조직의 탄력성과 신축성의 장점을 살려 상황 변화에 재빠르게 적응하면서 거대 기업과 경쟁해 나간다. 구멍가게는 주로 지리적인 독점력에 의존하여 대형 할인점과 경쟁하고, 농업은 토지의 생산성이라는 독점력을 보유한다. 첨단 기업은 기술력에 의해, 전통 기업은 공신력과 상표의 신뢰성에 의해 독점력을 유지한다. 기존의 기업은 새로 진입한 혹은 진입하려는 기업에 비해 인적 자원과 조직력, 영업력에서 독점력을 보인다.

위와 같은 독점력은 생산자에게 생산비를 초과하는 이윤의 확보를 가능하게 해준다. 다시 말해서, 기업의 이윤은 공급자의 독점적 지위에 의해서 발생하고, 그 크기는 독점력의 정도에 의해서 결정된다. 독점력은 공급자뿐만 아니라 수요자에게도 주어져서 소비자 잉여를 가져다주기도 한다.

한편, 독점 기업의 경우일지라도 신규 진입이 비교적 쉬운 산업의 경우에는 독점력이 그 독점적 지위에 상응할 정도로 크다고 할 수는 없다. 따라서 새로운 기업의 진입을 막을 수 있는 힘이야말로 독점력의 크기를 결정하는 중요한 요소라고 할 수 있다. 배타적인 힘이 크면 클수록 그 생산자는 독점 기업의 극대 이윤에 가까운 이윤을 얻을 수 있다. 반면에 배타적인 힘이 약하면 비록 독점 기업이라고 할지라도 새로운 진입을 막을 수 있는 수준의 이익만 누릴 수 있을 뿐이다.

독점력이라는 용어는 반대로 해석하면 경쟁력이라는 뜻으로 받아들일 수 있다. 현실적으로는 독점력이라는 개념보다 경쟁력이라는 용어가 훨씬 더 긍정적인 면을 지닌다. 이윤의 크기가 독점력에 의해 결정된다고 하기보다는 경쟁력에 의해서 결정된다고 보는 것이 현실성이 있을 뿐만 아니라 언어 습관상 이해하기도 쉽다. 실제로도 국제경쟁력이나 기업경쟁력이라는 용어가 훨씬 자연스럽게 쓰인다.

그럼 경쟁력 또는 독점력은 무엇이 만들까? 위에서 언급했던 자본력, 정보력, 조직력, 조직의 탄력성과 신축성, 지리적 독점력, 토지의 생산성, 기술력, 공신력, 상표력, 영업력 등을 들 수 있다. 이 모든 것이 함께 독점력, 즉 경쟁력을 만들어낸다. 실전적인 사례를 하나 더 들어보자.

## 경쟁력이 부가가치를 창출한다

최 부장은 정년 퇴직을 앞두고서는, 벌어 놓은 돈이 많지 않아 노후가 걱정이었다. 그래서 아내와 상의하여 PC방을 하나 내기로 했다. 특별한 기술이 필요한 것도 아니고, 경험이 필요한 것도 아니어서 쉽게 창업할 수 있을 것 같았다. 그래서 이곳저곳 찾아다니며 마땅한 장소를 물색했다. 마침 어느 대학교 뒷문 쪽에 좋은 자리가 눈에 띄었다. 학생들도 왕래가 잦은 편이고 주변에는 상가도 제법 발달해 있었다. 큰 맘 먹고 그동안 저축해 둔 3억 원을 투자했다. 인테리어에도 신경을 썼고 컴퓨터도 최신형으로 구비했다.

학생들 반응도 좋아서 처음에는 장사가 제법 잘 되었다. 금방 부자가 될 것 같았다. 그러나 반년쯤 지나자 고객도 줄고 수입도 줄기 시작했다. 주변에 새로운 PC방이 생겨났는데, 그곳 시설이 더 최신식이어서 학생들이 그쪽으로 몰려갔던 것이다. 최 부장은 경쟁에서 이겨내기 위해 컴퓨터들을 최신식으로 바꾸지 않을 수 없었다. 그동안 번 돈과 주변에서 빌린 돈을 합하여 1억 원을 추가로 투자했다. 그러나 수입은 더 줄어들었다. 주변에 새로운 PC방이 또 생겼기 때문이다. 결국 1년을 버티지 못하고 PC방을 다른 사람에게 팔 수밖에 없었다.

왜 이런 일이 벌어졌을까? PC방은 독점력이 없기 때문이다. 누구나 쉽게 PC방을 열 수 있고, 이것이 경쟁을 유발하였던 것이다. 더욱이 다른 PC방은 주인이 직접 경영하는데, 자신은 관리인을 따로 둠으로써 그 경쟁에서 도저히 이겨낼 수 없었다.

이런 점은 자영업을 창업하려는 사람들이 반드시 명심할 점이다. 처음 창업은 어렵더라도 독점력이 큰 사업을 선택해야 성공할 수 있다. 기술의 독점력이든, 거대 자본의 독점력이든, 영업의 독점력이든, 지리의 독점력이든, 정보의 독점력이든, 그것이 무엇이든 반드시 독점력을 갖춰야 한다. 그래야 경쟁을 제한할 수 있고, 이익도 더 크게 남길 수 있다. 예를 들어, 음식점을 개업하려 한다면, 자신만의 독특한 맛을 개발하거나, 돈을 많이 들여 시설을 화려하게 꾸며 부자들을 유인하거나, 지리적으로 다른 음식점이 들어서기 어려운 개발 제한 구역 중에서 풍광이 수려한 곳을 선택하거나 해야 한다는 것이다.

취업을 할 때에도 마찬가지다. 독점력 혹은 경쟁력이 높은 회사를 선택해야 한다. 독점력 혹은 경쟁력이 기업의 부가가치 창출 규모를 결정하기 때문이다. 보통 사람이 얼마나 많이 버는가는 어느 직장에 취업하느냐가 결정한다고 해도 지나치지 않다. 실제로 은행에 취직할 경우에는 초봉이 4,000만 원에 가깝고 10년쯤 근무하면 연봉이 1억 원을 넘나들지만, 작은 무역 업체에 취직하면 10년을 근무해도 3,000만 원을 넘기가 어렵다. 생산직의 경우에도 현대자동차나 두산중공업에 다니는 사람은 평균 연봉이 4,000~5,000만 원에 이르지만, 봉제 공장에 다니는 사람은 1년에 1,500만 원을 벌기도 힘들다.

왜 이런 현상이 벌어질까? 현대자동차나 두산중공업과 같은 기업의 '부가가치 창출 비율'\*은 비교적 높아서 높은 임금을 주고도 이익을 충분히 남길 수 있지만, 봉제 업체나 작은

- 다른 기업에서 구입한 금액을 제외하고 그 기업이 순수하게 창출한 부가가치를 총매출액과 비교한 비율

무역 업체는 부가가치 창출 비율이 낮아서 높은 임금을 주면 생존하기조차 어렵기 때문이다. 실제로 어떤 기업이나 산업은 국민 소득 5만 달러도 견뎌 낼 수 있는 반면에, 어떤 기업이나 산업은 국민 소득 1만 달러도 견뎌 내기가 어렵다. 그럼 어떤 기업이나 산업이 살아남을 수 있을까? 경제가 발전하고 국민 소득이 증가하면 할수록 평균 소득보다 낮은 수준을 겨우 견뎌 낼 기업이나 산업은 점차 소멸해 갈 수밖에 없다.

## 생산비를 줄이고 판매가를 높이는 게 왜 중요할까

'생산비를 줄이고 판매가를 높이면 이익이 늘어난다.'는 사실은 누구나 잘 안다. 그러나 이것도 경제 현실에서는 그렇게 만만한 문제가 아니다. 이런 간단한 경제 원리도 정확하게 이해하고 현실에 잘 적용하면, 큰돈을 벌거나 최소한 손실은 피할 수 있다. 실전적인 사례를 하나 살펴보자.

2005년 말쯤, 증권가에서 제법 큰돈을 벌었다는 소리를 들었던 김 박사는 당분간 주식 투자에서 손을 떼기로 결정했다. 2001년 주가지수가 500대였을 때에 본격적으로 주식을 매집했는데, 4년이 지난 당시에는 주가지수가 1,000을 넘었으므로 그만큼 돈도 충분히 벌었다.

마침 경제전문가들은 "국민총소득(GNI) 증가율이 국내총생산(GDP) 증가율보다 더 낮으므로 국내 경기가 부진하며, 이 추세는 당분간 지속될 것"이라고 전망했다. 국민총소득이 국내총생산보다 적다면 충분한 소비가 이루어질 수 없고, 그러면 경제는 부진해질 수밖에 없다는 것이었다. 그는 평소 경제전문가 분석을 전적으로 믿지는 않았기에 나름대로 통계를 확인한 뒤에 어렵사리 결심을 내렸다. 장차 경기가 더 부진해지면 주식 가격은 떨어질 것이고, 주식 가격이 떨어진 뒤에는 또 좋은 투자 기회를 잡을 수 있을 것 같았다.

당시 한국은행이 발표한 바에 따르면, 2004년 국내총생산은 4.6% 증가했지만 교역조건 악화로 국민총소득 증가율은 여기에 못 미치는 3.8%를 기록했다. 국민총소득에 결정적인 영향을 끼치는 교역조건 지수(수출단가 지수/수입단가 지수)가 아래 표에서 보듯이 계속 악화되었기 때문이다. 2000년에 100이었던 교역조건 지수가 2004년에는 85.3으로 떨어졌고, 2005년에는 79.0까지 떨어졌다. 쉽게 말해서, 수출 가격에 비해서 수입 가격이 훨씬 더 많이 올랐던 것이다. 그러므로

순상품 교역조건 지수 추이

| 구분 | 2000 | 2001 | 2002 | 2003 | 2004 | 2005 | 2006 | 2007 |
|---|---|---|---|---|---|---|---|---|
| 교역조건 | 100 | 95.5 | 95.0 | 89.0 | 85.3 | 79.0 | 73.2 | 64.8 |

*자료 : 한국은행 「조사통계월보」 2008년 3월호

무역에서 지속적으로 손해를 볼 수밖에 없고, 무역에 크게 의존하는 우리나라로서는 이 추세가 지속될 경우 경기는 더 악화될 수밖에 없을 것으로 보였다.

그러나 이것은 섣부른 판단이었다. 경기는 그가 판단한 것처럼 하강하지 않았다. 성장률은 2005년 4.2%에서 2006년에는 5.1%로 더 높아졌다. 주가지수도 마찬가지였다. 2005년 말에 1,074였던 것이 2006년에는 1,352로 올랐고, 2007년 말 한때는 2,000을 넘기기도 했다. 그는 더 많은 돈을 벌 수 있는 결정적인 기회를 놓친 것이었다. 뒤늦게 2008년에 들어선 뒤 다시 주식 투자에 나섰으나, 주식 시장이 약세로 돌아섬으로써 그동안 벌었던 돈을 꽤 많이 잃었다.

왜 이런 일이 벌어졌을까? 일류 대학에서 경제학을 전공하고 외국에 유학하여 경제학 박사 학위까지 딴 그가 왜 이런 잘못된 판단을 했을까? 답은 간단하다. 생산비를 줄이고 판매가를 높이면 이익 또는 소득이 증가한다는 사실을 간과했기 때문이다. 실제로 국민총소득이라는 개념 자체가 그런 한계를 지닌다.

국민총소득은 국내총생산을 바탕으로 산출한다. 즉 국내총생산에서 해외 교역으로 입은 순손실을 제외하여 산출한 것이 곧 국민총소득이다. 만약 수출 가격은 떨어지고 수입 가격은 올랐다면 교역조건은 악화된 것이고, 이에 따라 해외 교역에서 국민총소득이 손실을 본 효과가 나타난다고 간주하는 것이다. 그러나 이것부터 틀렸다. 이익이란 판매가에서 비용을 제외한 것이라는 가장 기초적인 원리마저 외면한 것에 불과하다.

우리나라처럼 비교적 빠르게 성장하는 나라에서는 수출 가격이 상대적으로 더 빠르게 낮아지는 경향이 있다. 예를 들어, 우리나라 주종 수출품인 반도체의 수출 가격은 과거 10여 년 동안에 1/10 이하로 떨어졌다. 실제로 256M DRAM 가격은 1990년대 중반에 20달러를 넘었으나, 현재는 256M SDRAM조차 2달러 미만에 팔린다. 그럼 이걸 수출하는 삼성전자나 하이닉스는 그만큼 손해를 봤을까? 아니다. 오히려 최근 몇 년 사이에 이익이 더 늘었다. 왜 그랬을까? 수출 가격은 비록 떨어졌지만, 생산수율이 크게 높아지는 등 생산 비용이 그보다 더 많이 떨어졌기 때문이다.

그뿐만이 아니다. 1980년대 초반에는 14인치 TV가 30만 원대였지만, 그때보다 물가와 임금이 크게 오르고 소득도 너 많이 늘어난 지금은 20만 원대에 불과하다. 그렇다면 TV 수출 가격은 마냥 떨어지기만 했던 것일까? 아니다. 지금은 고화질의 LCD와 PDP TV까지 나타났고, 화면 크기가 나날이 커지고 있다. 40인치는 이제 대형 TV에 속하지 못하고, 80인치까지 나오는 상황이다.

신제품은 처음 나올 때에는 가격이 엄청 비싸다가 어느 정도 시간이 지나면 빠르게 떨어진다. 그럼 이처럼 수출 가격이

락해 가던 기업을 최고경영자 한 사람이 살려 낸 사례는 무수히 많다.

대표적으로, 재고 누적과 35억 달러라는 천문학적인 적자에 시달리던 크라이슬러를 살려 낸 아이아코카를 들 수 있다. 그는 1978년 말에 회장에 취임하여, 계열 기업 중 21개를 정리하고 부사장 35명 중 33명을 해고했으며, 종업원 18만 명 중 5만 명을 해고하는 등 대대적인 구조 조정을 단행했다. 그리고 신차 개발과 파격적인 영업을 바탕으로 경영 수지를 획기적으로 개선했다. 그래서 정부의 구제 금융 20억 달러를 만기가 돌아오기 7년 전에 갚았다.

소니를 살려 낸 하워드 스트링거나, 경영난을 겪다가 프랑스 르노 자동차에 경영권이 넘어간 닛산 자동차를 살려 낸 카를로스 곤 등도 그런 대표적인 인물 중 하나이다. 그 밖에도 그런 사례는 수없이 많다. 유능한 주식 투자자들이 기업주가 어떤 사람이냐를 다른 무엇보다 중요하게 살피는 이유가 바로 여기에 있다.

끝으로, 광고와 영업력이 강한 기업을 들 수 있다. 경제학은 소비자가 항상 완벽한 정보를 가지고 있다고 전제하므로, 경제학 전공자에게는 이것이 생소할지도 모르겠다. 그러나 현실에서는 완벽한 정보란 존재하지 않는다. 기존 경제학의 허점이 여기에서도 적나라하게 드러난다. 즉 기존 경제학은 현실과는 거리가 아주 먼 전제에 입각하여 성립했다는 것

크게 떨어져서 기업의 채산성은 악화되었을까? 아니다. 수출품의 업그레이드가 빠른 기업일수록 채산성은 높다. 수출 가격이 더 크게 떨어지는 기업의 이익이 더 크게 늘어나는 것이 일반적인 현상이다.

반대로, 더디게 성장하거나 정체하는 나라의 수출 가격은 좀처럼 떨어지지 않는 경향이 있다. 수출 가격을 낮추면 무역 업체가 손해를 볼 수밖에 없기 때문이다. 그 이유는 무엇일까? 성장이 정체했다는 것은 생산성 향상이 거의 없다는 것을 의미하고, 이것은 생산가를 낮출 수 없다는 것을 의미한다. 그래서 수출 가격을 내릴 수 없는 것이다.

결론적으로, 빠르게 성장하는 나라의 국민총소득은 상대적으로 저평가되는 경향이 있고, 성장이 정체한 나라의 국민총소득은 상대적으로 고평가되는 경향이 있다. 그렇다면 어느 쪽이 더 바람직할까? 비록 국민총소득이 저평가되더라도 빠르게 성장하는 나라가 바람직하다. 따라서 국민총소득을 기준으로 경제 상황을 판단하는 것은 바람직하지 않다.

강조하거니와, '국민총소득 증가율이 국내총생산 증가율보다 낮아서 경기가 부진하다.'는 분석은 '생산가를 낮추고 판매가를 높이면 이익(소득)이 늘어난다.'는 가장 기초적인 경제 원리를 제대로 이해하지 못했기 때문에 나온 것이다. 이런 분석은 올바른 경제 진단과는 거리가 멀다. 만약 이런 엉터리 경제 분석에 입각하여 경제적인 선택을 하면 돈을 벌지 못하

거나 크게 잃을 수밖에 없다.

예를 들어, 국민총소득의 성장률이 국내총생산의 성장률보다 더 높은 나라에 투자했다면 수익률은 낮기 마련이다. 이런 나라들은 상대적으로 더 느리게 성장하기 때문이다. 반면에, 국민총소득 성장률이 국내총생산의 성장률보다 낮은 나라에 투자했다면 수익률은 올라가기 마련이다. 이런 나라들은 상대적으로 더 빨리 성장하기 때문이다. 빠르게 성장하는 나라에 투자하는 것이 더 많은 이익을 얻을 수 있다는 사실은 굳이 자세하게 언급할 필요조차 없을 것이다.

이런 의미에서 세계적으로 가장 빠른 성장률을 보이는 중국과 인도 등에 투자하는 것은 바람직한 일이다. 특히 중국 펀드나 인도 펀드에 투자하는 방법은 추천할 만하다. 다만, 성장성이 뛰어난 만큼 안정성은 떨어지는 경향이 있다는 점은 주의할 필요가 있다. 실제로 중국 펀드는 주식 시장이 최근에 급락 장세를 보임에 따라 큰 손실을 기록했다. 그러나 이것은 일시적인 일로서 장기적으로는 더 많은 돈을 벌어 줄 것이 틀림없다.

이상에서 살펴본 것처럼, 아주 기초적인 경제 원리처럼 보일지라도, 그것을 잘 이해한 뒤에 응용 분야를 확대해 가면 경제를 훨씬 더 정확하게 읽어 낼 수 있고, 그에 따라 돈을 더 많이 벌 수 있다. 그러므로 아무리 쉽고 기초적인 경제 원리라도 반복해서 학습하고 응용해 보려는 노력이 필요하다.

# 뛰어난 CEO 한 명,
## 열 투자자 안 부럽다

개인적으로는 어떤 직장 또는 직업을 선택해
으로는 어떤 기업이나 산업이 커야 바람직할
높은 국민 소득을 견뎌 낼 기업이나 산업을
게 어떤 기업이고 어떤 산업일까? 당연히
은 물론이고 경쟁력이 오래 지속될 수 있는
다. 그럼 구체적으로 어떤 기업이나 산업의

첫째는, 상표력 소위 '브랜드 파워'가 높
기업들이 생산하는 제품이 곧 명품이고, 당
상품은 다른 비슷한 상품보다 훨씬 높은 값

둘째는, 기술력이 높은 기업이다. 기술
자인에서 더 나은 상품 또는 지금까지 없
개발하는 능력과 더 싼값에 생산하는 능
하는 능력) 등을 총칭한다. 이것이 기업의
로 좌우한다.

셋째는, 조직력이 뛰어난 기업이다.
다. 경쟁의 무대에서 살아남지 못하면
만, 승리하여 살아남으면 거의 모든 것
이 조직력에는 리더의 역할도 포함된다
을 살리기도 하고 죽이기도 하기 때문

이다. 이 문제는 아주 중요하므로 다음에서 별도로 살펴보도록 하자.

## 매출이 영업이익보다 중요한 이유

광고와 마케팅은 기업의 번영과 쇠락을 가름할 정도로 아주 중요한 역할을 한다. 기존 경제학은 소비자가 상품을 구매할 때에는 그 상품에 대한 정보를 완벽하게 가지고 있다고 간주하지만, 현실은 전혀 그렇지 않다. 예를 들어, 옷을 사기 위해서 이 상점 저 상점을 기웃거리기도 하고, 이 옷 저 옷을 열심히 비교해 본다. 옷을 샀다가 후회하기도 한다. 다시 말해, 소비자는 정보를 완벽하게 가진 것도 아니고, 불완전한 정보를 얻는 데에도 시간과 비용을 들이며, 그런 노력을 하는데도 나쁜 선택을 하기도 한다.

광고와 마케팅이 위력을 발휘하는 것은 바로 이런 점 때문이다. 즉 소비자는 정보를 얻기 위해 온갖 노력을 기울인다는 점이 광고와 영업의 중요성을 키운다. 현실적으로도 기업은 광고와 영업에 치열한 노력을 기울인다. 자신에게 유리한 정보를 소비자에게 끊임없이 전달함으로써 소비자의 구매를 촉진하는 것이다.

이것이 뭐가 중요하냐고 할지도 모르겠다. 그런데 이것은 경제현상을 읽어 내는 데 아주 중요한 역할을 한다. 예를 들어, 기업은 수익성 경쟁보다 매출액 경쟁을 하는 경우가 더 흔하다. 기업은 이익을 추구하는 존재인데, 왜 매출액에 더 목을 매는 것일까? 이 해답도 소비자가 불완전한 정보에 의존하여 소비하는 데에서 찾을 수 있다.

소비자가 아무리 정확하고 많은 정보를 수집했다고 하더라도 그 정보는 불완전한 것일 수밖에 없다. 그래서 소비자는 자주 상품 선택을 잘못하거나 큰 손해를 보기도 한다. 이런 실패의 경험이 계속 축적되면 소비자는 최종적으로 어디에 의존하게 될까? 당연히 1등 제품에 의존하게 된다. 1등 제품을 구매하면 크게 실망하는 일은 드물기 때문이다. 그 결과 1등 제품은 가격이 비싸도 잘 팔리는 일이 흔하게 벌어진다. 반면에 1등 이외의 제품은 상대적으로 불리할 수밖에 없다. 그래서 '1등 기업은 이익을 남길 수 있고, 2등 기업은 생존할 수 있지만, 3등 기업은 존망을 걱정해야 한다.'는 말이 있다. 즉 매출 경쟁을 이겨내면 기업의 수익성은 충분히 보장되는 경향이 있는 것이다.

사실 사람이 기억할 수 있는 정보는 한계가 있다. 새로운 정보를 끊임없이 받아들이기 위해서는 과거의 정보를 머릿속에서 자연스럽게 삭제할 필요가 있고, 그 때문에 기억은 점점 더 흐려진다. 일반적으로 사람이 기억할 수 있는 것은 각 분

크게 떨어져서 기업의 채산성은 악화되었을까? 아니다. 수출품의 업그레이드가 빠른 기업일수록 채산성은 높다. 수출 가격이 더 크게 떨어지는 기업의 이익이 더 크게 늘어나는 것이 일반적인 현상이다.

반대로, 더디게 성장하거나 정체하는 나라의 수출 가격은 좀처럼 떨어지지 않는 경향이 있다. 수출 가격을 낮추면 무역 업체가 손해를 볼 수밖에 없기 때문이다. 그 이유는 무엇일까? 성장이 정체했다는 것은 생산성 향상이 거의 없다는 것을 의미하고, 이것은 생산가를 낮출 수 없다는 것을 의미한다. 그래서 수출 가격을 내릴 수 없는 것이다.

결론적으로, 빠르게 성장하는 나라의 국민총소득은 상대적으로 저평가되는 경향이 있고, 성장이 정체한 나라의 국민총소득은 상대적으로 고평가되는 경향이 있다. 그렇다면 어느 쪽이 더 바람직할까? 비록 국민총소득이 저평가되더라도 빠르게 성장하는 나라가 바람직하다. 따라서 국민총소득을 기준으로 경제 상황을 판단하는 것은 바람직하지 않다.

강조하거니와, '국민총소득 증가율이 국내총생산 증가율보다 낮아서 경기가 부진하다.'는 분석은 '생산가를 낮추고 판매가를 높이면 이익(소득)이 늘어난다.'는 가장 기초적인 경제 원리를 제대로 이해하지 못했기 때문에 나온 것이다. 이런 분석은 올바른 경제 진단과는 거리가 멀다. 만약 이런 엉터리 경제 분석에 입각하여 경제적인 선택을 하면 돈을 벌지 못하거나 크게 잃을 수밖에 없다.

예를 들어, 국민총소득의 성장률이 국내총생산의 성장률보다 더 높은 나라에 투자했다면 수익률은 낮기 마련이다. 이런 나라들은 상대적으로 더 느리게 성장하기 때문이다. 반면에, 국민총소득 성장률이 국내총생산의 성장률보다 낮은 나라에 투자했다면 수익률은 올라가기 마련이다. 이런 나라들은 상대적으로 더 빨리 성장하기 때문이다. 빠르게 성장하는 나라에 투자하는 것이 더 많은 이익을 얻을 수 있다는 사실은 굳이 자세하게 언급할 필요조차 없을 것이다.

이런 의미에서 세계적으로 가장 빠른 성장률을 보이는 중국과 인도 등에 투자하는 것은 바람직한 일이다. 특히 중국 펀드나 인도 펀드에 투자하는 방법은 추천할 만하다. 다만, 성장성이 뛰어난 만큼 안정성은 떨어지는 경향이 있다는 점은 주의할 필요가 있다. 실제로 중국 펀드는 주식 시장이 최근에 급락 장세를 보임에 따라 큰 손실을 기록했다. 그러나 이것은 일시적인 일로서 장기적으로는 더 많은 돈을 벌어 줄 것이 틀림없다.

이상에서 살펴본 것처럼, 아주 기초적인 경제 원리처럼 보일지라도, 그것을 잘 이해한 뒤에 응용 분야를 확대해 가면 경제를 훨씬 더 정확하게 읽어 낼 수 있고, 그에 따라 돈을 더 많이 벌 수 있다. 그러므로 아무리 쉽고 기초적인 경제 원리라도 반복해서 학습하고 응용해 보려는 노력이 필요하다.

# 뛰어난 CEO 한 명,
# 열 투자자 안 부럽다

개인적으로는 어떤 직장 또는 직업을 선택해야 할까? 국가적으로는 어떤 기업이나 산업이 커야 바람직할까? 그건 당연히 높은 국민 소득을 견뎌 낼 기업이나 산업을 선택해야 한다. 그게 어떤 기업이고 어떤 산업일까? 당연히 경쟁력이 높은 것은 물론이고 경쟁력이 오래 지속될 수 있는 기업이고 산업이다. 그럼 구체적으로 어떤 기업이나 산업의 경쟁력이 높을까?

첫째는, 상표력 소위 '브랜드 파워'가 높은 기업이다. 이런 기업들이 생산하는 제품이 곧 명품이고, 명품의 반열에 오른 상품은 다른 비슷한 상품보다 훨씬 높은 값을 받을 수 있다.

둘째는, 기술력이 높은 기업이다. 기술력이란 기능이나 디자인에서 더 나은 상품 또는 지금까지 없었던 새로운 상품을 개발하는 능력과 더 싼값에 생산하는 능력(혹은 더 많이 생산하는 능력) 등을 총칭한다. 이것이 기업의 경쟁력을 결정적으로 좌우한다.

셋째는, 조직력이 뛰어난 기업이다. 시장은 경쟁의 무대이다. 경쟁의 무대에서 살아남지 못하면 모든 것을 잃어야 하지만, 승리하여 살아남으면 거의 모든 것을 얻을 수 있다. 물론 이 조직력에는 리더의 역할도 포함된다. 리더 한 사람이 조직을 살리기도 하고 죽이기도 하기 때문이다. 현실적으로도 쇠락해 가던 기업을 최고경영자 한 사람이 살려 낸 사례는 무수히 많다.

대표적으로, 재고 누적과 35억 달러라는 천문학적인 적자에 시달리던 크라이슬러를 살려 낸 아이아코카를 들 수 있다. 그는 1978년 말에 회장에 취임하여, 계열 기업 중 21개를 정리하고 부사장 35명 중 33명을 해고했으며, 종업원 18만 명 중 5만 명을 해고하는 등 대대적인 구조 조정을 단행했다. 그리고 신차 개발과 파격적인 영업을 바탕으로 경영 수지를 획기적으로 개선했다. 그래서 정부의 구제 금융 20억 달러를 만기가 돌아오기 7년 전에 갚았다.

소니를 살려 낸 하워드 스트링거나, 경영난을 겪다가 프랑스 르노 자동차에 경영권이 넘어간 닛산 자동차를 살려 낸 카를로스 곤 등도 그런 대표적인 인물 중 하나이다. 그 밖에도 이런 사례는 수없이 많다. 유능한 주식 투자자들은 기업주가 어떤 사람이냐를 다른 무엇보다 중요하게 살피는 이유가 바로 여기에 있다.

끝으로, 광고와 영업력이 강한 기업을 들 수 있다. 경제학은 소비자가 항상 완벽한 정보를 가지고 있다고 전제하므로, 경제학 전공자에게는 이것이 생소할지도 모르겠다. 그러나 현실에서는 완벽한 정보란 존재하지 않는다. 기존 경제학의 문제점이 여기에서도 적나라하게 드러난다. 즉 기존 경제학은 현실과는 거리가 아주 먼 전제에 입각하여 성립했다는 것이다. 이 문제는 아주 중요하므로 다음에서 별도로 살펴보도록 하자.

## 매출이 영업이익보다 중요한 이유

광고와 마케팅은 기업의 번영과 쇠락을 가름할 정도로 아주 중요한 역할을 한다. 기존 경제학은 소비자가 상품을 구매할 때에는 그 상품에 대한 정보를 완벽하게 가지고 있다고 간주하지만, 현실은 전혀 그렇지 않다. 예를 들어, 옷을 사기 위해서 이 상점 저 상점을 기웃거리기도 하고, 이 옷 저 옷을 열심히 비교해 본다. 옷을 샀다가 후회하기도 한다. 다시 말해, 소비자는 정보를 완벽하게 가진 것도 아니고, 불완전한 정보를 얻는 데에도 시간과 비용을 들이며, 그런 노력을 하는데도 나쁜 선택을 하기도 한다.

광고와 마케팅이 위력을 발휘하는 것은 바로 이런 점 때문이다. 즉 소비자는 정보를 얻기 위해 온갖 노력을 기울인다는 점이 광고와 영업의 중요성을 키운다. 현실적으로도 기업은 광고와 영업에 치열한 노력을 기울인다. 자신에게 유리한 정보를 소비자에게 끊임없이 전달함으로써 소비자의 구매를 촉진하는 것이다.

이것이 뭐가 중요하냐고 할지도 모르겠다. 그런데 이것은 경제현상을 읽어 내는 데 아주 중요한 역할을 한다. 예를 들어, 기업은 수익성 경쟁보다 매출액 경쟁을 하는 경우가 더 흔하다. 기업은 이익을 추구하는 존재인데, 왜 매출액에 더 목을 매는 것일까? 이 해답도 소비자가 불완전한 정보에 의존하여 소비하는 데에서 찾을 수 있다.

소비자가 아무리 정확하고 많은 정보를 수집했다고 하더라도 그 정보는 불완전한 것일 수밖에 없다. 그래서 소비자는 자주 상품 선택을 잘못하거나 큰 손해를 보기도 한다. 이런 실패의 경험이 계속 축적되면 소비자는 최종적으로 어디에 의존하게 될까? 당연히 1등 제품에 의존하게 된다. 1등 제품을 구매하면 크게 실망하는 일은 드물기 때문이다. 그 결과 1등 제품은 가격이 비싸도 잘 팔리는 일이 흔하게 벌어진다. 반면에 1등 이외의 제품은 상대적으로 불리할 수밖에 없다. 그래서 '1등 기업은 이익을 남길 수 있고, 2등 기업은 생존할 수 있지만, 3등 기업은 존망을 걱정해야 한다.'는 말이 있다. 즉 매출 경쟁을 이겨내면 기업의 수익성은 충분히 보장되는 경향이 있는 것이다.

사실 사람이 기억할 수 있는 정보는 한계가 있다. 새로운 정보를 끊임없이 받아들이기 위해서는 과거의 정보를 머릿속에서 자연스럽게 삭제할 필요가 있고, 그 때문에 기억은 점점 더 흐려진다. 일반적으로 사람이 기억할 수 있는 것은 각 분야별로 두세 개 남짓이 고작이라고 한다. 예를 들어, 가수가 아닌 평범한 사람이 자신 있게 부를 수 있는 노래는 기껏해야 두세 곡이라는 것이다. 사람에 따라서는 18번으로 부르는 한 곡만 잘 기억하는 경우도 흔하다.

기업도 마찬가지다. 1등에 올라서야 사람들에게 가장 잘 기억될 수 있고, 2등은 되어야 기억에서 사라지지 않을 수 있으며, 3등은 되어야 겨우 기억이 가능하다. 기업이 광고 경쟁과 매출 경쟁에 목숨을 거는 이유가 여기에 있다. 심지어 수익성을 해치면서까지 광고 경쟁과 매출 경쟁을 벌이기도 한다. 이것이 생존을 보장하기 때문이다.

기업을 경영하는 사람이라면 이 점을 반드시 명심해야 한다. 돈을 더 많이 벌기 위해서도 손해를 보지 않기 위해서도 그렇다. 기업주가 아니더라도 이 점은 돈을 버는 데 아주 중요하다. 예를 들어, 매출 경쟁을 하느라 일시적으로 손해를 보는 기업이 있다고 치자. 그리고 그 기업이 매출 경쟁에서 본격적으로 우위에 섰다고 치자. 이 경우 어떻게 해야 할까? 당연히 이런 기업의 주식에 투자하면 큰돈을 벌 수 있다. 조만간 매출 경쟁에서의 우위가 큰 이익을 가져다 줄 것이기 때문이다.

최근에는 이런 매출 경쟁은 지양하고, 품질 경쟁 혹은 브랜드 경쟁을 지향하는 경향이 나타났다. '품질 1위'란 이미지의 역할이 '매출 1위'란 이미지의 역할과 비슷하기 때문이다. 즉

1등이라는 이미지가 소비자들 머릿속에 깊이 새겨져 더 큰 이익을 남겨 준다는 것이다.

그러나 모든 상품이 '품질 1위'의 이미지를 좇기는 어렵다. 품질이 특별히 중요한 기능을 하는 '과시형 상품'에서만 '품질 1위'의 이미지가 제 역할을 할 수 있을 뿐이다. 일반 상품에서는 여전히 '매출 1위'란 이미지가 중요한 역할을 한다. 현실에서는 '매출 1위'란 이미지가 흔히 '품질 1위'란 이미지로 받아들여지기 때문이다.

# 6장
# 가격 결정 원리로
# 돈 버는 법 체득하기

수요와 공급이 시간 이동을 한다
가격 원리에 품질 도입하기
환율이 떨어져도 수출은 왜 증가했을까
환율이 떨어질 때가 주식 투자의 적기다
가격은 자기 스스로에게 민감하게 반응한다
가격을 결정하는 운동 원리는 따로 있다
미국은 왜 외환위기를 겪지 않을까
환율을 모르면 환차손의 부메랑을 맞는다
가격 결정 원리를 알면 경기 흐름이 감지된다

경제현상의 변동은 큰돈을 벌 기회를 제공한다. 예를 들어, 아파트 값이 오를 것을 다른 사람보다 더 빨리 알 수 있다면 큰돈을 벌 수 있다. 주식 값이 오를 것을 다른 사람보다 더 빨리 알아도 마찬가지다. 다른 경제현상도 대부분 마찬가지다. 어떤 경제현상이든지 그것이 변동할 것을 더 빨리 알아낼 수만 있다면 돈을 얼마든지 벌 수 있다. 그럼 그 변동을 어떤 경우에 미리 알아낼 수 있을까?

하나는, 그것을 알아채는 선천적인 감각을 가졌을 경우이고, 다른 하나는 오랜 경험을 통해서 습득한 동물적 감각을 갖췄을 경우이며, 또 다른 하나는 경제 변동의 원리를 알고 있을 경우이다. 첫째와 둘째 경우는 사람의 타고난 재능에 따라 좌우되고, 실패할 확률도 비교적 높다. 이것은 보통 사람에게는 결코 권장할 일이 못 된다. 따라서 셋째 경우가 가장 바람직하다. 경제 변동의 원리를 이해하는 일은 그것을 모든 분야에 적용할 수 있는 장점까지 지닌다.

그런데 경제학자들은 왜 논을 벌지 못할까? 그것은 간딘하다. 경제학자들이 아는 경제 변동의 원리는 다른 사람들도 이미 잘 아는 내용이기 때문이다. 예를 들어 보자. 경제학자들은 수요가 더 빠르게 증가하면 가격이 오르고, 공급이 더 빠르게 증가하면 가격이 떨어질 것이라고 말한다. 이것을 모르는 사람이 누가 있는가. 이것은 경제학이 성립하기 이전에도 시장 상인들은 이미 오래전부터 잘 알았던 원리다.

그러나 다른 사람이 모르는 경제 변동 원리를 안다면, 사정은 완전히 달라진다. 예를 들어, 다른 사람이 모르는 부동산 가격의 변동 원리를 자신만 안다면, 다른 사람보다 더 빨리 부동산 가격의 상승을 알아낼 수 있다. 다른 사람보다 한 시간이라도, 아니 1초라도 더 빨리 주식 가격이 오를 것을 알아낸다면 큰돈을 벌 수 있다. 가격 변동에 영향을 끼치는 새로운 원리를 알아내는 일은 이처럼 매우 중요하다. 지금부터는 그런 대표적인 경제 원리 몇 가지를 살펴보기로 한다.

## 수요와 공급이
## 시간 이동을 한다

가격 변동이 수요와 공급의 상호 작용에 의해서 일어난다는 사실을 모르는 사람은 없을 것이다. 수요와 공급을 함께 살펴야 가격 변동을 제대로 알아낼 수 있다는 사실도 모르는 사람이 없을 것이다. 그러나 이것으로는 가격 변동을 충분하게 읽어 낼 수 없다. 수요와 공급의 상호 작용 외에도 가격 변동에 영향을 끼치는 변수가 더 있기 때문이다. 그 중 하나가 바로 '수요와 공급이 시간 이동을 한다.'는 사실이다. 특히 부동산과 주식처럼 재산 증식의 기능을 갖는 상품의 경우에 이런 특성이 아주 강하게 나타난다. 기존 경제학은 이 점을 철저하게 외면하고 있어서 가격 변동을 정확하게 읽어 낼 수 없었고, 예측은 더더욱 틀릴 수밖에 없었다.

　이해하기 쉽게 예를 들어 살펴보도록 하자. 부동산 투기가 일어나면 어떤 일이 벌어질까? 돈을 좀 더 저축해서 2~3년 뒤에나 집을 사려고 했던 사람들까지 집값이 더 뛰기 전에 은행에서 대출을 받거나 친지에게 돈을 빌려서 집을 사려고 한다. 그러면 현재의 수요와 미래의 수요가 합쳐지면서 수요가 더 크게 늘어나고, 이에 따라 가격은 빠르게 상승한다. 가격이 상승하면 할수록 미래의 수요는 더 많이 현재로 이동해 오고, 결국은 투기 광풍을 불러온다. 이것은 최근에 우리가 겪은 일이다. 너도나도 은행에서 대출을 받아 집을 사거나 늘리기에 바빴다.

이런 가격 상승이 언제까지나 지속될 수는 없다. 미래의 수요 역시 한정되어 있기 때문이다. 미래의 수요가 현세로 옮겨 간 시간대가 다가오면 부동산 가격은 안정세로 돌아선다. 이 안정세가 어느 정도 유지되면, 당장 집을 사려고 했던 사람들조차 돈이 조금 더 모일 때까지 기다린다. 그러면 부동산 가격은 하향 안정세로 돌아선다. 굳이 은행 대출 이자까지 지불할 필요를 느끼지 못하여 더 기다리는 것이다. 이때가 오면 당장 집을 살 능력을 가진 사람들까지도 부동산 매입을 뒤로 미룬다. 집 살 돈으로 재테크를 하면 이익을 남길 수 있는데, 주택은 그런 이익이 없기 때문이다.

공급은 그 반대다. 가격이 오를 것 같으면 공급을 미룸으로써 가격을 더 올리고, 가격이 내릴 것 같으면 공급을 서두름으로써 가격을 더욱 내린다. 이것은 수요와 공급이 시간 이동을 하는 결정적인 증거이고, 이것을 알아야 가격의 변동을 좀 더 정확하게 알아낼 수 있다. 그래야 더 많은 돈을 벌 기회를 잡을 수 있다.

앞에서도 살펴본 것처럼, '부동산 시장은 천장은 1년이고 바닥은 10년'이라는 말이 태어난 배경은 바로 이것이다. 수요가 미리 시간 이동을 해버리면, 그 뒤 10년 동안은 수요의 공동화 현상이 나타나고, 그러면 부동산 시장의 장기 침체가 나타나는 것은 당연한 일이다. 부동산 시장의 역사를 살펴보면 이 점은 더 확실하게 드러난다.

우리나라에서 산업화가 본격화한 이후, 부동산 투기 열풍이 처음 분 것은 1960년대 후반이었다. 이런 부동산 시장의 호황은 2여 년 동안 지속되었고, 그 뒤에는 장기간 휴지기에 들어갔다. 다시 부동산 투기 열풍이 분 것은 1970년대 후반이지만, 이때에도 부동산 시장의 호황은 오래가지 못했다. 그 뒤 다시 부동산 투기가 일어난 것은 1980년대 말부터 1990년대 초까지였으며, 이때 역시 길게 가지 못하고 부동산 시장은 오랜 세월 침체기에 들어갔다. 1997년에는 외환위기까지 발생하여 침체 기간은 더 길어졌으며, 부동산 시장의 10년 주기도 깨졌다. 그렇지만 외환위기에서 벗어나고 경제가 어느 정도 안정되자, 2003년부터 다시 부동산 투기가 일기 시작하여 2006년에 절정에 달했다. 그 뒤 지금에 이르러서는 부동산 시장이 장기 정체의 길로 들어서는 것 같다. 다만, 최근의 부동산 가격 상승은 정부가 강력하게 투기를 억제하는 바람에 과거에 비해서 상대적으로 그 폭이 적었다. 그랬기 때문에 침체 기간은 과거보다 훨씬 짧아질 가능성이 높다. 어쩌면 부동산 가격의 상승은 5년 이내에 다시 발생할 수도 있다.

이미 앞에서 살펴본 것처럼, 주식 시장에서도 부동산 시장과 마찬가지 현상을 쉽게 발견할 수 있다. 아니, 주식 시장이 부동산 시장을 선도했다고 말하는 것이 더 타당할 것 같다.

주식 시장이 먼저 호황을 보인 다음에 부동산 시장의 호황이 나타났고, 주식 시장이 꺼진 다음에는 부동산 시장도 장기간의 침체기에 들어갔던 것이다. 주식 시장 역시 부동산 시장처럼 한 번 불이 붙으면 무섭게 상승하여 거품을 일으키고, 그 거품이 꺼지면 한꺼번에 폭락하는 성질이 있다.

다만 최근에는 주식 시장의 호황이 장기화하는 경향이 나타난다. 특히 미국처럼 경기 호조 국면을 장기간 누리는 나라에서는 주식 시장의 호황기가 불황기보다 오히려 더 길어지는 경향이 강하다. 경기가 상승기에 들어섰을 때 그 속도를 정책적으로 조절해 준 것이 이런 경향을 두드러지게 한 것으로 보인다. 쉽게 말해서, 경제 정책이 경기 변동의 진폭과 기간을 줄인 것은 물론이고, 이것이 수요의 시간 이동을 조절함으로써 주식 시장 변동의 진폭과 기간을 줄였다는 것이다. 따라서 우리나라에서도 그런 정책이 펼쳐진다면 주식을 계속 사 모아도 좋다. 그러면 시간이 흐른 뒤에는 아주 큰 이익을 남길 것이다.

그거야 어떻든 간에, '수요와 공급이 시간 이동을 한다.'는 사실은 매우 중요하다. 수요와 공급의 시간 이동이 어떻게 이루어지는가만 잘 살피면, 돈을 벌 수 있는 기회를 더 쉽게 그리고 더 자주 잡을 수 있다. 이것을 알아야 부동산 투자나 주식 투자에서 상투를 잡고 큰 손해를 보는 일도 막을 수 있다. 세상 사람들은 이것을 모르기 때문에 흔히 큰 손실을 입는다.

특히 투기 열풍이 불면 사람들이 뒤늦게 합류하는데 그 결과는 대부분 손실로 귀결된다. 앞에서도 언급한 것처럼, 1970년대 말의 주식 시장 호황 때에는 대부분의 일반 투자자가 재산을 거의 모두 날렸고, 1980년대 말의 주식 시장 호황 때에는 거의 모든 일반 투자자가 깡통을 찼다.

결론적으로, 기존 경제학의 가격 이론은 '수요와 공급이 시간 이동을 한다.'고 수정하여 진화시킬 필요가 있다. 그래야 가격 현상을 좀 더 정확하게 읽어 낼 수 있고, 다른 사람이 미처 파악하지 못한 가격의 흐름까지 포착해 낼 수 있다. 그러면 큰돈을 버는 일도 가능해진다. 주식이든, 부동산이든, 석유든, 곡물이든, 금이든, 그것이 무엇이든 간에 가격을 미리 예측해 낼 수 있다면 큰돈을 버는 일이 어려운 일만은 아닐 것이다. 그 밖에 가격 이론을 진화시킬 내용이 하나 더 있다. 즉 가격 원리에 품질을 도입하는 것이다. 지금부터는 이 문제를 살펴보자.

## 가격 원리에 품질 도입하기

이해하기 쉽게 역사적인 사례를 먼저 살펴보자. 화신백화점은 명동백화점이 잘 나가자 가격을 전반적으로 내렸다. 경쟁에서 이기기 위해서였다. 그러나 결과는 반대로 나타났다. 화신백화점은 어느 사이엔가 경쟁력을 잃었고 결국 백화점 업계에서 자취를 감춰야 했다. 그 뒤 명동백화점도 화신백화점의 전철을 밟았다. 바로 맞은편의 미도파백화점이 잘 나가자 가격 인하를 통해 견제하려고 했다. 그 결과 명동백화점은 고객을 미도파백화점에게 점점 더 빼앗겨야 했고, 결국은 도산했다. 미도파백화점 역시 마찬가지였다. 신세계백화점을 견제하기 위해 똑같은 전략을 선택했고, 어느 사이엔가 문을 닫았다.

왜 이런 일이 벌어졌을까? 기존 경제학은 분명히 가격을 내리면 수요가 증가한다고 가르치는데, 왜 이런 일들이 벌어졌을까? 기존 경제학의 가격 이론이 틀렸기 때문이다. 아니, 틀렸다기보다는 가격에 큰 영향을 끼치는 중요한 변수 하나를 간과했기 때문이다. 그것은 바로 '품질'이라는 변수이다. 상품에 따라서는 가격보다 이것이 훨씬 더 중요한 역할을 하기도 한다. 일반적으로 백화점을 찾는 고객은 가격이 아니라 품질을 더 중요하게 여긴다.

이런 사실을 몰랐기 때문에 위와 같은 백화점의 실패가 반복되었다. 혹시 다른 이유는 없었을까? 다른 이유는 없다고 볼 수 있다. 신세계백화점의 사례가 그것을 반증하기 때문이다. 롯데백화점이 각광받을 때 신세계백화점은 가격을 낮추지 않고 오히려 높였다. 그래서 살아남았다. 사실, 롯데백화점은 교통도 편리하고 규모도 거대한 데다 화려하기까지 하는 등 모든 면에서 압도적이었다. 반면에, 신세계백화점은 남대문시장과 인접하여 위치도 별로 좋지 않았고 건물도 낡았다. 그러나 신세계백화점은 과거에 쇠망해 갔던 백화점들과는 다르게 오히려 더 번영하고 있다. 신세계백화점이 가격을 올리자 고객들은 품질이 더 좋아진 것으로 믿은 것이다.

　기존 경제학은 이처럼 중요한 역할을 하는 품질을 간과하고 있다. 가격 이론에는 오직 수량만 존재한다. 공급과 수요의 수량이 가격 변동을 결정한다고 가르치는 것이다. 물론 경제학 교과서에 나와 있는 '수요곡선의 이동'으로 이것을 해명할 수 없는 것은 아니다. 그러나 이것은 올바른 방법이 아니다. 수요곡선이 어떤 경우에 얼마만큼 이동하는지에 대해 아무런 해명도 하지 않기 때문이다. 경제학이 과학으로서 역할을 하려면, 수요곡선의 이동에 대해서도 과학적인 운동 원리를 규명할 수 있어야 하는데, 이것이 불가능한 것이다.

　그럼 수요곡선의 이동은 무시해도 좋은 것일까? 수요곡선의 이동은 가격 변동에 큰 영향을 끼치지 않는 것일까? 그것은 아니다. 앞에서 역사적 사례를 통해 살펴본 바와 같이, 현실에서는 품질이 가격 변동에 아주 큰 영향을 끼친다. 상품에 따라서 품질이 가격 변동에 거의 영향을 끼치지 못하는 경우가 없는 것은 아니지만, 수량보다는 품질이 가격 변동에 훨씬 더 결정적인 영향을 끼친다.

사업을 하는 사람이라면 이 점을 반드시 명심해야 한다. 직장을 선택할 경우에도 두말할 필요가 없다. 화신백화점이나 명동백화점 또는 미도파백화점 등과 같은 직장에 취직하면, 조만간 직장을 잃어야 할 것이고, 새로운 직장을 얻어서 적응할 때까지 엄청난 고통을 겪어야 할 것이다.

위의 얘기는 특수한 사례가 결코 아니다. 기업에만 해당하는 사례도 아니다. 경제에서 일반적으로 일어나는 현상이다. 품질이 가격 변동에 대해 얼마나 막강한 영향력을 갖는가를 충분히 이해했다면 장차 큰돈을 벌 수 있을 것이다. 그런 대표적인 사례 중 이해하기가 쉽지 않은 것을 하나 골라서 살펴보도록 하자. 그래야 다른 쉬운 사례를 훨씬 더 쉽게 이해할 수 있지 않겠는가.

## 환율이 떨어져도
## 수출은 왜 증가했을까

최근 우리나라 환율은 비교적 장기간 아주 크게 떨어졌다. 2001년 말에 달러당 1,326원이었는데 2007년 10월 말에는 907원까지 떨어졌다. 그렇다면 이것을 어떻게 봐야 할까? 국내 대다수 경제전문가는 환율이 떨어짐에 따라 우리나라 수출의 가격 경쟁력이 크게 떨어졌으므로, 수출 전망이 매우 어둡다고 보았다. 최고의 경제 정책 전문가라는 정책 당국도 그렇게 봤다.

그러나 이것은 틀렸다. 환율 하락세가 비교적 장기간 유지되어 그 흐름이 확연하게 드러난 2002년 하반기부터 우리나라 수출은 오히려 줄기차게 두 자리 수의 높은 증가율을 기록했다. 경제전문가들의 전망은 왜 틀렸을까? 가격 변동에서 품질이 어떤 역할을 하는지 미처 몰랐기 때문이다.

앞에서도 언급한 것처럼, 우리나라 환율은 2007년 10월 말에 907원을 기록함으로써 2001년 말에 비해 무려 32%나 떨어졌다. 우리나라 원화 가치로 따지자면 그 사이에 47%나 오른 것이다. 수출 기업으로서는 수출 가격을 최소한 그만큼 올리지 않을 수 없었다. 만약 수출 가격을 그만큼 올리지 않았으면 도산해야 했을 것이다. 실제로 수출 기업의 이익률은 기껏 3~4%, 많아야 8% 내외에 불과하다. 그 사이에 원자재 값이 오르고 임금도 올랐으므로, 수출 가격은 최소한 50% 이상 올랐어야 했다.

**최근 우리나라 환율(원/달러) 추이**

| 구분 | 2001 | 2002 | 2003 | 2004 | 2005 | 2006 | 07.10 | 08.1 |
|---|---|---|---|---|---|---|---|---|
| 환율 | 1,326.1 | 1,200.4 | 1,197.8 | 1,043.8 | 1,013.0 | 929.5 | 907.4 | 943.9 |

*자료 : 한국은행 『조사통계월보』 2008년 3월호

그런데 수출은 그 사이에 두 배 이상 증가했다. 2001년에

1,500억 달러였던 수출 실적이 2007년에는 3,700억 달러로 무려 약 2.5배나 늘어났다. 연평균 증가율로 따지면 매년 약 17%씩 증가한 셈이다. 기존 경제학의 가격 이론은 가격이 오르면 수요는 감소한다고 가르치는데, 왜 이런 이상한 일이 벌어졌을까? 기존 경제학의 가격 이론으로는 이런 이상한 일을 도저히 해명해 낼 수 없다. 기존 가격 이론은 품질이라는 변수를 외면하기 때문이다.

**최근 우리나라 수출(억/달러) 추이**

| 구분 | 2001 | 2002 | 2003 | 2004 | 2005 | 2006 | 2007 |
|---|---|---|---|---|---|---|---|
| 수출 | 1,504 | 1,625 | 1,938 | 2,538 | 2,844 | 3,255 | 3,715 |

*자료 : 한국은행 『조사통계월보』 2008년 3월호

사실, 10년 전만 하더라도 우리나라 수출품은 선진국의 백화점이나 할인점의 미끼 상품에 불과했다. 심지어 100달러에 수출한 제품이 99달러에 팔리기도 했다. 수입과 관련한 부대 비용과 수송 비용을 포함하면 손실이 이만저만 아니었지만, 우리나라 수출품은 고가의 유명 브랜드 제품 쪽으로 고객의 발길을 끄는 미끼 역할을 훌륭하게 해냈다. 이때까지는 당연히 가격이 싸야 우리나라 수출이 잘 되었다.

그러나 최근에는 위상이 완전히 달라졌다. 삼성전자나 LG전자의 TV 등 전자제품은 소니나 필립스 등 세계적인 회사 제품과 당당히 경쟁하고 있다. 현대자동차의 승용차는 일본산 일부 제품보다 더 높은 가격에 팔리기도 한다. 우리 수출품은 이제 버젓이 명품 대열로 올라서는 중이다. 이제는 수출품의 가격이 높아야 품질이 좋다고 인식되며, 그래야 더 잘 팔리는 상황으로 바뀐 것이다.

이것은 전자 업계나 자동차 업계에만 해당하는 부분적인 현상이 결코 아니다. 손톱깎이, 행글라이더, 지퍼, 특수 등산복, 모자 등 중소기업이 생산하는 많은 제품이 해외 시장에서 명품 대우를 받고 있다. 이것은 우리나라 수출 산업의 전체적인 현상이다. 이 사실은 현실에 의해서 이미 충분히 반증되었다. 그 결정적인 증거를 살펴보도록 하자.

지난 2001년에 국내 경기가 빠르게 하강하자 정책 당국은 환율을 대폭 올렸다. 우리 원화 가치를 떨어뜨리면 수출 가격이 떨어지고, 그러면 수출이 크게 늘어나면서 국내 경기도 살아날 수 있을 것으로 보았다. 그러나 이 정책은 결국 경기를 살려 내지 못했다. 오히려 국가적으로 엄청난 손실을 남겼다. 수출이 오히려 크게 줄었던 것이다.

혹시 해외 경기가 나빴던 것이 우리 수출을 줄인 것이었을까? 물론 당시 해외 경기가 비교적 부진했던 것은 사실이지만, 세계 경제가 전체적으로 마이너스 성장률을 기록한 것은 아니다. 그런데 우리나라 수출은 무려 12.7%가 줄었다. 정책 당국이 원화 가치를 12.4%나 떨어뜨려서, 수출 가격을 그만큼 낮출 수 있었음에도 불구하고 이런 결과가 나타났다. 그 바람에 2001년 성장률은 겨우 3.8%를 기록하는 데 그쳤다.

만약 원화 가치를 떨어뜨리지 않았다면 어떤 결과가 빚어졌을까? 최소한 수출이 줄어드는 일은 벌어지지 않았을 것이고, 성장률도 최소한 3% 정도는 더 올라갔을 것이다. 그랬다면 1999년부터 나타난 경기 호조가 이어졌을 것이고, 그 뒤에도 장기간의 호경기를 구가할 수 있었을 것이다. 불행하게도 잘못된 경제 정책이 이런 기회를 놓치게 했음은 물론이고 엄청난 국가적인 손실을 초래하고 말았다. 하루빨리 품질을 가격 이론에 포함해야 할 필요성이 여기에 있다. 그렇게 하지 않으면 이런 폐해는 다른 여러 분야에서 앞으로도 계속 나타날 수밖에 없을 것이다.

이제 요점을 정리해 보자. 첫째, 가격을 낮춰서 매출을 늘리겠다는 기업이 있다면, 그 기업은 조만간 망하지 않을 수 없다. 둘째, 그런 기업에 취업한다면 조만간 직장을 잃어야 할 것이다. 셋째, 그런 기업에 투자한다면 투자 원금도 회수하지 못할 것이다. 넷째, 품질 지상주의를 내세우고 가격을 올려 가는 기업이 있다면, 이 기업은 조만간 세계 일류 기업으로 도약할 것이다. 다섯째, 이런 기업에 취업한다면 월급은 올라갈 것이고, 능력을 충분히 발휘한다면 진급이 상대적으로 더 빠를 것이다. 여섯째, 이런 기업에 장기간 투자한다면 큰 이익을 남길 것이다.

## 환율이 떨어질 때가 주식 투자의 적기다

위에서 살펴본 것처럼, 장차 정책 당국이 환율을 올려서, 즉 원화 가치를 내려서 수출을 촉진하려고 한다면, 그때에는 수출이 머지않아 부진해질 것이고 전반적인 경기도 부진해질 것으로 봐도 된다. 이런 때에는 예금을 더 늘린다거나 CD를 매입해 두는 등 현금 보유를 늘리는 것이 더 현명한 선택이다. 경기가 부진해지면 주식 시장이 약세를 보이는 등 투자 이익이 크게 줄어들 것이기 때문이다. 이런 때를 잘 참으면 조만간 돈을 벌 아주 좋은 기회가 다가온다.

실제로 우리나라 환율이 1999년 말 1,145원에서 2001년 말 1,326원으로 대체적으로 줄기차게 올랐을 때, 주가지수는 같은 기간에 807에서 573까지 계속 떨어졌다. 만약 이런 때에 주식 투자에 나섰다면 큰 손실을 입었을 것이다. 만약 투자해 두었던 주식을 이때 좀 빨리 정리했다면, 좋은 투자기회를 새롭게 잡을 수 있었을 것이다.

반면에 환율이 떨어질 때 주식을 사 모으면 장차 큰 이익을 남길 수 있다. 이 경우에는 수출이 증가함으로써 경기가 활성화하는 것은 물론이고, 외국인들이 환차익을 노려 우리 주식에 더 많이 투자할 것이기 때문이다. 이런 때에는 당연히 현금 보유 비율을 줄여서 주식이나 부동산 투자로 전환해야 한다.

실제로 우리나라 환율은 2003년 말 1,197원에서 2007년 10월 말에는 907원까지 대체적으로 줄기차게 떨어졌는데, 주가지수는 같은 기간에 680에서 2,005까지 계속 상승했다. 이때에 만약 주식 투자에 본격적으로 나섰다면, 투자액은 약 세 배로 증가하여 큰 이익을 남겼을 것이다. 만약 이런 주가 상승을 이끌었던 우량 종목에 투자했다면 이익은 훨씬 더 커졌을 것이다. 부동산에 투자했어도 아주 큰 이익을 남겼을 것이다. 이때부터 부동산 투기가 기승을 부리기 시작했기 때문이다.

**최근의 환율 동향(원/달러)과 주가지수 차이**

| 구분 | 1999 | 2000 | 2001 | 2002 | 2003 | 2004 | 2005 | 2006 | 2007 |
|---|---|---|---|---|---|---|---|---|---|
| 환율 | 1,145 | 1,260 | 1,326 | 1,200 | 1,198 | 1,043 | 1,013 | 930 | 907 |
| 주가 | 807 | 734 | 573 | 757 | 680 | 833 | 1,074 | 1,352 | 2,005 |

*자료 : 한국은행 『조사통계월보』 2008년 3월호(연월말 기준)

사람들은 흔히 현금 보유를 손해 보는 것처럼 여기는 경향이 있다. 주식이나 부동산 등 다른 재산에 투자해 두면 이익이 나는데, 현금을 보유하면 그런 이익을 볼 수 없다고 느끼는 것이다. 그러나 현금 보유의 목적은 더 좋은 투자기회를 잡기 위한 데에 있다는 사실을 재인식할 필요가 있다.

예를 들어, 주식 가격이 폭락했는데 경기가 상승하고 있어서 조만간 폭등으로 돌아설 것이 빤하다고 가정해 보자. 이런 경우에 이미 주식이나 부동산에 재산을 모두 투자해 두었다면, 큰돈을 벌 결정적인 기회를 놓치는 셈이다. 부동산 투자에서도 마찬가지다. 일시적인 경제난으로 아주 싼값에 아주 좋은 매물이 나왔다고 하더라도, 현금이 충분히 준비되어 있지 않으면 그런 기회를 놓칠 수 있다.

그리고 경기가 갑자기 후퇴하여 흑자 기업이 일시적인 유동성 부족으로 망할 처지에 놓였다고 가정해 보자. 현금을 충분히 보유하고 있다면, 그 기업을 비교적 싼값으로 인수하거나 부분적으로 투자할 수 있다. 흑자 기업이므로 경기가 호전되면 기업 가치는 폭등할 것이고 결국 큰돈을 벌 것이다.

## 가격은 자기 스스로에게 민감하게 반응한다

주식 투자를 하는 많은 사람이 기술 분석 혹은 차트 분석 방법을 자주 애용한다. 일부 투자자는 이 방법에 전적으로 의존하기도 한다. 주가지수가 이동 평균선을 상향 돌파하면 주식 시장은 호조를 보이고, 하향 돌파하면 부진으로 들어선다는 따위가 그것이다. 왜 사람들이 이 방법에 의존할까? 당연히 이 방법이 돈을 벌어 줄 것으로 믿기 때문이다. 실제로 주식 가격은 차트에 자주 나타나듯이 일정한 추세를 보이고 있고,

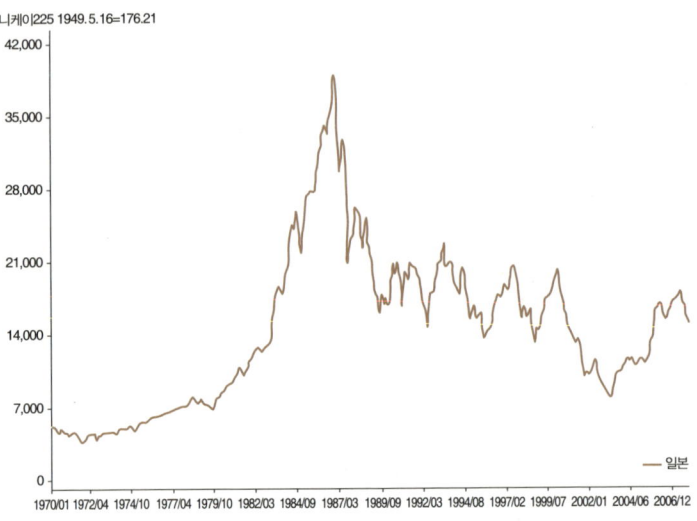

**일본 니케이지수**

이것을 잘 이해하면 돈 벌 기회가 더 많이 주어진다.

그러나 이 방법을 따르다가는 종종 큰 낭패를 보기도 한다. 일본 주식 시장의 최근 추세를 살펴보면 이 점이 특히 두드러지게 드러난다. 일본은 1980년대 말부터 1990년대 말 사이에 주가지수가 3만 8,000대에서 6,000대까지 떨어졌다. 그 10여 년 사이에 여섯 차례나 상당 기간 동안 반등을 지속하기도 했다. 그때마다 기술 분석은 대부분 다시 상승세로 돌아설 것으로 나타났다. 그러나 여섯 차례 모두 이전의 고점을 되찾지 못하고 다시 추락했다. 결국 기술 분석에 의존했던 투자자들은 큰 손실을 입었다.

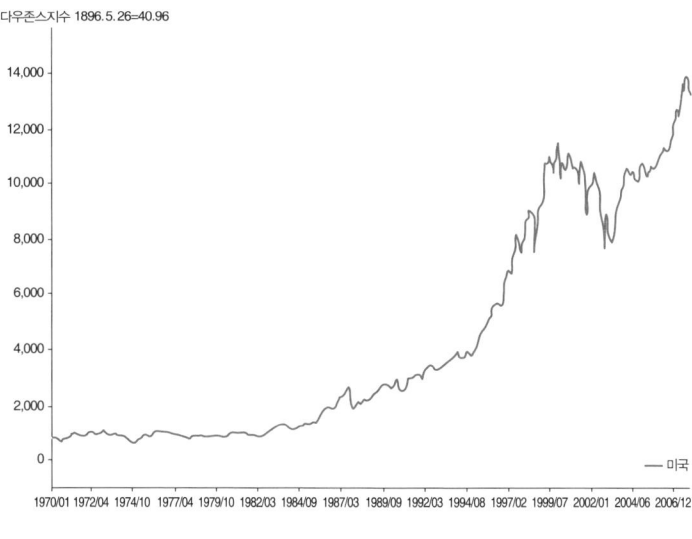

미국 다우존스지수

    미국의 경우도 그 추세는 반대였지만 양태는 마찬가지였다. 미국 주가지수는 1980년대 말 2,800대에서 출발하여 1990년대 말에는 1만 4,000대까지 치솟았다. 그 과정에서 네 차례에 걸쳐 비교적 긴 기간 동안 약세장을 기록하기도 했다. 그때마다 기술 분석은 본격적으로 하강할 것으로 나타나곤 했다. 그러나 하강했다가도 다시 상승하여 이전의 고점을 계속 돌파해 버렸다. 그래서 기술 분석에 의존한 사람들은 당연히 매번 큰 이익을 눈앞에서 놓쳐야 했다.

    우리나라에서도 이런 일이 벌어지지 말라는 법은 없다. 일본처럼 초장기 약세장을 기록할 수도 있고, 미국처럼 초장기 상승장을 기록할 수도 있다. 따라서 초장기 약세장이 나타날 때에나 초장기 상승장이 나타날 때에는 기술 분석이 왜 틀리는지, 그 원리를 이해할 필요가 있다. 이것을 안다면 초장기 상승장에서는 큰돈을 벌 수 있고, 초장기 약세장에서는 손실을 피해 갈 수 있다.

참고로, '돈 버는 경제학'에서는 기술 분석이 보여 주는 것처럼 주가지수가 일정한 경향성을 보이는 현상을 '가격 카오스 원리'라고 부른다. 다음에서는 이 원리에 대해 먼저 알아보도록 하자. 그런 뒤에 왜 기술 분석이 1990년대 일본과 미국에서 크게 실패했는지, 그 경제 원리를 살펴보도록 하자.

투자·생산·보관·유통·소비 등 모든 경제 활동은, 결정은 현재에 이루어지지만 결과는 항상 미래에 나타난다. 따라서 경제 활동을 할 때 경제인은 언제나 미래에 의해 영향을 받지 않을 수 없고, 그래서 미래를 예측해 가면서 경제 활동을 한다. 예측이 맞건 틀리건 상관없다. 아니, 자주 틀리기 때문에 미래에 대한 관심은 더 커질 수밖에 없고, 이것이 심리적 영향력을 키운다. 이런 속성이 미래의 가격에 대한 관심을 갖게 하며, 미래의 가격이 현재의 가격에 강력한 영향력을 행사하게 한다.

한마디로 말해, 미래의 가격이 높아질 것 같으면 현재의 가격도 그에 따라 올라간다. 이 경우에는 가수요가 일어나는 것이 일반적인데, 이것은 미래의 가격이 현재의 가격에 영향을 끼치는 가장 결정적인 증거이다. 반대의 경우도 마찬가지다. 즉 가격이 내릴 것 같으면 소비자는 그것이 더 내릴 것을 기다리게 되므로 가격은 더욱 하락한다. 이처럼 미래의 가격이 현재의 가격에 영향을 끼친다는 것은, 가격이 자신의 변동에 의해서도 자신의 변동을 부추기는 경향을 보인다는 것을 뜻한다.

이런 현상은 가격 카오스 원리가 상대적으로 더 큰 영향력을 갖는 주식 시장에서 흔히 볼 수 있다. 즉 카오스 원리가 지배하는 범위 안에서는, 주식 가격은 오를 것 같을 경우에 오르며, 내릴 것 같으면 하락하는 경향이 강하다. 이것은 심리적 요인이 가격에 대해 매우 강력한 영향력을 행사한다는 것을 뜻하기도 한다. 즉 심리적 변수는 카오스 원리에서 매우 중요한 의미를 갖는다. 평상시에는 기술 분석이 유용한 이유가 여기에 있다.

그런데 가격 변동은 카오스 원리에 의해서만 일어나는 것은 아니다. 가격 변동의 원리 역시 가격에 영향을 끼친다. 수요가 더 증가하면 가격은 오르고, 공급이 더 증가하면 가격은 내린다. 오히려 가격 변동 원리가 미치는 영향력이 가격 카오스 원리보다 훨씬 더 강력하다. 다시 말해서, 카오스 원리에 의해 가격이 일정한 흐름을 보일지라도, 수요가 급변하거나 공급이 급변하면 그 흐름이 근본적으로 달라질 수 있다.

특히 수요가 시간 이동했을 경우에는 조만간 수요가 공동

화함으로써 가격은 비교적 장기간 하강세로 돌아선다. 일본의 1990년대 주식 시장과 부동산 시장 침체가 그 대표적인 사례이다. 즉 1980년대 말에 주식 시장과 부동산 시장이 호황을 보이자, 미래 수요가 이동하여 투기 바람을 일으켰고, 이에 따라 발생한 거대한 거품이 1990년대 초에 꺼지면서 일본 주식 시장과 부동산 시장은 장기간 하락을 면치 못했다.

그뿐만이 아니다. 가격 수준을 결정하는 원리는 따로 있다. 이 가격 결정 원리는 변동 원리보다 훨씬 더 막강한 영향력을 행사한다. 1990년대에 미국의 주식 시장이 초장기 호황을 보였던 것은 이면에 이 가격 결정의 원리가 작용했기 때문이다. 지금부터는 이 문제를 살펴보도록 하자. 그 전에 밝혀 둘 점이 하나 있다. 그것은 지구의 운동이 자전 운동과 공전 운동의 합성 운동이듯이, '돈 버는 경제학'의 가격 이론도 카오스 원리, 변동 원리, 결정 원리 세 가지 원리로 구성되어 있고, 이 세 원리가 만들어 낸 각각의 현상이 합성되어 나타난 것이 우리가 현실에서 접하는 가격 현상이다.

## 가격을 결정하는
## 운동 원리는 따로 있다

가격이란 '구두 한 켤레는 10만 원이고 옷 한 벌은 20만 원이다.'라는 따위로 표현된다. 이것은 옷과 구두의 교환 비율이 2:1이라는 의미도 함께 갖는다. 어떤 특정 상품의 화폐 가치나 교환 비율은 전체 상품의 가격, 즉 물가가 주어지지 않으면 확정될 수 없다. 전반적인 물가 수준이 주어져야 특정 상품의 화폐 가치나 교환 비율도 확정될 수 있다. 그런데 기존 경제학의 가격 이론으로는 물가가 어떻게 결정되는지를 설득력 있게 해명하지 못한다.

구두 한 켤레가 왜 10만 원이고, 옷 한 벌은 왜 20만 원인가? 기존 가격 이론은 이것을 도저히 해명하지 못한다. 가격 결정 원리를 모르기 때문이다. 물론 기존 가격 이론은 구두 한 켤레 값이 10만 원에서 15만 원으로 올랐다면, 수요가 공급보다 더 많이 증가했기 때문이라는 따위로 해명할 수는 있다. 그러나 이것은 가격의 변동을 규명하는 이론일 따름이다. 그 가격들이 왜 10만 원, 20만 원에서 결정되었는지, 그 거래 비율은 왜 1:2인지는 가격 결정 원리가 해명할 수 있다.

만약 가격을 결정하는 변수가 변한다면, 가격 수준은 근본적으로 변할 수밖에 없다. 가격 결정 원리를 알아야 할 필요가 바로 여기에 있다. 가격 결정 원리를 모르면 가격의 근본적인 변화를 알아낼 수 없기 때문이다. 한마디로, 가격 결정 원리는 '물가'가 어떻게 결정되는가를 따져 보는 것으로서, 물가 수준이 주어져야 각각의 상품 가격과 상품 사이의 거래 비율도 나온다.

그런데 가격 결정 원리는 경제학자들조차 듣지도 보지도 못한 것이어서 생소할 수밖에 없다. 경제학이 탄생한 지 약 230년이 지났지만, 아직까지 그 존재가 알려지지 않았을 정도로 가격 결정 원리는 복잡하고 어렵다. 따라서 결론부터 먼저 내려 두는 것이 이 문제를 이해하는 데에 도움을 줄 것 같다. 즉 통화량과 소득이 물가를 결정하며, 물가는 통화량과 소득을 결정하기도 한다는 것이다. 간단하게, 물가와 통화량과 소득은 서로 상호 작용하면서 서로 영향을 끼치며, 각각의 수준을 상호 결정한다고 보면 된다. 물가와 통화량과 소득은 그 상호 관계에서 서로 주 변수이면서 종속 변수인 셈이다.

이처럼 복잡한 가격 결정 원리를 좀 더 쉽게 이해할 수 있는 방법은 없을까? 환율이 어떻게 변동하는가를 살피면 가격 결정 원리의 정체를 쉽게 포착할 수 있다. 이 방법은 환율 변동의 복잡한 메커니즘까지 이해할 수 있게 해주는 장점까지 있다. 현실적으로 환율은 우리 돈의 대외 가격이다. 이것은 국내 상품의 평균적인 대외 가격이기도 하다. 우리 돈의 대외 가격이란 국내 모든 상품의 평균적인 가격이기도 하기 때문이다. 환율도 일종의 물가인 셈이다. 지금부터는 이해하기 쉽게 다음의 실전적인 사례를 통해서 가격 결정 원리의 정체를 살펴보도록 하자.

## 미국은 왜 외환위기를 겪지 않을까

미국은 경상수지* 적자가 2006년에 8,000억 달러를 넘겼다. 그 이전 5년 동안의 경상수지 적자 누적 규모는 3조 2,000억 달러에 이른다. 매년 6,000억 달러 이상의 적자를 기록한 셈이다. 2007년 적자도 7,000억 달러를 훨씬 넘는 것으로 추정된다. 이런 정도라면 미국은 대외 지불 능력을 진작 상실해야 했고, 10년 전 우리나라처럼 외환위기를 겪어야 했다.

그런데 왜 이런 일이 벌어지지 않을까? 경상수지 적자가 이처럼 대규모로 누적되었다면, 달러 가치라도 진작 폭락해야 하는데, 이런 일은 왜 또 벌어지지 않았을까? 이 의문을 풀어 가다 보면, 환율 결정의 메커니즘과 가격 결정 원리를 쉽게 이해할 수 있을 것이다.

국제수지에는 크게 두 가지가 있다. 그 하나는 상품(서비스 포함)의 수출입 차이인 경상수지이고, 다른 하나는 해외자본 유입과 국내자본 유출 사이의 차이인 자본수지이다. 따라서 경상수지가 적자를 기록하더라도 자본수지가 흑자를 기록하면 외환보유고는 줄어들거나 고갈되지 않는다. 경상수지 적자에 따른 외환 유출을 자본수지 흑자에 따른 외환 유입이 채

* 상품수지와 서비스수지의 합계

워 주기 때문이다.

그런데 자본수지는 투자의 안정성과 이익률이 결정한다. 즉 자본은 투자가 안정적이고 이익률이 큰 나라로 이동한다. 미국은 그런 대표적인 나라였다. 투자가 안정적이었을 뿐만 아니라, 이익률도 상대적으로 높았다. 성장률이 독일을 포함한 유럽 각국이나 일본보다 더 높았던 것이다. 성장률이 더 높으므로 생산성이 더 높고, 이에 따라 투자 수익률과 이자율도 더 높았다. 그래서 미국의 자본수지 흑자가 무역수지 적자를 메울 수 있었다.

이처럼 환율이 자본수지의 영향을 아주 강하게 받는다는 사실은 무엇을 뜻할까? 돈의 가격이 경제 성장, 즉 소득의 변동과 밀접한 관련을 맺고 있다는 것을 뜻한다. 다시 말해, 가격의 결정에서 소득이 아주 중요한 역할을 하는 것이다.

한편, 환율은 경상수지의 영향도 강하게 받는다. 그런데 경상수지는 국제경쟁력의 산물로서, 국내 물가와 해외 물가의 격차에 의해서 우선적으로 영향을 받는다. 그리고 국내 물가는 통화량에 의해서 결정적인 영향을 받는다. 이처럼 환율은 국내 물가는 물론이고 통화량과도 밀접한 관련을 맺고 있다.

정리하자면, 환율은 성장률 또는 소득 변동과 밀접한 관련을 맺고 있으며, 물가 변동과 통화량과도 밀접한 관련을 맺고 있다. 이 점이 바로 가격 결정 원리의 요점이다. 즉 소득 변동과 물가와 통화량이 서로 영향을 끼치면서 서로의 수준을 결정한다는 것이다. 이 문제는 뒤에 다시 거론할 것이다.

이번 주제인 가격 결정 원리와는 다소 거리가 있지만, 미국의 경상수지 적자가 크게 누적되었음에도 불구하고 달러화의 가치가 폭락하지 않았던 데에는 다른 이유도 있다. 즉 다음과 같은 두 가지 수요가 크게 증가했기 때문이다(이것은 가격 변동 원리에 해당한다).

하나는, 세계 무역량이 증가하면 이에 따라 당연히 증가해야 하는 국제 거래의 결제를 위한 수요이다. 쉽게 말해, 수출이나 수입이 증가하면 이것을 결제하기 위한 달러화의 수요도 함께 늘어난다. 다른 하나는, 외환보유고 축적을 위한 수요이다. 외환보유고가 충분해야 수입이 원활하게 이루어질 수 있고, 환율의 급격한 변동도 완화시킬 수 있으므로, 국제 거래가 커질수록 외환보유고의 적정 수준은 더 커지기 마련이다. 이 두 가지 수요가 미국에게 경상수지 적자로 공급되는 달러화를 충분히 소비해 준 것이다.

이런 두 가지 수요가 해외의 달러화 축적을 일으켰고, 이렇게 축적된 달러화가 미국으로 유입되면서 자본수지 흑자를 기록하게 하였다. 이에 따라 미국은 경상수지가 거대한 적자를 기록했음에도 불구하고 외환보유고 고갈이나 환율 급상승과 같은 재앙을 피할 수 있었다. 이런 사실은 가격 결정 원리와 가격 변동 원리가 밀접하게 상호 작용을 한다는 점도 우리에게 가르쳐 준다.

여기에서 반드시 유의해야 할 점을 하나 지적해 둘 필요가 있다. 즉 달러화에 대한 위의 두 가지 수요는 달러화가 국제거래의 기축 통화이기 때문에 나타났다는 사실이다. 만약 다른 나라에서 국제수지 적자가 위와 같이 대규모로 누적되면, 외환보유고가 점점 고갈될 수밖에 없고, 결국은 환율이 큰 폭으로 상승하거나 최악의 경우에는 외환위기를 당해야 한다. 만약 이런 결과를 미리 예견할 수 있다면 큰돈을 벌 수 있다. 이 문제는 '8. 경제병리학으로 손실 예방하기'에서 자세하게 살펴볼 것이다.

## 환율을 모르면
## 환차손의 부메랑을 맞는다

최근 해외 투자 펀드가 인기를 끌면서 환율의 영향에 대한 관심이 과거와는 비교할 수 없을 정도로 무척 커졌다. 사실, 해외 투자가 아무리 큰 이익을 남기더라도, 환율이 변동하여 환차손이 발생하면 오히려 손실을 입을 수도 있다. 반대로 해외 투자가 손실을 남기더라도 환차익이 발생하면 오히려 이익을 볼 수도 있다. 환율의 변동을 이해하는 일은 이처럼 돈 버는 데에 필수적이므로, 이 기회에 환율에 대해 좀 더 살펴보기로 하자. 이해하기 쉽게 실전적인 사례를 통해서 살펴보자.

2002년 말에 박모 의사는 병원을 신축하기 위해 은행을 찾았다. 은행에서는 엔화 자금의 대출을 권유했다. 그는 은행 권유대로 5억 엔을 대출받기로 했다. 이것을 우리 돈으로 환산하여 실제로는 50억 원을 대출받았다. 4년이 지난 2006년 말, 그동안 병원에서 번 돈으로 대출금을 갚기로 했다. 은행에서는 원금과 이자를 합하여 40억 원만 갚으면 된다고 말했다. 가만히 앉아서 10억 원이나 번 셈이었다. 왜 이런 일이 벌어졌을까? 그동안 환율이 크게 변했기 때문이다. 빌릴 때 환율은 100엔당 거의 1,000원이었는데, 갚을 때의 환율은 800원 밑으로 떨어졌던 것이다.

이 얘기를 전해들은 양모 의사는 2006년 말에 엔화 자금 5억 엔을 은행에서 빌렸다. 우리 돈으로 환산했더니 40억 원에서 조금 빠지는 금액이었다. 그런데 1여 년이 지난 2008년 3월에는 갚아야 할 대출 원금이 50억 원에 가까워졌다. 이자를 별도로 하더라도, 원금만 10억 원 가까이 더 갚아야 하는 셈이었다. 왜 이런 일이 벌어졌을까? 당연히 환율 때문이었다. 엔화 환율이 790원대에서 990원대로 올랐던 것이다.

환율 때문에 박모 의사는 큰 이익을 본 반면에, 양모 의사는 큰 손해를 봤다. 두 사람 모두 환율 변동에는 관심조차 없었지만, 현실에서는 이처럼 큰 차이가 난 것이다. 이것을 운으로만 돌려야 할까? 아니다. 박모 의사는 장차 운이 나빠지면 큰 손해를 볼 수도 있고, 양모 의사는 장차 운이 좋아져 큰 이익을 볼 수도 있다. 그러나 이런 중대한 일을 운에만 맡길 수는 없다. 환율이 변동하는 위와 같은 원리들을 잘 이해하면, 언제든지 손실은 피하고 이익을 챙길 수 있다.

위와 같은 일은 은행 대출을 받는 의사들만의 문제가 아니다. 보통 사람도 환율에 대해 반드시 관심을 기울여야 손해를 피하고 이익을 볼 수 있다. 해외 투자를 할 경우에 특히 그렇지만, 수출이나 수입을 할 경우에도 마찬가지다. 심지어 수입품과 경쟁해야 하는 국산품을 생산하거나 판매하는 경우도 마찬가지다. 환율이 변하면 이익 역시 변하는 것이다.

그뿐만이 아니다. 외환시장은 중요한 투자 대상이기도 하다. 세계 외환시장의 거래액은 하루 평균 1조 8,000억 달러에 이른다. 연간으로 따지면 500조 달러가 넘는다. 1년 세계 무역 거래액이 10조 달러가 조금 넘는 규모이므로, 외환 거래액이 그보다 수십 배나 더 큰 셈이다. 이처럼 큰 시장이라면 돈 벌 기회도 그만큼 크다고 볼 수 있다.

최근에는 우리나라에서도 외환시장 투자에 대한 관심이 커졌는데, 그 이유는 아마 여기에 있을 것이다. 사실, 국제 외환시장에 대한 투자는 일반적으로 레버리지가 100배에 달하므로, 즉 100달러를 증거금으로 걸면 1만 달러짜리 선물이나 옵션을 매매할 수 있으므로 투자 수익은 그만큼 커질 수 있다. 만약 환율이 100원 올랐다면, 10만 원을 투자하여 100만 원을 벌 수 있는 셈이다.

그러나 환율 변동의 위험을 피하기 위한 목적의 헤지(Hedge)\*거래가 아니라면, 보통 사람으로서는 이 시장은 쳐다보지도 않는 것이 바람직하다. 투기성이 지나치게 크기 때문이다. 그래도 기어이 이 시장에 참여하고 싶다면, 오랜 공부와 경험을 겸비한 세계적인 전문가들과 겨루어서 이겨내야 한다. 다시 말해서, 그들보다 더 뛰어난 실력을 갖춰야 한다는 것이다.

그런 실력은 어떻게 갖출 수 있을까? 앞에서 살펴본 바와 같이, 환율이 어떻게 결정되고 변동하는가, 그 원리를 먼저 터득해야 한다. 그 원리를 통해서 세계적인 전문가들보다 환율 변동을 좀 더 빨리, 좀 더 정확하게 예측해 낼 수 있어야 한다. 그래야 외환시장에서도 큰돈을 벌 수 있다. 다음에서 살펴볼 것처럼 가격 결정 원리에 대해 좀 더 잘 이해한다면 더욱 그럴 것이다.

- 수출 업체를 예로 들어 보자. 환율이 크게 떨어지면 수출은 오히려 손해를 본다. 만약 환율이 높을 때에 외환 선물을 팔았다가 환율이 떨어질 때에 그것을 되사면 외환 선물 거래에서 이익을 남길 수 있다. 수출 업체로서는 수출에서 손해를 본 것을 이 거래에서 만회할 수 있는 것이다. 이처럼 실물 거래의 반대 방향으로 선물을 거래하는 것을 헤지라고 부른다. 우리말로는 보험 연계라고 번역하기도 한다.

## 가격 결정 원리를 알면
## 경기 흐름이 감지된다

우주에는 우리 태양계와는 전혀 다른 쌍성도 존재한다. 태양계가 지구 등의 행성들이 태양을 중심축으로 공전하는 무리라면, 쌍성은 두 개 이상의 별이 서로 항성(태양)이면서 동시에 서로 행성(지구)인 것처럼 상호 작용하며 하나의 중심축을 공전하는 별의 무리이다.

물가와 통화량과 소득의 상호 작용도 이런 쌍성과 같은 관계를 맺고 있다. '돈 버는 경제학'의 가격 결정 원리는 삼쌍성의 원리인 셈이다. 우주의 쌍성처럼 물가와 통화량과 소득은 서로 주 변수이면서 동시에 서로 종속 변수인 관계를 맺고 있다는 것이다. 이것은 생소할 뿐만 아니라 조금은 복잡하고 어렵다. 이 문제는 이론적으로 아주 중요한 의미를 갖지만, 경제학 전공자가 아닌 보통 사람에게는 큰 의미가 없을 것 같다. '돈 버는 경제학' 수준에서는 가격 결정 원리가 어떤 의미를 가지며, 이것을 실생활에 어떻게 활용할 것인가만 밝히더라도 충분하다. 그래서 다음과 같이 간단하게 언급하고 넘어가고자 한다.

먼저, 물가는 통화량에 직접 영향을 받는다. 실제로 통화량이 증가하면 물가는 당연히 상승한다. 다만, 통화량이 증가한 배수만큼 물가가 오르는 것은 아니다. 어떤 때에는 통화량이 증가한 것보다 훨씬 더 큰 배율로 상승하는데, 초인플레이션*은 그런 대표적인 현상이다. 때로는 통화량이 증가한 것보다 물가가 훨씬 더 적은 폭으로 상승하는데, 경기가 불경기에서 호경기로 넘어갈 때에 이런 현상이 두드러지게 나타난다.

반대로, 물가가 통화량에 영향을 끼치기도 한다. 물가가 상승할 때, 특히 초인플레이션이 진행할 때에는, 물가 상승이 통화량의 증가를 맹렬하게 요구한다. 이런 경우에는 생산을 개시할 때의 원자재 가격이 생산을 마쳤을 때의 가격보다 훨씬 비싸짐으로써 생산자에게 이익을 보장해 준다. 이것이 생산과 고용을 유지해 주고 분배도 가능하게 해줌으로써 경제 순환을 지탱해 준다. 만약 통화량이 충분히 공급되지 않으면 경기는 급속도로 냉각된다.

또한 통화량 증가는 물가 상승과 함께 생산 활동을 촉진하여 소득을 증가시킨다. 소득 증가는 수요 증가를 통해서 물가를 자극하기도 한다. 소득이 증가하여 경기가 호조를 보이면, 통화의 유통 속도는 빨라지고, 주식이나 부동산 등도 통화의 성질을 띠기 때문이다. 이 문제는 뒤에 '7. 통화 원리로 신용 회복하기'에서 다시 다룰 것이다.

* 물가가 폭발적으로 상승하는 현상으로, 짧은 기간에 정책적으로 통제하기가 어려운 상태를 말한다. 1920년대 독일과 1980년대 후반 아르헨티나와 브라질에서 벌어진 물가 폭등 현상이 대표적이다. 심한 경우 연간 5,000%의 물가 '폭발'이 일어나기도 한다.

위와 같은 복잡한 가격 결정 이론이 왜 필요할까? 물가가 어떻게 변동하는가를 알기 위해서다. 이 문제는 뒤에 '9. 소득 원리로 부자되기'에서 다시 자세하게 거론하겠지만, 물가가 어떻게 변동하는가를 알면 경기가 장차 하강할 것인지 아니면 상승할 것인지 알 수 있다. 만약 경기가 상승할 것인지 하강할 것인지를 다른 사람보다 더 빨리 알 수 있다면, 돈을 벌 수 있고 손해를 피해 갈 수 있다. 만약 당신이 월급쟁이 생활을 접고 자영업을 시작하려고 한다면, 앞에서도 언급한 것처럼 호경기가 나타날 때를 선택해야 성공의 첫걸음을 내딛을 수 있다. 투자를 늘리거나 생산을 늘릴 때에도 마찬가지며, 주식 투자나 부동산 투자를 할 때에도 마찬가지다.

한편, 소득이 증가하면 상품들 사이의 교환 비율도 변한다. 주위를 한 번 돌아보라. 1970년대까지만 하더라도 사치품이었던 TV나 냉장고 등의 가전제품은 이제 생활 수품이 되었다. 그만큼 흔해지고 다른 상품들에 비해서 교환 비율도 낮아졌다. 자동차도 1980년대 초반까지는 부잣집에서나 굴리던 것이었으나 이제는 대부분의 집에서 가지고 있다. 그럼 앞으로는 어떤 상품의 수요가 상대적으로 더 커질까? 이 문제는 앞에서 '수요 변동의 역사'를 다루면서 살펴보았으므로 생략하겠지만, 이런 점을 잘 살펴야 경제의 흐름을 잘 읽어 낼 수 있고, 투자에서나 취업에서나 사업을 할 때에도 적절하게 대응하여 돈을 잘 벌 수 있다.

## 7장

# 통화 원리로
# 신용 회복하기

경제에서 돈은 '피' 같은 존재다

돈은 어떤 기능을 할까

돈의 가치는 하나의 운동 에너지다

돈은 신용을 창조한다

그 많던 돈은 다 어디로 갔을까

경제위기가 돈 버는 기회가 된다

돈의 흐름에 물가도 춤춘다

물가가 낮아지는 것이 무조건 좋은 일일까

뛰어난 투자자일수록 중앙은행 이자율 결정에 주목하는 이유

돈은 여러 가지 용어로 통용된다. 어떤 때에는 화폐란 말로 쓰이고, 어떤 때에는 통화란 말로도 쓰인다. 도대체 화폐는 무엇이고 통화는 무엇일까? 화폐란 지폐와 동전 등 우리가 흔히 쓰는 돈을 말하고, 통화는 지폐나 동전은 아니지만 현실적으로 화폐 역할을 하는 수표나 어음 등과 같은 것을 모두 포함한 것을 말한다.

통화량이란 말도 흔히 쓰이는데, 이것은 통화의 유통 속도까지 고려한 개념이라고 보면 된다. 즉 통화가 1년에 두 차례 유통하느냐, 아니면 세 차례 유통하느냐에 따라서 통화량은 달라지고, 경제에 미치는 영향도 달라진다. 이런 세 가지 개념을 모두 포함한 것을 지금부터 '돈'이라고 부르기로 한다.

돈이 없으면 어떤 경제생활도 할 수 없고, 심지어 사람 행

세도 제대로 하지 못한다. 돈이 어떤 역할을 하기에, 이처럼 막강한 위력을 발휘할까? 시장 경제에서는 돈이 없으면 할 수 있는 일이 거의 없다. 먹을 것을 살 수도 없고, 입을 것을 살 수도 없다. 다른 생활필수품도 모두 마찬가지다. 심지어 돈은 권력을 얻는 수단이 되기도 한다.

그뿐만 아니다. 경제가 안정적으로 순환하고 성장하는 데에도 돈은 아주 중요한 역할을 한다. 돈은 우리 몸의 피와 같은 역할을 한다고 생각하면 얼마나 중요한지 충분히 이해할 수 있다. 피가 외부에서 섭취한 영양분을 신체의 각 부분에 전달하여 몸이 제 역할을 하도록 하듯이, 돈도 경제에서 이런 역할을 한다. 상품을 생산하게 하는 것도 돈이고, 소비하게 하는 것도 돈이며, 생산한 것을 분배하게 하는 것도 돈이다. 돈이 없으면 생산과 소비와 분배의 순환이 어렵다고 보면 틀림없다. 간단하게 말해서, 돈이 없으면 경제가 유지되기 어렵다.

우리 몸에 피가 부족해지면 신체의 모든 부분이 순조롭게 기능할 수 없고, 결국 생명을 유지하기가 어렵다. 이것은 너무 쉬운 얘기다. 그렇다고 사소한 얘기일까? 아니다. 돈의 기능도 마찬가지다. 그런데 최고의 경제전문가라고 해야 할 경제 정책 당국이 이런 돈의 중요한 기능을 간과하곤 한다. 실제로 이를 간과했다가 국가적으로 엄청난 피해를 입힌 사례가 노무현 정권에서 발생한 바 있다.

## 경제에서 돈은 '피' 같은 존재다

참여정부는 집권하자마자 가계 부채와 신용 불량자 문제의 해결을 최우선적인 정책 과제로 선택했다. 그런데 이것이 장기간의 경기 부진을 불러온 가장 결정적인 원인으로 작용했다. 이 문제를 해결한다면서 가계 대출 비율과 신용 카드 사용 한도를 대폭 축소한 것이 결정적인 실책이었던 것이다.

가계 대출과 신용 카드 사용액을 합하여 가계신용이라고 부르는데, 이것도 일종의 통화이다. 그런데 가계 대출을 억제하고 신용 카드 사용 한도를 억제하여 통화 증가를 억제했으니, 경기는 당연히 부진에 빠져들 수밖에 없었다. 참고로, 가계신용은 2007년 말 현재 631조 원으로서 광의통화(M2, 과거의 총통화)의 약 절반이다.

거듭 강조하거니와, 통화는 경제에서 우리 몸의 피와 같은 역할을 한다. 이것을 억제하면 경제 활동은 원활하게 이루어질 수 없고, 경제 성장도 제약을 받을 수밖에 없다. 비유하자면, 성장하는 어린이의 심장 동맥을 조여서 피를 충분하게 공급하지 않는 것과 같다. 만약 이런 일을 감행하면 어떤 현상이 벌어지겠는가? 당연히 어린이의 성장은 방해받을 수밖에 없고, 중병에 걸릴 수도 있다. 우리 경제에서 이런 일이 벌어진 것이다.

노무현 정권은 가계 대출을 강력하게 억제하고 신용 카드 사용 한도를 대폭 줄임으로써 2003년 가계신용(가계 대출과 신용 카드 사용액)의 증가율을 아래 표에서 보듯이 2% 미만에 그치게 했다. 2004년 증가율 역시 6% 미만으로 억제했고, 2005년 역시 9.9%에 불과했다. 그랬으니 어찌 경제 성장이 충분히 이루어질 수 있었겠는가. 결국은 아래 표에서 보듯이 성장률이 2003년에는 3.1%, 2004년에는 4.6%, 2005년에는 4.0%에 불과한 실적을 남기고 말았다. 만약 이런 정책 실패만 없었다면, 장기 호황을 구가할 수 있었을 텐데 말이다.

**최근의 환율 동향(원/달러)과 주가지수 차이**

| 구분 | 1995 | 1996 | 1997 | 1998 | 1999 | 2000 | 2001 | 2002 | 2003 | 2004 | 2005 | 2006 | 2007 |
|---|---|---|---|---|---|---|---|---|---|---|---|---|---|
| 가계신용 | 23.1 | 22.4 | 20.9 | -13 | 16.5 | 24.7 | 28.0 | 28.5 | 1.9 | 6.1 | 9.9 | 11.6 | 8.3 |
| 성장률 | 9.2 | 7.0 | 4.7 | -6.9 | 9.5 | 8.5 | 3.8 | 7.0 | 3.1 | 4.6 | 4.0 | 5.1 | 5.0 |

*자료 : 한국은행『조사통계월보』 2008년 3월호(연월말 기준)

성장률과 가계신용 증가율의 탄성값은 경제 상황에 따라서 약간씩 다르지만 대체적으로 2~3배 정도로서, 성장률이 7%를 기록하려면 가계신용 증가율이 최소 15%는 넘어야 한다. 그런데도 참여정부는 가계신용을 위와 같이 극단적으로 억제했으니, 내수가 부진해지고 경기는 하강할 수밖에 없었다. 이 점은 가계신용 증가율이 2006년에 모처럼 두 자리 수인 11.6%를 기록하면서 성장률도 참여정부 집권 이후 가장 높은 수준인 5.1%를 기록했다는 사실만 보더라도 틀림없다고 해야 할 것이다.

반면에, 미국은 1980년대에 가계 부채 비율이 50%대에서 70%대로 급증하고, 저축대부조합(우리나라 상호저축은행과 비슷)이 거의 모두 무너졌을 정도로 금융 불안이 심각했지만, 이 문제를 선순환 정책으로 풀었다. 즉 경기를 먼저 살려 내서 가계 부채 문제가 점진적으로 완화되도록 했던 것이다. 그 결과 미국은 1990년대에 초장기 호황을 누렸다. 지금은 가계 부채 비율이 국내총생산의 90%를 훨씬 넘었지만, 이것이 국가 경제를 결정적인 위기에 빠뜨릴 것으로 보는 미국의 경제 전문가는 아직 없다.

가계신용의 억제가 위와 같이 우리나라 성장률을 크게 떨어뜨릴 것을 미리 알았더라면 주식 투자로 큰돈을 벌거나 손실을 피할 수 있었다. 주가지수가 2002년 말에는 757이었는데 2003년 말에는 680까지 떨어졌으니 말이다. 예를 들어, 2002년 말에 주식을 팔았다가, 2003년 말에 그 주식을 다시 사들였다면 큰돈을 벌 수 있었다.

또한 경기가 하강하면 금리도 하락하기 마련이므로 채권 투자로 큰돈을 벌거나 손실을 크게 줄일 수도 있었다. 실제로 국채 이자율은 2002년 말 5.78%에서 2004년 말 4.11%까지, CD 수익률도 2002년 말 4.81%에서 2005년 말 3.65%까지 줄기차게 떨어졌다.

좀 더 구체적으로 살펴보자. 금리가 내리면 채권 가격은 오르는데, 이런 때에는 채권을 파는 것이 유리하다. 반면에 금리가 오르면 채권 가격은 내리는데, 이런 때에는 채권을 사 두는 것이 유리하다. 위의 경우, 금리가 높았던 2002년에 채권을 팔았다가 금리가 떨어진 2005년에 그 채권을 다시 샀다면 큰돈을 벌 수 있었을 것이다. 그 밖의 경우에도 만약 금리가 변동할 것을 미리 알아낸다면, 채권 가격이 쌀 때에 사 두었다가 오른 뒤에 팔 수 있다. 그러면 큰 이익을 남길 수 있다.

## 돈은
## 어떤 기능을 할까

돈의 기능은 도대체 무엇일까? 이건 다소 이론적이고 진부한 얘기일 수도 있지만, 이걸 정확하게 알아야 경제를 제대로 읽어 낼 수 있다. 그래야 돈 버는 방법도 눈에 좀 더 잘 보인다.

현실적으로 여러 산업 중에서 가장 중요한 부문 중 하나를 차지하는 것이 금융 산업이다. 금융 산업은 고부가가치를 창출하는 산업이며, 이곳에 취직하면 높은 연봉을 받기도 한다. 이 점은 매우 중요하다. 그럼 돈은 구체적으로 어떤 기능을 할까?

첫째, 돈은 '거래 수단'의 기능을 한다. 돈은 거래를 자유롭게 그리고 순조롭게 이루어지도록 하고, 교환 비용을 줄여줌으로써 교환을 촉진하기도 한다. 돈은 물물 교환의 불편함, 즉 내가 원하는 물건을 가진 상대방과 내 물건을 원하는 상대방이 꼭 일치하지 않아도 되도록 하는 역할을 한다. 이처럼 돈은 물물 교환을 직접 교환으로 발전하게 하였고, 장터를 만들어서 교환이 이루어지도록 하였으며, 교환을 전문으로 하는 상인도 탄생시켰다. 이에 따라 돈은 분업을 촉진하였고, 생산과 소비를 늘어나게 했으며, 이런 과정을 통해 경제 성장에 기여했다.

둘째, 돈은 '가치를 저장하는 수단'의 기능을 한다. 이것 역시 경제 성장과 발전에 아주 중요한 기여를 한다. 경제에서 자본 축적이 얼마나 중요한가는 두말할 필요가 없다. 돈은 이런 자본 축적을 좀 더 쉽게 이루어지도록 함으로써 공장과 같은 대규모 생산 수단을 보유할 수 있게 하였고, 이에 따라 우리는 풍족한 생활을 누릴 수 있게 되었다. 만약 돈이 없어서 곡물로 가치를 저장해야 한다면, 쥐가 먹어치우거나 상하는 따위의 손실을 감수해야 한다.

셋째, 돈은 '교환 단위'의 기능을 한다. 즉 돈은 상품 사이의 교환 비율을 확정해 준다. 상품 가격을 돈으로 표시하지 않으면, 각 상품 사이에 수많은 교환표가 필요하다. 예를 들어, 쌀과 옷과 신발 세 개의 상품만 존재하더라도 쌀과 옷, 쌀과 신발, 신발과 쌀, 옷과 신발 등의 교환표가 각각 필요하다. 만약 상품이 100개라면 교환표는 4,950개가 필요하다. 그렇지만 화폐 가치로 표시하면 100개의 가격만 필요할 뿐이다. 그만큼 경제생활은 편리하고 쉬워진다.

넷째, 돈은 '계산 단위'로서의 기능을 한다. 경제가 얼마나 많은 상품을 생산하고 소비하는가를 따질 때 쓰인다. 만약 돈이 없다면 생산된 상품을 합산하는 것 자체가 불가능하다. 쌀 3,000만 섬과 옷 1,000만 벌을 어떻게 합산할 수 있겠는가? 더욱이 오늘날처럼 상품의 종류가 다양해진 사회에서는 그것이 더 어려워진다. 돈은 이처럼 경제가 생산한 상품들을 합산하는 계산 단위가 된다.

이에 따라 경제 전체의 규모가 어떻게 변동하는가, 경기 변동은 어떻게 그리고 얼마나 자주 일어나는가, 산업 구조는 어떻게 변동하는가, 기타 경제 변수는 어떻게 변동하는가 등을 쉽게 파악할 수 있다. 이것은 경제의 안정과 성장을 위한 정책을 선택할 때 중요한 기여를 한다. 마찬가지로 기업에서도 돈이 계산 단위의 역할을 함으로써 기업의 경영 수지를 쉽게 파악할 수 있게 하는 등 합리적인 경영을 가능하게 한다. 개인의 가정 경제나 재테크에서도 마찬가지 역할을 한다.

다섯째, 돈은 '지불 수단'의 기능을 한다. 대금이나 세금을 쌀로 내야 한다면 얼마나 불편하겠는가? 예를 들어, 1년 전 흉년이 들었을 때에 빌린 쌀을 풍년이 든 금년에 옷으로 갚아야 한다면, 그 계산은 또 얼마나 복잡해지겠는가? 돈이 지불 수단의 역할을 할 수 있게 됨으로써, 돈을 빌려주고 빌리는 일이 그만큼 쉬워졌다. 현대의 금융 산업 발달도 돈의 지불 수단 기능 때문에 가능했다.

돈이란 이상에서 살펴본 것처럼 경제에서 아주 중요한 여러 기능을 한다. 따라서 돈의 운동 원리를 정확하게 이해하는 것은 경제를 진단하고 예측하는 데 무엇보다 중요하다. 돈 버는 일에서도 마찬가지다. 다음에서 살펴볼 것처럼, 경제를 정확하게 진단하고 예측하는 것이 곧 돈을 잘 버는 길이기도 하기 때문이다.

## 돈의 가치는
## 하나의 운동 에너지다

정지해 있는 물체의 무게는 저울만 있으면 잴 수 있다. 그렇지만 움직이는 물체는 저울로 잴 수 없다. 움직이는 물체는 얼마나 빨리 움직이느냐에 따라서 운동 에너지가 다르게 나타나기 때문이다. 예를 들어, 1kg의 물체와 100g의 물체는 무게 차이가 1:10이지만, 만약 100g의 물체가 1kg의 물체보다 열 배 더 빠르게 움직인다면 운동 에너지는 100g의 물체가 열 배 더 크다($E=MV^2$).

경제 역시 정지해 있는 것이 아니라 끊임없이 순환하고 발전해 간다. 어떤 때에는 빠르게 순환하고 어떤 때에는 느리게 순환한다. 어떤 때에는 빠르게 성장하고 어떤 때에는 느리게 성장하기도 한다. 경제에서는 상품의 가치를 무게의 개념으로 파악할 수 없다. 반드시 운동 에너지와 위치 에너지의 개념으로 파악해야 한다. 그래야 돈의 경제적 영향력을 제대로 평가할 수 있다. 이런 사실을 모르면 경제를 올바르게 알 수 없고, 진단과 예측도 정확하게 할 수 없다.

이해하기 쉽게 구체적인 예를 하나 들어 보자. 돈의 가치는 그것이 어디에 있든 똑같을까? 내 손 안에 있는 1만 원이나 은행에 있는 1만 원이나 똑같은 가치를 갖는 것일까? 아니다. 내 손 안의 돈 1만 원을 은행에 예금하면 이자를 주고, 내가 은행에서 1만 원을 빌리면 이자를 내야 한다. 같은 1만 원이라고 하더라도 그 돈이 어디에 있느냐에 따라서 돈의 가치는 이자만큼 달라진다.

왜 이처럼 돈이 어디에 있는가에 따라 가치가 달라질까? 그것은 위치 에너지 때문이다. 빌리는 입장에서는 은행의 위치가 내 손보다 높기 때문에 위치 에너지를 갖는다. 예금하는 입장에서는 그 반대가 된다. 쉽게 말해서, 돈이 내 손에서 은행으로 옮겨가기 위해서는 이자라는 운동 에너지가 필요한 것이다.

화폐 발행이 늘어나면 물가가 오르는 이유도 운동 에너지가 쉽게 해명해 준다. 이해하기 쉽게 비유를 하나 들어 보자.

흐르는 물에 돌을 하나 떨어뜨리면 물의 흐름이 느려진다. 정지한 돌이 물과 함께 흘러가기 위해서 물의 운동 에너지를 빼앗는 것이다. 화폐도 마찬가지다. 한국은행이 발행하여 시중에 뿌린 화폐는 운동 에너지가 없으므로 다른 상품들의 운동 에너지를 빼앗으면서 자신의 운동 에너지를 갖는다. 화폐 발행은 이런 과정을 통해서 상품의 가치를 떨어뜨린다. 즉 물가 상승이 일어나는 것이다. 화폐 발행을 함부로 해서는 안 되는 이유가 바로 이것이다.

경제학에서는 화폐를 '중앙은행의 국민 경제에 대한 부채'라고 정의한다. 화폐나 통화는 신뢰를 바탕으로 가치를 유지하기 때문이다. 부채가 커지면 커질수록 신뢰는 떨어질 수밖에 없고, 가치도 떨어진다. 그러나 항상 그런 것은 아니다. 경제의 규모가 커지면 일반 기업에서처럼 부채가 적당히 커지더라도 큰 문제를 발생시키지는 않는다. 오히려 경제의 규모가 커짐에 따라 부채의 크기가 커질 것을 요구한다. 경제에서는 거래량이 많아지면 통화량이 많아져야 하는 것은 지극히 당연한 이치다.

그래서 경제의 안정적 성장은 통화량의 증가와 통화의 신뢰성 확보를 어떻게 동시에 가능하게 할 수 있는가에 달려 있다고 할 수 있다. 그 해답은 이미 주어진 것이나 다름없다. 즉 통화가 운동 에너지를 충분히 갖추고 있으면 문제될 것이 없다. 만약 통화가 경제의 순환 과정에서 창출된다면, 그래서 스스로 운동 에너지를 갖출 수 있다면, 통화 가치의 하락을 막을 수 있다. 이제부터는 이 과정을 실제로 일어났던 얘기를 통해 살펴보자.

## 돈은
## 신용을 창조한다

작지만 견실한 제조 업체를 경영하고 있는 정 사장은 외환위기 때를 생각하면 지금도 아찔한 느낌이 들고 숨이 가빠지곤 한다. 회사를 설립한 직후를 빼고는 20여 년 동안 단 한 번도 적자를 낸 적이 없고 어음은 발행하지도 않았는데, 어느 날 갑자기 부도위기에 몰렸던 것이다. 거래하던 업체가 하나 둘 도산하면서, 받아 두었던 당좌수표와 어음이 거의 모두 부도 났고, 개인적으로 빌려준 돈도 받을 길이 없었다. 반면에 은행에서 빌린 돈은 제때에 갚아야 했고 원자재 대금도 반드시 지불해야 했다. 자신이 발행한 당좌수표 역시 어김없이 결제일이 다가오곤 했다.

매일같이 회사를 살리기 위해 백방으로 뛰어봤지만, 그 많던 돈이 어디로 갔는지 도대체 알 수 없었다. 은행은 물론이고 제2금융권의 대출조차 기대하기 어려웠다. 그동안 한 번도 찾지 않았던 사채 시장까지 기웃거렸으나 첫 거래라서인지 이 돈마저 구할 길이 없었다.

　강남에 사둔 아파트를 매물로 내놨으나 좀처럼 팔리지 않았다. 불과 2년 전만 하더라도 5억 원을 호가하던 것이 3억 원에 내놔도 팔리지 않았다. 2억 원에 겨우 팔았지만 턱없이 부족했다. 노후를 위해서 사둔 경기도 땅도 내놓았고, 나중에는 자식들을 위해 사둔 강남 요지의 빌딩까지 팔아야 했다. 땅은 2년 전의 1/3 값으로, 강남 빌딩은 절반 값으로 겨우 처분했다. 그나마 여유자금을 가지고 있던 친구에게 사정사정해서 이렇게라도 팔 수 있었다.

　왜 이처럼 돈이 바짝 말랐던 것일까? 외환위기가 터지기 2년 전만 하더라도 시중에는 돈이 넘쳐 났다. 넘쳐 나던 돈이 주식 시장으로 흘러가 주가지수를 불과 2년 만에 500대에서 900대까지 끌어올렸고, 부동산 시장도 투기 조짐까지 일어날 정도로 대체적으로 활황이었다. 그렇게 풍부했던 돈이 도대체 어디로 갔단 말인가? 정 사장은 최근까지도 그 이유를 알지 못했다. '돈은 신용창조를 한다.'는 사실을 몰랐기 때문이다.

　그럼 도대체 신용창조란 무엇일까? 이미 앞에서 잠깐 언급한 바처럼, 중앙은행이 화폐를 발행하여 시중에 공급하면, 그 화폐가 예금 등의 형태로 금융기관에 돌아오고, 금융기관은 이것을 대출과 투자 등으로 시중에 다시 공급하는 등의 과정을 반복한다. 그 과정에서 수표나 예금 통장 등이 시중에 남게 되며, 이것들이 통화의 역할을 충실히 하게 된다. 그래서 중앙은행이 발행한 화폐량보다 훨씬 더 많은 통화량이 시중에 유통된다. 이것을 '신용창조'라고 부르며, 그 과정에서 불어난 통화량의 배수를 신용승수라고 부른다.

이처럼 신용창조의 과정에서 시중에 남겨진 각종 통화성 상품(증권)들을 통화 기능에 따라 분류한 것이 바로 통화지표다. 2007년 말 현재 우리나라 화폐 발행액은 약 29조 원이지만, 이것이 신용창조를 함으로써 본원통화는 약 56조 원, 협의통화는 316조 원, 광의통화는 1,274조 원, 광의유동성은 2,051조 원 등으로 증가했다. 이런 다양한 통화지표도 통화의 기능을 충실히 수행한다. 거래 기능을 하기도 하고 가치의 저장 기능을 하기도 한다.

참고로, 본원통화는 화폐 발행액에 은행의 지급준비 예치금을 합한 것이고, 협의통화는 본원통화에 보통 예금을 합한 것이다. 광의통화는 협의통화에 저축성 예금과 CD, 금전신탁과 같이 언제든지 돈으로 바꿀 수 있는 금융 상품과 금융채 등을 포함한다. 광의유동성은 금융기관의 유동성 자산과 정부와 기업이 발행한 유동성 금융 상품을 포함한다.

### 2007년 말 기준 각종 통화(단위:조 원)

| 구분 | 화폐 발행액 | 본원통화 | 협의통화 | 광의통화 | 광의유동성 |
|---|---|---|---|---|---|
| 수량 | 29.3 | 56.3 | 316.4 | 1,273.6 | 2,051.1 |

*자료 : 한국은행 『조사통계월보』 2008년 3월호

한국은행이 화폐를 추가로 발행하면, 통화는 신용승수의 배만큼 증가한다. 예를 들어, 화폐 발행액이 1조 원 증가하면 본원통화는 두 배 가까이 증가하고, 협의통화는 약 11배가 증가하며, 광의유동성은 70배(광의유동성 2,051.1조 원/화폐 발행액 29.3조 원=70.0배)가 증가한다.

그럼, 외환위기 때 시중에 돈이 바짝 말랐던 것과 신용창조 사이에는 어떤 관계가 있을까? 위에서 살펴본 것처럼 신용창조가 일어난다면, 당연히 신용창조의 역과정, 즉 신용수렴\*도 발생할 수 있다. 실제로 외환위기 때에 이런 일이 발생했다. 지금부터는 이 과정을 자세히 살펴보자. 이것도 돈 버는 데 아주 중요하다. 최소한 돈을 잃지 않기 위해서, 그리고 기업이 망하지 않기 위해서는 신용수렴을 이해하는 것이 필수적이다.

* 신용창조가 반대 과정으로 일어나는 것을 의미한다. 즉 신용창조가 이루어지는 과정이 반대의 방향으로 일어나면, 통화는 신용승수의 배수만큼 줄어드는 것이다.

## 그 많던 돈은
## 다 어디로 갔을까

외환위기 직전에 은행을 비롯한 금융기관들은 한보그룹이 부도를 냄에 따라 약 6조 원의 부실 채권을 떠안았다. 그 바람에 금융기관들은 그 손실만큼 대손충당금\*을 쌓아야 했고, 손실 발생에 따라 낮아진 자기자본 비율을 정상 수준으로 높여야 했으며, 지불준비금도 추가로 쌓아야 했다.\*\* 그래서 추가적인 대출을 할 수 없었다. 기업들은 은행에서 대출받은 돈을 갚기 위한 추가 대출을 받기 어려워졌고, 이미 발행한 회사채를 상환하기 위한 차환 발행도 하기 어려워졌다.

이 때문에 기업들은 사채 시장을 찾아갈 수밖에 없었고, 기업들이 몰려들면서 사채 시장 이자율은 높아졌다. 사채 시장에서는 금융기관 예금을 인출하여 기업들에게 자금을 빌려줬다. 예금을 인출당한 금융기관들은 다시 지불준비금을 더 쌓아야 했고, 대출을 더 줄여야 했다. 이 과정이 끊임없이 반복

---

\* 금융기관은 손실이 크게 나면 자본금이 줄어듦으로써 자칫 예금을 지불하지 못하는 상황이 벌어질 수 있다. 그래서 금융기관이 손실을 볼 때마다 그 손실을 메우기 위해 충당금을 쌓도록 법률이 규정하고 있다. 이것이 대손충당금이다.

\*\* 은행의 지불 불능 사태를 사전에 예방하기 위해 일정한 수준의 자기자본 비율을 유지하도록, 그리고 지불준비금도 일정한 수준 이상 유지하도록 금융 감독 관련 법규가 규정하고 있다. 은행의 경우는 자기자본 비율은 8% 이상이어야 하고, 지불준비금 비율은 저축성 예금은 2%, 요구불 예금은 5%이다.

되었다. 그 결과 은행이 발행했던 수표나 예금 통장 등 그동안 화폐 기능을 충실히 했던 통화들이 지속적으로 줄어들었다.

결국 한보그룹의 부실 채권 6조 원은 신용승수의 배만큼 통화량을 위축시켰다. 화폐 발행액에 대한 광의유동성의 신용승수는 당시에는 약 50배였으므로, 광의유동성은 약 300조 원이나 줄어드는 압력을 받았던 것이다. 이 규모는 당시 광의유동성의 거의 40%에 이른다. 신용수렴이 그만큼의 돈을 금융 시장에서 사라지게 했고, 그로 인해 시중에는 돈이 바짝 마를 수밖에 없었다. 그 바람에 중소기업은 물론이고, 삼미·대농·진로·한신·기아 등 대기업까지도 줄줄이 무너졌다. 신용수렴은 심지어 흑자 기업도 여럿 도산하게 했다.

한편, 정 사장으로부터 경기도 땅과 강남 빌딩을 샀던 그의 친구는 지금 엄청난 돈을 벌었다. 경기도 땅은 매입했던 가격보다 30배 넘게 올랐고, 강남 빌딩도 20배 가까이 올랐다. 만약 한보 사태가 터졌을 때, 화폐가 신용창조를 한다는 사실을 알았더라면, 그리고 신용수렴이 일어날 수 있다는 사실을 알았더라면, 누구나 정 사장의 친구처럼 큰돈을 벌 수 있었을 것이다.

신용수렴은 경제질병의 일종으로서, 금융위기의 근본 원인이기도 하다. 실제로 세계에서 경제가 가장 안정적이라는 평가를 듣던 핀란드, 스웨덴, 노르웨이 등 북유럽 3국도 1992년에 금융위기가 발생한 다음부터 수년 동안 극심한 경제난에 시달려야 했다. 지상 낙원으로 불리던 뉴질랜드도 1990년대 초·중반에 비슷한 경제위기를 겪은 바 있다.

한편, 신용창조는 중앙은행의 화폐 발행과는 다르게 스스로 운동 에너지를 지니고 전개된다는 점에서 아주 중요한 의미가 있다. 즉 금융기관은 신용창조 과정을 통해서 새로운 통화를 만들어 내는데, 이것들은 스스로 운동 에너지를 가지고 태어나므로 물가 불안에 미치는 영향이 그다지 크지 않다.

금융 산업의 발달과 금융 상품의 개발은 경제 성장에서 매우 중요하다. 금융기관이 발달하고 금융 상품의 개발이 활발해지면, 물가에 직접적인 영향을 끼치는 화폐 발행을 크게 추가하지 않고도 신용창조를 통해서 통화가 늘어나며, 이에 따라 거래가 활발해지고 소득이 늘어난다. 뿐만 아니라 운동 에너지가 충분하게 주어지지 않은 채 발행되는 화폐의 비중을 크게 축소함으로써 화폐 증발에 따른 물가 불안을 억제하기도 한다.

## 경제위기가
## 돈 버는 기회가 된다

외환위기 직전에 국제 금융 회사들은 우리나라에서 엄청난 이익을 올렸다. 특히 우리 정부가 외환 컨설팅을 의뢰하고 외환 매매를 위탁한 외국계 금융기관들이 가장 큰 이익을 남겼다. 그 이익금은 최소 100억 달러, 우리 돈으로는 10조 원을 넘었던 것으로 추정된다. 왜 이런 일이 벌어졌을까?

외환위기 직전에 환율이 오르는 것을 방지하기 위해 정부는 보유 중이던 달러를 시장에 쏟아 부었다. 환율이 오르면 이미 들여온 외채의 원화 부담이 커지기 때문이었다. 실제로 외환위기 직전인 1997년의 우리나라 외채 규모는 총 1,370억 달러였다. 1996년 초의 환율은 770원대였는데 1997년 말에는 1,415원까지 상승했으므로 외채 부담은 90조 원 가까이 늘어난 셈이다. 이것은 당시 국내총생산의 20% 가까운 규모였다.

정부는 이런 상황을 벗어나기 위해 결사적으로 환율을 방어하려고 했으나, 끝내 실패했다. 결국은 외환보유고만 고갈시켜 외환위기를 부르고 말았다. 달러를 비싼 값에 사와서 싼 값으로 시장에 팔아치운 꼴이었으니, 엄청난 손실이 나는 것은 당연한 일이었다. 실제로 1994년 외환보유고는 257억 달러이고, 1994년부터 1997년까지 들여온 외채가 646억 달러에 달하므로, 여기에서 같은 기간의 국제수지 적자액 435억 달러와 당시의 외환보유고를 빼면, 최소 300억 달러가 사라졌다고 볼 수 있다. 이 중 1/3가량이 외국계 금융기관의 손에 들어간 것으로 추정된다.

왜 이런 일이 발생했을까? 김영삼 정권이 들어선 직후, 경제를 살린다는 명분을 내세워 화폐 발행액을 1993년 말에 무려

42%나 증가시켰다. 다른 해에 비해 6~7배나 한꺼번에 더 늘린 것이다. 그런데 그 결과는 경기가 살아난 다음에 비극적으로 나타났다. 경기가 살아나면서 통화의 유통 속도가 증가하자, 통화량 증가 효과가 배가됨으로써 물가가 상승하게 된 것이다.

그러자 국산품의 가격경쟁력은 떨어지고 수입품의 가격경쟁력이 높아지면서 수입이 급증했다. 여기에다 1995년에는 재정 지출까지 무려 43%나 증가시킴으로써 수입을 더욱 급증시켰다. 그 결과 국제수지 적자가 눈 덩이 구르듯이 커졌다. 이것이 외환보유고를 고갈시킨 근본 원인으로 작용했다.

외국계 금융기관들이 엄청난 이익을 챙겨 갔던 기회는 국내 금융기관은 물론이고 개인들에게도 주어져 있었다. 사실, 외환위기는 얼마든지 미리 예측할 수 있었다. 1994년의 외환보유고는 257억 달러였는데, 그 후 4년 동안의 국제수지 적자액이 435억 달러에 달했기 때문이다. 국제수지 적자의 누적 규모가 외환보유고의 두 배 가까이에 이르렀으니, 외환보유고가 고갈되지 않았으면 그것이 더 이상한 일이었다. 외환보유고가 고갈되어 가면서 환율도 당연히 크게 오를 수밖에 없었다.

만약 이때에 개인이나 기업이 달러를 사들였더라면 최소 두 배 이상의 돈을 벌 수 있었다. 달러당 환율이 1996년 초 770원대에서 1998년 초에는 1,700원대까지 올랐으니까. 앞으로도 마찬가지다. 국가적으로는 불행한 일이지만 위에서 언급했던 것과 같은 사태가 장차 또 발생한다면, 개인적으로 큰돈을 벌 기회는 얼마든지 잡을 수 있다.

## 돈의 흐름에 물가도 춤춘다

통화의 신용창조가 중요한 이유가 하나 더 있다. 물가에 결정적인 영향을 끼친다는 점이다. 이미 몇 차례 언급한 바와 같이, 한국은행이 화폐를 찍어 내면 신용창조를 통해 통화량은 기하급수적으로 늘어난다. 이처럼 통화량이 크게 증가했는데 상품의 거래량(혹은 생산량)이 일정하다면 어떤 일이 벌어질까? 당연히 물가는 그 비율만큼 상승한다. 더 많은 돈으로 같은 양의 상품을 거래해야 한다면, 가격이 상승하는 것은 당연한 일이다. 예를 들어 보자. 연간 상품의 거래량이 1만 개이고 통화량이 1억 원이라면, 상품의 가격은 한 개당 1만 원이다. 만약 통화량이 10억 원으로 증가한다면 상품의 가격은 10만 원으로 상승한다. 이것이 기존 경제학이 가르치는 바이다.

그런데 현실은 이것과는 약간 다르게 나타난다. 우선, 통화의 증가는 생산을 촉진하는 경향이 있고, 이에 따라 상품의 공급량도 함께 증가한다. 그래서 통화량이 증가한 만큼 물가가 상승하는 것은 아니다. 다음으로, 통화가 몇 번 유통하는가, 즉 유통 속도에 따라 통화량이 크게 달라진다. 통화의 유통 속도는 경기 상황에 따라 다르게 나타난다. 만약 경기가 부진할 때에 통화를 증발하면 유통 속도가 느려서 통화량은 크게 늘어나지 않는다. 그 뒤 경기가 살아나면 유통 속도가 더 빨라지고, 이에 따라 통화량이 급증하면서 물가를 폭발적으로 상승시키기도 한다.

통화가 물가를 상승시키는 과정에는 상당한 시간이 걸린다. 한국은행이 화폐를 발행하면 신용창조가 진행되고, 그 과정에서 통화가 계속 늘어나며, 이에 따라 물가도 신용창조가 끝날 때까지 상승을 지속한다. 한국은행이 화폐 발행을 늘리면, 이미 앞에서 언급한 것처럼, 6개월 뒤에 물가가 상승하기 시작하여 약 2년 반 동안 그 영향이 계속되는 것으로 알려져 있다.

이런 것들이 화폐 증발의 무서운 점이다. 화폐를 과도하게 발행하더라도 초기에는 경기를 상승시킬 뿐만 아니라, 물가나 다른 경제 변수에 미치는 영향이 눈에 잘 띄지 않기 때문이다. 그러나 시간이 어느 정도 흐른 뒤에는 그 영향이 폭발적으로 일어난다. 최악의 경우에는 물가가 하루에도 몇 배씩 상승하는 초인플레이션이 일어날 수 있다.

그러면 돈의 가치가 무너지면서 경제 체제 자체가 붕괴 위기에 몰리기도 한다. 돈의 가치가 사라지면 어떤 시장을 불문하고 교환이 어려워지고, 교환이 어려워지면 생산과 소비가 어려워지며, 이렇게 되면 기업이 무너지고 고용이 줄어든다.

그러면 소득이 줄고 소비가 감소하는 악순환이 일어난다. 돈의 가치를 지키고, 화폐 발행에 신중을 기해야 할 이유가 바로 여기에 있다.

물론 현대와 같은 개방 경제에서는 통화량이 증가하면 물가 상승이 일어나기 전에 수입이 먼저 증가한다. 국산품의 가격경쟁력은 떨어지고 수입품의 가격경쟁력은 올라가기 때문이다. 따라서 물가가 상승하기보다는 국제수지가 먼저 악화된다. 위와 같은 통화 원리를 충분히 이해한다면, 장차 물가가 어떻게 변동할지, 국제수지는 어떻게 변동할지 등도 대강이나마 가늠해 볼 수 있다. 이것은 돈을 잃지 않거나 돈을 버는 데에 큰 역할을 할 수 있다.

## 물가가 낮아지는 것이 무조건 좋은 일일까

가격은 특정 상품의 값을 의미하거나, 각 상품 사이의 교환 비율을 의미한다. 경제 전체의 물가 수준을 의미하기도 하는데, 이것은 우리 실생활과 아주 밀접한 관계를 맺고 있다. 예를 들어, 물가가 낮아지면 같은 소득으로도 더 많은 소비를 할 수 있다. 소득의 구매력이 그만큼 높아지는 것이다. 반면에, 물가가 높아지면 같은 소득으로도 더 적은 소비를 할 수밖에 없다. 소득의 구매력은 그만큼 낮아지는 것이다.

그럼 물가가 낮아지는 것이 무조건 좋은 일일까? 아니다. 경제는 항상 양면을 함께 봐야 한다. 수요(소비자)와 공급(생산자)의 관점이 그것이다. 소비자의 관점에서 봤을 때에는 물가가 낮아지는 것이 좋은 일이지만, 생산자의 관점에서 봤을 때에는 완전히 달라진다. 물가가 낮아지면 이익이 줄거나 심한 경우에는 손해를 보기도 한다. 그럼 생산자인 기업의 이익이 줄거나 손해가 발생하면 어떤 일이 벌어질까? 생산을 줄여야 하고, 고용을 줄일 수밖에 없다. 생산과 고용이 줄어들면 소득이 줄어든다. 그래서 결국은 경기가 하강하고, 이에 따라 불경기가 닥치면 우리 생활이 고달파진다.

다시 말해서, 물가가 떨어지는 것은 국가적으로는 물론이고 개인적으로도 결코 좋은 일이 아니다. 기업이 어려워지면 무엇보다도 사회에 막 진출하려는 젊은이들의 취업 기회가 사라진다는 것이 가장 심각한 문제이다. 따라서 물가는 어느 정도 상승하는 것이 바람직하다. 물가가 어느 정도는 상승해야 기업의 이익이 더 늘어나고, 기업의 이익이 늘어나야 생산이 늘고 고용이 늘며, 고용이 늘어야 소득이 증가하고, 소득이 증가해야 소비가 증가하면서 경기가 호조를 보이는 것이다. 경기가 호조를 보이면 거의 모든 사람이 더 많은 돈을 벌며 경제생활도 윤택해진다. 이때 젊은이들이 쉽게 취업할 수 있는 것은 두말할 나위가 없다.

다만, 물가 상승률이 소득 증가율보다 더 높으면 악순환이 발생하여 초인플레이션으로 발전할 수 있다는 사실은 항상 명심해야 한다. 그럼 어느 정도 수준의 물가 상승이 바람직할까? 그건 소득의 증가 속도에 달려 있다. 소득의 증가 속도, 즉 경제 성장률이 물가 상승 속도보다 높다면, 물가가 웬만큼 올라도 큰 문제가 될 것은 없다. 아니, 이것이 더 바람직하다고 해야 한다. 물가가 오르면 생산이 늘어나고, 생산이 늘어나면 고용이 증가하며, 고용이 증가하면 임금 상승률이 높아지면서 소득도 더 늘어난다. 그러면 경제는 더 빠른 속도로 성장할 수 있다. 국민 생활은 그만큼 윤택해진다.

문제는 그게 과연 지속 가능성이 있느냐이다. 위와 같은 과정이 지속 가능하지 않다면 심각한 문제가 발생한다. 물가 상승률 속도가 소득 증가율 속도보다 더 빠르면, 소비자는 같은 소득으로 더 적게 소비할 수밖에 없고, 그러면 생산이 줄어들어야 하며, 생산이 줄어들면 고용도 줄어드는 등 악순환이 벌어진다. 그래서 결국은 물가 상승률과 경제 성장률 사이에 역전 현상이 생기고, 최종적으로는 물가 상승의 악순환으로 빠져들고 만다.

물가란 이렇게 복잡한 이면을 가졌는데, 그 난해성은 여기에서 그치는 게 아니다. 물가는 사회 계층별로 서로 다른 영향을 끼친다. 예를 들어, 물가가 오르면 은행 예금 이자에 의존하거나 사회 연금 등에 의존하여 살아가는 사람들은 큰 피해를 본다. 예금 이자나 연금 등이 물가 상승률을 고려한다 하더라도 그 반영 폭은 아주 미미하기 때문이다. 같은 소득으로 더 적게 소비할 수밖에 없기 때문이다. 이런 사람들은 물가 상승이 반갑지 않을 것이다.

반면에, 물가가 떨어지면 이자나 연금에 의존하는 사람들은 적극 반기겠지만, 생산자는 이익이 떨어지거나 손실이 난다. 부채를 많이 짊어진 계층도 물가가 하락하면 부채 부담이 상대적으로 커지기 때문에 손해를 입고, 채권자의 입장에서는 상대적으로 이익을 볼 수 있다. 이런 계층별 이해 관계도 경제 문제에는 큰 영향을 끼친다.

위와 같은 물가의 역할을 충분히 이해하면 경제가 어디로 흘러가는지를 대강이나마 짐작할 수 있다. 이런 짐작을 자꾸 하다 보면 경제를 읽어 내고 예측하는 능력이 몰라보게 향상된다. 그러면 그 능력을 돈 버는 데에 유용하게 활용할 수 있을 뿐만 아니라, 돈을 잃지 않도록 미리 예방하는 데에도 얼마든지 활용할 수 있다.

## 뛰어난 투자자일수록
## 중앙은행 이자율 결정에 주목하는 이유

미국 FRB(연방준비위원회)가 이자율을 변경할 때마다 국제 금융 시장은 요동을 친다. 금리를 크게 내리거나 그 규모가 기대했던 것보다 더 크면 주식 시장은 급상승세를 타고, 반대의 경우는 크게 떨어진다. 금리 변동에 따라 달러화 가치가 크게 변동하기도 한다.

왜 이런 일이 벌어질까? 당연히 이자율의 변동이 투자 이익을 크게 좌우하기 때문이다. 이자율이 오르면 국고채나 회사채 등에 대한 투자는 더 높은 수익을 올릴 수 있고, 내리면 그 수익률은 떨어질 것이다. 이처럼 이자율이 변동하면 당연히 투자의 방향이 근본적으로 바뀌어야 한다. 우리나라도 마찬가지다. 한국은행이 이자를 올리면 금융 시장에 막강한 영향을 끼친다.

그럼 시장에서는 이자율이 어떻게 변동할까? 당연히 돈에 대한 수요가 증가할 때에는 이자율이 올라가고, 공급이 증가할 때에는 내려간다. 그럼 돈에 대한 수요는 어떻게 결정될까? 경기가 호조일 때에는 돈에 대한 수요가 증가하고, 경기가 부진할 때에는 돈에 대한 수요가 줄어든다. 그럼 돈의 공급은 어떻게 이루어질까? 이것은 한국은행과 같은 중앙은행의 화폐 발행과 그것이 일으키는 신용창조에 의해서 결정된다.

이런 도식적인 얘기는 현실에서는 거의 쓸모가 없다. 이자율의 변경을 일으키는 다른 결정적인 변수가 있기 때문이다. 바로 중앙은행의 기준 금리 결정이다. 예를 들어, 한국은행이 기준 금리를 인상하면 시장 금리는 당연히 오르고, 기준 금리를 인하하면 시장 금리는 내려간다. 돈에 대한 수요와 공급의 상호 작용보다는 한국은행의 기준 금리 결정이 더 직접적으로, 그리고 훨씬 더 강력하게 시장 금리에 영향을 끼친다. 그럼 한국은행은 언제 기준 금리를 인상하고 또 언제 기준 금리를 인하할까? 이 문제를 이해하기 위해서는 경제정책의 역사적 변천을 잠시 살펴볼 필요가 있다.

각국의 경제정책을 선도하는 나라는 미국이다. 미국은 제2차 세계 대전 후 1970년대까지 케인즈 경제학*에 입각한 재정정책을 중심으로 경제정책을 펼쳤다. 이것이 세계 대공황과 같은 경제 파국을 예방해 주고 경기를 안정시킬 것으로 기대했다. 1960년대까지는 이 정책이 탁월한 성과를 보이는 듯했다. 과거와 같은 경제공황이 한 번도 일어나지 않았고, 경기 호황이 장기간 지속했기 때문이다. 세계 각국이 미국의 케인즈 경제학에 입각한 경제정책을 뒤따른 것은 두말할 나위가 없다.

그러나 1970년대 이후부터 상황이 급변했다. 물가가 상승하면서 경기가 침체하는 스태그플레이션이 나타났고, 미국 경제는 1970년대 내내 고통에 시달려야 했다. 뿐만 아니라

* 케인즈가 발표한 '일반 이론'을 기반으로 성립한 경제학이다. 이 이론은 세계 대공황이 발생한 원인과 그것을 어떻게 해결해야 하는지, 그리고 어떻게 예방해야 하는지를 가장 설득력 있게 제시한 것으로 유명하다. '수요가 공급을 규제한다.'고 규정하여 재정 지출의 수요 창출 효과를 중요하게 여겼다.

경제 성장이나 국제 경쟁에 있어서 패전국이던 일본과 독일에게 뒤지는 결과를 빚었다. 그 원인은 재정정책에 있었다는 사실이 뒤늦게 드러났고, 결국 이 정책을 폐기했다.

일본과 독일을 다시 따라 잡기 위해서는 스태그플레이션의 퇴치가 최우선적인 정책 과제로 등장했다. 그러면서 경제정책도 '통화정책'으로 바뀌었다. 1970년대 말부터 1980년대 초반까지 통화량을 직접 관리하여 물가 불안을 잡으려고 했던 정책이다. 통화량을 직접 통제하는 이 방식은 만성적인 인플레이션을 잡았다. 그렇지만 시장 금리는 통제하기 어려울 정도로 급등락을 거듭했다. 한때는 30%에 육박할 정도로 폭등하였고, 경기가 급격히 후퇴하기도 했다. 1980년대 초반의 경기 부진은 이렇게 나타났다.

그 뒤 통화량을 극단적으로 억제하던 정책에서 벗어나자 경기는 꾸준히 회복하였다. 그러나 1980년대 말에 주식 시장이 폭락하는 등 대공황을 연상시킬 정도로 금융 시장이 불안해졌고 경기 변동의 진폭도 커졌다. 통화량의 직접 규제로는 경기 변동의 진폭을 줄이기가 쉽지 않다는 사실이 드러난 것이다.

그래서 1990년대 초부터는 통화량이 아니라 이자율을 조정하는 정책으로 변경했다. 이때부터 이자율 조정은 통화량과는 거의 상관없이 이루어졌다. 물가와 실업률 그리고 임금 상승률 또는 생산성 상승률 등을 기준으로 이자율 조정의 필요성을 판단했다. 특히 물가가 불안해질 조짐을 보이면 미리 이자율을 조금씩 올렸고, 경기가 부진해질 조짐을 보이면 이자율을 미리 조금씩 내렸다.

이처럼 금리를 사전에 조금씩 조정하는 정책은 탁월한 효과를 발휘했다. 미국 경제는 1990년대 이래 물가가 안정된 가운데 초장기 호황을 기록했다. 그러자 세계 각국은 이자율의 미세 조정 정책을 앞 다투어 받아들였다. 우리나라도 외환 위기 직후부터 이 정책을 채택했다.

그럼 금리의 미세 조정이 왜 위와 같은 탁월한 경제 업적을 남기게 했을까? 그것은 경기의 안정이 생산성을 향상시켰기 때문이다. 이해하기 쉽게 제조 업체를 예로 들어 비유해 보자. A라는 업체는 첫 달에 100개를 생산하고, 다음 달은 50개를 생산하며, 그 다음 달은 150개를 생산한다고 치자. 그리고 B라는 업체는 매월 똑같이 100개를 생산한다고 치자. 그럼 다를 것이 전혀 없을까?

아니다. 생산한 수량은 똑같지만, 생산비에서는 엄청난 차이가 난다. 우선 임금에서 큰 차이가 난다. 생산량을 150개로 늘리기 위해서는 고용을 그만큼 늘려야 하지만, 한 번 고용하면 쉽게 해고할 수 없다. 그뿐만이 아니다. 생산성에서도 큰 차이가 난다. 같은 양을 매월 안정적으로 생산하면, 생산량이 자동으로 크게 증가한다. 그 밖에도 원자재와 완제품의 재고 부담에서 큰 차이가 나며, 운송이나 관리 등 판매 비용에서도 큰 차이가 난다.

  이제는 금리 정책이 경기 흐름에 얼마나 강력한 영향을 끼치는가를 알아챘을 것이다. 위에서 살펴본 것처럼 경기의 향방은 물론이고 경제 성장을 결정적으로 좌우하는 것이 바로 이 금리 정책이다. 그리고 한국은행의 금리 결정이 어떻게 결정되는가도 알았을 것이다. 물가가 불안해진다고 판단하면 금리를 올리고, 경기 부진이 심각해진다고 판단하면 금리를 내린다. 이 점을 숙지하면, 이자율이 어떻게 변동할 것인가를 대강이나마 짐작할 수 있고, 이에 따라 투자의 방향도 가늠할 수 있을 것이다.

8장

# 경제병리학으로 손실 예방하기

경제는 순기능을 한다
경제학에는 병리학이 없다
경제질병은 왜 발생하는가

'흉년 3년이면 천석꾼 난다.'는 옛말이 있다. 흉년이 3년이나 지속되면 자작농도 굶어야 하고, 곡식을 빌려 연명하지 않을 수 없으며, 곡식을 계속 빌리면 논밭을 내놓고 소작농으로 전락해야 하기 때문이다.

 큰 부자는 전쟁이 만든다는 옛말도 있다. 전쟁이 나면 모든 상품의 가치가 떨어진다. 특히 전쟁 비용을 조달하기 위해서 화폐 증발이 일어나므로, 돈의 가치가 크게 떨어진다. 피난해야 할 경우에는 집이나 가재도구 등 옮기기 어려운 것들은 가격이 폭락한다. 전쟁 초기에는 금이나 보석 등의 가격이 크게 오른다. 피난 갈 때에 휴대하기가 편리하기 때문이다. 그러나 곧이어 곡식이나 옷가지 등의 가격이 더 크게 오른다. 이것들이 없으면 굶어 죽거나 얼어 죽기 때문이다. 우리 사회에도 이런 가격 변동을 이용하여 전쟁 때에 큰돈을 번 전설적인 사람이 제법 많다.

경제질병은 이런 의미에서 매우 중요하다. 경제질병이 발생하면 경제 파국으로 치닫기 때문이다. 우리나라도 이미 이런 경험을 한 바 있다. 1997년 외환위기가 그것이다. 그때에는 모든 것의 가격이 크게 떨어졌다. 주식 값은 거의 1/3로 떨어졌고, 지금은 수십억 원에 팔리는 아파트도 당시에는 불과 몇 억 원이면 살 수 있었다. 비교적 견실한 기업도 아주 싼 값으로 살 수 있었다.

경제질병이 발병하는 과정을 잘 이해하면, 언제 경제 파국이 일어날지를 알 수 있고, 이것을 미리 알아낸다면 아주 큰 부자가 될 수도 있다. 물론 외환위기와 같은 파국적인 일이 다시는 벌어져서 안 되겠지만 말이다. 한편 경제 파국을 예방하는 것은 정책 당국이 할 일이지만, 그 정책을 펼칠 정권은 우리가 선택한다는 점도 잊어서는 안 될 것이다.

또한 경제질병을 이해하면 경제 파국은 아닐지라도 경기의 후퇴나 침체가 언제 발생할지 미리 알아낼 수 있다. 경기 후퇴나 경기 침체를 다른 사람보다 먼저 알아낼 수 있다면, 손실을 피하는 것은 물론이고 큰 이익도 얻을 수 있다. 이런 중요한 역할을 하는 경제질병을 제대로 이해하기 위해서는 경제의 순기능부터 먼저 알아야 한다. 경제의 순기능이 제대로 작동하지 않을 때에 경제질병이 발생하기 때문이다.

## 경제는 순기능을 한다

사람들은 왜 모여 살까? 여러 이유가 있겠으나 경제적으로 보자면, 모여 사는 것이 더 윤택한 경제생활을 보장하기 때문이다. 모여 살면 교환이 쉬워지고, 교환은 시장을 형성시킨다. 사람이 더 모이면 시장의 크기가 확대되고, 이에 따라 여러 경제의 순기능이 나타난다. 즉 시장이 확대되면, 교환이 활발해지고, 분업이 촉진되며, 규모의 경제도 나타난다. 그럼 이런 것들은 구체적으로 어떤 기능을 할까?

역사적으로 경제는 교환이 이루어지기 시작하면서 획기적으로 발전할 수 있었다. 인류 역사상 가장 혁신적인 발명은 '교환'이라고 해야 할 정도이다. 교환이 어떤 기능을 했기에 이처럼 거창한 말이 나올까? 이것을 한 번 따져 보자. 이것을 제대로 알아야 경제가 어떻게 흘러가는가를 올바르게 알 수 있고 돈도 더 잘 벌 수 있다.

우선, 교환은 분업을 불러왔고, 분업이 이루어지면서 생산성이 크게 향상되었다. 경제학의 창시자인 스미스는 200여 년 전에 다음과 같이 언명했다. "숙련자라도 혼자서는 하루에 핀을 하나 만드는 것이 쉽지 않지만, 분업이 이루어져 여럿이 공정을 나누어 만들면 비숙련자라도 한 사람당 4,800개를 만든다." 이 말은 경제학계에서 아주 유명한 인용구이다.

그러면 분업의 정도는 무엇이 결정할까? 이것 역시 시장의 크기가 결정한다. 바꿔 말해서, 시장의 크기가 분업의 정도를 결정한다. 시장이 커지면 분업이 더 잘 이루어지며, 분업이 더 잘 이루어지면 생산성도 그만큼 커진다. 상품 시장뿐만 아니라 금융 시장과 생산 요소 시장의 크기도 중요하다. 이런 시장들도 분업을 촉진하고 생산성을 키운다.

그럼 분업은 왜 생산성을 키울까? 첫째, 맡은 일을 더 잘 숙달할 수 있다. 둘째, 작업을 전환할 때에 소요되는 시간을 없앨 수 있다. 예를 들어, 농사를 짓다가 농기계를 손볼 때에는 공구 등을 교체해야 하는데, 분업이 이루어지면 이런 일은 필요가 없다. 셋째, 같은 작업을 매일 되풀이하면 작업 능률이 크게 향상된다.

이처럼 분업은 생산성 향상을 가져오는 것 외에도, 교환이 이루어짐으로써 경제 전체로도 생산량을 키우는 역할을 한다. 예를 들어, 어떤 사람은 옷을 만드는 일을 상대적으로 더 잘할 수 있고, 어떤 사람은 쌀농사를 상대적으로 더 잘 짓는다고 가정해 보자. 만약 교환이 이루어지지 않는다면, 옷을 잘 만드는 사람도 쌀농사를 직접 지어야 하고, 쌀농사를 잘 짓는 사람도 옷을 직접 만들어야 한다. 그러나 옷을 더 잘 만드는 사람은 옷만 만들고, 쌀농사를 더 잘 짓는 사람은 쌀농사만 짓는다면, 같은 시간에 훨씬 많은 양을 생산할 수 있다. 그래서 서로 옷과 쌀을 교환한다면 훨씬 더 많은 쌀과 옷을 소비

할 수 있다.

　교환과 분업은 경제의 순환을 가져왔다는 점에서 중요한 의미를 갖는다. 교환과 분업이 공장제 생산을 일반화시켰고, 이것은 생산과 소비를 분화시켰으며, 생산에서도 자본과 노동의 분화를 불러 왔다. 이에 따라 경제는 생산과 소비 그리고 분배가 따로 이루어지게 되었으며, 생산과 소비와 분배가 계속해서 순환하게 되었다.

　또한 경제의 순환을 원활하게 하기 위해서 화폐를 도입하지 않을 수 없게 하였으며, 화폐의 원활한 공급을 위해서 통화금융 기구의 탄생이 불가피하였다. 그래서 중앙은행과 여러 금융기관이 나타났고, 이런 기관들이 금융 시장을 형성하였으며, 금융 시장에서는 다양한 종류의 통화를 개발하였다. 그 과정에서 통화는 신용창조를 하게 되었다.

　이상과 같은 경제의 순환과 통화금융 시스템은 현대 경제의 특징적 현상으로서, 이것을 이해하지 못하면 경제의 움직임을 제대로 알 수 없다. 실제로, 생산자는 생산된 상품을 시장에 내놓고 그것이 팔리면 돈을 회수한다. 그 과정에서 생산을 위해 사들인 원자재에 대해서 대가를 지불하고, 노동자에게는 임금을 지불하며, 투입된 자본에 대해서는 이자를 지급한다. 간단하게 말해서, 생산된 상품을 시장에 팔아서 회수한 돈, 또는 회수할 돈을 생산 참여자들에게 분배하고 나머지는 기업의 몫으로 삼는다.

그런데 생산된 재화가 모두 소비되는 것은 아니다. 일부는 소비되고 일부는 축적된다. 이렇게 축적된 재화는 생산 시설을 새로 세우는 등 생산 수단을 확보하는 데에 사용되어 더 많은 생산을 가능하게 한다. 더 많이 생산할 수 있는 기계와 시설을 끊임없이 개발하고 설치함으로써 경제가 계속 성장해 가는 것이다. 이것이 소위 자본 축적이라는 것인데, 그 기반은 저축이다. 저축이 투자되어 자본으로 축적된다. 이런 것들이 경제의 순기능이다.

지금까지 살펴본 것처럼 경제가 순기능을 한다면, 역기능도 얼마든지 나타날 수 있다. 즉 교환이 지장을 받거나, 시장의 크기가 축소되거나, 분업이 후퇴하거나, 경제의 순환이 원활하지 못해지거나, 신용창조가 지장을 받거나, 통화금융 기구가 제대로 작동하지 않거나, 투자가 충분히 이루어지지 않거나 등의 일이 벌어진다면, 경제 활동은 위축될 수밖에 없다.

더욱이 경제에서는 어느 변수가 줄어들면 꼭 그만큼만 경제 활동이 위축되지 않고, 축소 재생산을 한다. 예를 들어, 생산이 줄어들면 고용과 소득이 줄고, 고용과 소득이 줄면 소비가 줄며, 소비가 줄면 생산이 줄어든다. 다시 생산이 줄면 고용과 소득이 줄어드는 악순환이 진행된다. 이런 진행이 멈추지 않으면 결국 경제공황과 같은 심각한 경제질병으로 발전한다.

만약 경제의 순기능이 역기능으로 전환하면, 그래서 축소

재생산의 악순환이 진행되면, 중대한 경제질병이 나타날 것으로 봐도 좋다. 그리고 경제질병이 계속 진행된다면 파국적 상황이 올 것으로 봐도 좋다. 이런 판단이 섰다면, 미리 대비하여 손실을 줄일 수 있다. 그리고 앞에서도 언급했듯이 경제위기는 한편으로 좋은 투자기회를 가져다 주기도 한다. 만약 경제 파국을 맞는다면, 아파트든지 기업이든지 주식이든지 헐값으로 사들일 수 있다.

## 경제학에는 병리학이 없다

거듭 밝히거니와, 경제학은 경제를 하나의 생물체로 인식한다. 경제란 안정적으로 순환하는 구조이며, 그 순환에는 일정한 법칙이 지배한다고 본다. 경제학은 자연과학의 시대적 각광과 함께 태어났으므로 이는 자연스런 일이다. 이런 인식이 자연 법칙적인 이론 체계를 추구케 함으로써, 경제학을 엄정한 운동 원리가 지배하는 사회과학으로서 존립할 수 있게 했다. 실제로 경제학은 생리학과 마찬가지의 이론 구조를 갖추고 있다.

그런데 희한하게도 경제학에는 병리학이 존재하지 않는다. 경제보다 훨씬 뛰어난 생물체인 인체를 대상으로 삼는 의학에서는 생리학보다 병리학이 훨씬 더 넓게 그리고 더 깊게 발전해 있는 현실에 비추어 보면, 경제학에서도 병리학이 발전해야 한다. 아니, 의학 분야보다 오히려 더 발전해야 한다. 경제의 구조적 기능은 인체의 기능과는 비교할 수 없을 정도로 낮은 수준에 불과하기 때문이다.

인체는 질병을 감지할 능력을 거의 완벽하게 갖췄지만, 경제체에는 이런 기능이 거의 없거나 불충분하다. 인체가 질병에 걸리면 두통과 위통 등 다양한 통증 현상이 나타나고 체온과 혈압과 같은 건강지표가 악화되기도 한다. 반면에, 경제체는 이런 통증을 느끼지 못하고, 경제체의 건강성을 판단할 경제지표마저 어느 수준이 위험한 것인지 가늠하기가 꽤 까다롭다.

예를 들어, 인체의 경우 체온이 36.5℃에서 36.7℃로 오른 것은 위험하지 않다고 진단할 수 있지만, 국제수지와 물가 상승률은 어느 수준까지가 위험하지 않은가를 진단하기가 쉽지 않다. 경제에는 우리 인체의 정상 체온과 같은 기준이 아직 정립되지 못했기 때문이다. 더욱이 인체에는 면역 체계가 갖춰져 있어서 웬만한 질병은 스스로 퇴치하지만, 경제체에는 이런 존재가 없는 것이나 마찬가지다. 또한 인체에는 자기 회복력이 갖춰져 있지만, 경제체의 자동조절 장치나 충격 흡수력은 인체와는 비교할 바가 아니다.

경제학에 병리학을 도입해야 할 필요성은 더 이상 강조하지 않아도 될 것이다. 무엇보다 생리학은 장기간의 수련이 필요치 않지만, 병리학은 다년간의 피나는 수련이 필요하다. 그러므로 경제학에 병리학을 시급하게 도입할 필요가 있다. 경제학의 존립 목적은 학문 발전에만 있는 것이 아니라, 경제전문가의 양성과 정책 능력의 향상에도 있다. 따라서 경제학에 병리학을 도입하는 일은 빠르면 빠를수록 좋다.

현실적으로 경제에는 병리적 현상이 흔히 나타난다. 비정상적인 경기 변동이나 환율 급변 그리고 물가 불안과 같은 비교적 가벼운 증상의 병리적 현상이 나타나는가 하면, 금융위기나 경제공황 혹은 초인플레이션처럼 경제의 체계 자체를 무 뜨릴 정도로 치명적인 것도 가끔 나타난다. 나라에 따라서는 금융위기와 외환위기가 동시에 진행하는 환란과 같은 재앙이 나타나는 경우도 드물지 않다. 우리나라도 최근에 겪은 것처럼.

어떻든 간에 병리학적 관점에서 경제를 살피면, 무엇보다 큰 손해를 피할 수 있고, 더 나아가 큰돈을 벌 수도 있다. 전쟁이 큰 부자를 만들 듯이, 흉년이 천석꾼을 만들 듯이, 경제질병도 마찬가지다. 구체적인 예를 하나 들어 보자.

1990년대 초 영국은 만성적인 국제수지 적자에 시달렸다. 경제질병의 증상이 나타났던 것이다. 이것을 간파한 조지 소로스는 1992년에 파운드화 포지션을 100억 달러어치 매각했다. 파운드화의 가치가 크게 떨어지지 않을 수 없을 것으로 보고 파운드화를 투매했던 것이다. 실제로 파운드 가치는 두 달 후에 20%나 떨어짐으로써 그는 무려 10억 달러의 이익을 올렸다.

소로스는 이처럼 파운드화를 투매하여 파운드화의 가치를 떨어뜨림으로써 신랄한 비난을 받았다. 그러나 영국의 국제수지 적자는 지속적으로 누적되고 있어서 파운드화의 가치가 떨어지지 않을 수 없는 상황이었다. 당시의 파운드화 가치는 영국 정책 당국의 환율 방어에 의해 근근이 유지되고 있었을 따름이다. 만약 이때에 영국 정부가 파운드화의 방어를 포기하지 않았더라면, 우리나라가 외환위기 직전에 그랬던 것처럼 더 큰 손실을 입어야 했을 것이다. 소로스가 미리 파운드화를 투매하는 바람에 영국은 최악의 외환위기를 피할 수 있었다고 해야 한다.

## 경제질병은 왜 발생하는가

세계사적으로 어떤 경제질병들이 나타났을까? 경제질병의 종류에는 구체적으로 어떤 것들이 있을까? 최근의 경제사를 뒤져보면 대강 다음과 같은 사태들을 중요한 경제질병에 포함시킬 수 있다. 즉 1930년대에 나타났던 세계적인 경제공황, 1980년대 중남미에서 발생했던 초인플레이션, 1990년대 이래 10여 년이나 지속된 일본의 장기 침체, 금융 시스템이 붕괴 위기에 놓였던 각국의 금융위기, 외환보유고가 고갈되거나 환율이 급변하는 외환위기, 재정 적자 누적이 불러오는 재정위기 등이다(그 밖의 경제위기에 대해서는 찰스 킨들버거와 로버트 알리버가 지은 『광기, 패닉, 붕괴: 금융위기의 역사』라는 책을 참고하면 좋다).

이런 경제질병들은 어떻게 나타났고, 어떤 과정을 거쳐 발전했을까? 이것만 제대로 따지더라도 경제병리학의 기초는 거의 닦았다고 해도 지나치지 않다. 그런데 신기하게도 경제질병은 종류와 전개 과정이 서로 달라도, 그 원인은 오직 하나라는 특징을 지닌다. 즉 거품 경기로 일컬어지는 경기 과열에서 비롯했다는 것이다. 경기가 과열되면 거품 경기가 일어나고, 거품 경기가 꺼지면 악순환이 벌어지고, 악순환이 벌어지면 각종 경제질병이 나타난다. 경기 과열이 어떤 방향으로 영향을 미치느냐에 따라서 다양한 경제질병으로 나타났을 뿐이다.

이런 의미에서, 경제질병은 모두 일란성 쌍둥이라고 보면 틀림없다(앞의 책 『광기, 패닉, 붕괴: 금융위기의 역사』는 이 점을 여실히 증명한다. 이 책은 모든 경제 붕괴, 즉 경제질병의 근원은 광기, 즉 과열에 있었다는 점을 명확하게 밝히고 있다). 실제로도 정책 당국이나 경제학계는 경기 과열이 온갖 경제질병을 일으킨다는 사실을 이미 오래전부터, 최소한 1990년대 이후에는 충분히 인식하고 있는 것 같다. 그래서 세계 각국은 경기 안정을 최우선적인 정책 목표로 삼고 있다.

이처럼 경제질병은 거의 모두 경기 과열이라는 하나의 근원을 가지고 있으므로, 경기 과열을 예방하는 것이 경제질병을 예방하는 지름길이라고 할 수 있다. 모든 질병이 다 그렇지만, 예방이 최선이라는 사실은 두말할 필요도 없다. 일단 병에 걸린 다음에는 건강의 손실은 물론이고 경제적 손실을 피할 수 없으며, 질병에 따라서는 다양한 후유증과 부작용이 남는다. 그래서 정기적인 검사와 진찰이 흔히 권장된다. 경제도 미리미리 면밀한 검사와 진찰을 통해서 경제질병이나 경제 재앙을 사전에 예방해야 한다. 그럼, 어떻게 검진하여야 할까?

경제에 대한 검진은 인체와는 비교할 수 없을 정도로 간단하다. 물가와 국제수지라는 두 가지 지표만 잘 관찰해도 충분하다. 비정상적인 물가 상승과 국제수지 적자는 경제질병의 근원인 경기 과열에 의해서 나타나기 때문이다. 이 지표들만 잘 관리하면 경제질병의 근원인 경기 과열을 사전에 얼마든지 차단할 수 있다.

경기 과열은 주식 시장이나 부동산 시장의 과열에 의해서 진행하기도 한다. 주식 시장이나 부동산 시장이 호조를 보이면 경기가 상승하고, 이런 경기 상승은 주식 시장과 부동산 시장을 더 가열시키며, 이로 인해 심각한 경기 과열 현상이 나타나는 것이다. 특히 주식이나 부동산 가격이 지속 가능하지 않을 정도로 짧은 기간 안에 급등할 경우에는 조만간 한순간의 폭락이나 장기간의 침체를 불러오곤 한다. 이 경우에는 일반적으로 경기가 하강하면서 심각한 경제질병으로 발전한다.

정리하자면, 경제질병의 근본적인 원인인 경기 과열은 물가 불안과 국제수지 적자의 누적, 그리고 주식 시장과 부동산 시장의 이상 과열 등에 의해서 비교적 정확하게 진단할 수 있다. 만약 국제수지가 끊임없이 악화되고 심각한 물가 불안이 나타나면, 그리고 주식 시장이나 부동산 시장이 지나치게 가열되면, 조만간 경제질병이 나타날 것으로 봐도 무방하다.

한편, 세상 어느 분야에나 예외는 있는 법이다. 경제질병도 마찬가지로서 예외는 존재한다. 그 중 대표적인 것으로 국제수지 흑자의 누적을 들 수 있다. 국제수지 흑자가 누적되면 저축 과잉 현상이 나타나고, 이에 따라 자본의 한계 생산성*이 크게 떨어지며, 그러면 자본의 해외 유출이 나타난다. 자본이 해외로 유출되면, 국내 소득의 감소 효과가 나타나면서 총수요가 부족해지며, 결국 경기는 침체기에 들어간다. 일본

* 투자한 자본의 최종 단위가 생산해 내는 부가가치를 뜻한다. 이 한계 생산성이 자본의 이익률을 결정한다.

이 1990년대에 초장기 경기 부진에 빠져서 쉽게 헤어나지 못했던 원인도 이것이다. 국제수지 적자만 경제질병을 일으키는 것이 아니라 국제수지 흑자도 경제질병을 일으키는 셈이다. 다만, 일반적으로 국제수지 적자의 누적이 급성 질환을 일으킨다면, 국제수지 흑자의 누적은 만성 질환을 일으킨다.

이상에서 살펴본 것처럼, 물가가 불안해지거나 국제수지가 악화되면, 그리고 그것이 점점 더 심해지면, 조만간 경제질병이 발병할 것으로 보면 틀림없다. 또한 국제수지 흑자가 지나치게 누적되어 자본의 해외 차입보다 해외 유출이 점점 더 커지면 경기가 장기간 하강할 것으로 볼 수 있다. 이에 따라 경제질병이 눈에 띄게 진행하면, 외환위기 때에 그랬던 것처럼 큰돈을 벌 기회를 포착할 수 있다. 외환위기 당시에는 아파트도 헐값으로, 기업도 헐값으로, 주식도 헐값으로 무수하게 매물이 쏟아져 나왔다. 그리고 '그 많던 돈은 다 어디로 갔을까'에서 이미 살펴본 것처럼 이런 기회를 이용하여 큰돈을 번 사람들이 있었다.

사람들은 최악의 경우는 흔히 외면하려고 한다. 그 고통은 상상만 해도 끔찍하기 때문일 것이다. 그래서 미리 대비했더라면 발생하지 않았을 최악의 경우가 가끔 나타난다. 우리 경제도 마찬가지다. 10여 년 전에 외환위기를 겪었던 고통이 너무 큰 만큼, 앞으로는 그런 일이 일어나리라고 상상조차 하지 않는다.

그러나 우리는 과거에도 이미 네 차례나 더 외환위기를 겪은 바 있다. 1964년, 1971년, 1974년, 1982년 등이다(군사독재 정권은 이 사실을 철저하게 은폐했다). 그 경제적 고통도 1997년의 외환위기 때와 크게 다르지 않았다. 이처럼 네 차례나 그런 끔찍한 외환위기를 겪었다면 다시는 그게 일어나지 않도록 해야 했으나 그렇게 하지 못했다. 앞으로도 이런 경제위기가 닥치지 말라는 법은 없다. 만약 그런 때가 닥치면 국가적으로는 불행한 일이지만, 개인적으로는 큰돈을 벌 기회가 올 수도 있을 것이다. 위기가 곧 기회이듯이 말이다.

#  9장

# 소득 원리로 부자되기

---

경제 예측은 틀리기 위해서 존재한다?
경제 예측이란 경기 흐름의 변곡점을 찾는 것이다
국내총생산을 알아야 경기 흐름을 알 수 있다
GNP vs. GDP
'한계' 개념을 소득 이론에 확장하면
진단을 잘해야 예측도 잘할 수 있다
경기 흐름은 지속 가능성으로 진단된다
어두운 전망이 쏟아질 때가 바로 돈 벌 시기다
소비자물가 vs. 생산자물가
주가지수를 잘 살피면 경기 흐름을 알 수 있다
잠재성장률이 오르면 투자 모드로 전환하라
어떤 경우에 잠재성장률이 오르는가
경제 순환의 균형을 깨뜨려야 부자가 될 수 있다

---

세계 경제를 둘러보면, 어떤 나라는 1인당 소득이 5만 달러를 넘는가 하면, 어떤 나라는 1인당 소득이 1,000달러에도 미치지 못한다. 무엇이 이런 소득 수준을 결정할까? 이런 소득 격차는 왜 발생했을까? 그리고 어떤 나라는 성장률이 평균적으로 매년 8~9%에 달하여 빠르게 성장하는가 하면, 어떤 나라는 성장률이 그 절반 수준도 넘지 못하고, 또 어떤 나라는 성장률이 오히려 마이너스를 기록하기도 한다. 어떤 경제 원리가 이런 현상들을 만들어 내는 것일까?

　한편으로, 어떤 때에는 경기가 상승하고, 어떤 때에는 경기가 하강한다. 그리고 어떤 때에는 경기가 지속적으로 호조를 보이는가 하면, 어떤 때에는 경기가 지속적으로 부진하기도 하다. 한 나라 경제에서도 경기의 흐름은 시대에 따라서 이처럼 천변만화를 보인다. 어떤 경제 원리가 이런 현상들을 만들어 내는 것일까?

위와 같은 현상들을 미리 알아낼 수만 있다면 경제학으로도 돈 버는 일은 어려운 일이 아니다. 그러나 불행하게도 기존 경제학은 이런 의문에 대해서 정확한 답을 해줄 수 없다. 세계 최고 수준의 경제학자들이 모여서 경제학의 소득 이론을 집대성하여 만들어 낸 '경제 예측 모형'이 지금까지 유용한 경제 전망치를 거의 보여 주지 못했다는 사실이 이를 증명한다. 이 이론 모형은 대형 컴퓨터를 동원해야 할 정도로 복잡한 수학식으로 구성되어 있지만, 그 결과는 늘 신통치 못하다.

경제학 선진국에서 들여온 이런 이론 모형으로 우리나라 성장률을 전망한 실적은 더 초라하다. 뒤에서 자세하게 살펴보겠지만, 1998년 성장률을 국내 경제 연구소들은 6~7%를 전망했으나, 실제로는 -6.9%를 기록함으로써 10% 이상이나 틀렸다. 1999년에는 성장률 전망치가 -1.7~2.1%였으나, 실제로 기록한 성장률은 9.5%로서 이번에도 10%가량 틀렸다. 이런 전망치는 국내 경제 연구소들의 것만은 아니다. WEFA, IIE, DRI 등 세계적인 경제 예측 기관은 물론이고, IMF를 비롯하여 세계적인 금융기관이 내놓은 우리나라 성장률 전망치이기도 하다.

그 밖의 해에도 경기가 상승하는 때에는 경기가 부진해질 것으로 전망하고, 경기가 하강으로 돌아선 때에는 경기가 호조를 보일 것으로 전망한 경우가 많았다. 기존 경제학의 이론 모형이 우리나라 경제에 대해서만 이런 엉터리 경제 전망을 내놓은 것은 아니다. 다른 나라에서도 크게 다르지 않았다. 경제학에서 가장 앞서가는 나라인 미국의 경우도 이론 모형에 입각한 경제 전망은 자주 틀렸으며, 그 바람에 이론 모형에 대한 신뢰가 최소한 지금은 거의 사라졌다고 해도 지나치지 않다.

이런 사실은 무엇을 의미할까? 현재의 소득 이론이 틀렸다는 것을 의미한다. 틀렸다기보다는 아직 미숙한 수준에 머물러 있다고 하는 것이 더 정확할 것 같다. 다시 말해서, 이런 미숙하고 유치한 수준의 이론으로는 도저히 감당하기가 어려운 경제 전망을 감행했기 때문에 계속 틀릴 수밖에 없었던 것이다.

실제로 기존 경제학이 가르치는 소득 이론의 수준은 기껏해야 '생산 함수가 소득 수준을 결정한다.'거나 '투자가 상대적으로 더 늘면 경기가 살아나고, 저축이 상대적으로 더 늘면 경기는 하강한다.'는 정도가 고작이다. 이런 단순한 내용을 외계인의 언어나 다름없는 각종 부호를 총동원하여 아주 복잡한 수학식으로 치장했을 따름이다. 그러나 소득의 수준이 결정되고 변동하는 과정은 기존 경제학의 소득 이론이 파악하는 것보다 훨씬 더 복잡하다. 그 운동 원리는 다원적이고 다층적이다.

이해하기 쉽게 비유를 들어 보자. 이 세상의 모든 색상은 빨강과 노랑과 파랑 3원색으로 분리할 수 있다. 소득 현상도 마찬가지다. 세 가지 기본 원리가 존재한다. '소득 카오스 원리', '소득 변동 원리', '소득 결정 원리'이다. 이 세 가지 운동 원리가 만들어 낸 각각의 현상이 합성되고 중첩되어 나타난 것이 우리가 현실에서 접하는 '소득'이다. 이미 앞에서 살펴본 가격 원리와 비슷한 원리가 소득 이론에도 존재하는 셈이다. 그런데 기존 경제학은 이런 사실조차 모른다. 그러니 경제 전망이 정확할 수 없다. 지금부터는 이것을 살펴볼 차례이다.

그런데 가격 이론의 세 가지 원리는 비교적 단순했으나, 소득 이론의 세 가지 원리는 훨씬 더 복잡하고 다원적이다. 보통 사람으로서는 이해하기가 만만치 않다. 경제학자나 고도의 경제전문가에게나 필요한 내용이라고 할 수 있다. 따라서 이런 어려운 내용을 여기에서 굳이 자세하게 언급할 필요는 없을 것이다. 돈을 버는 데에는 이런 이론적인 접근이 꼭 필요한 것은 아니기 때문이다.

돈을 버는 데에는 오히려 어떤 나라가 소득 수준이 높은가, 어떤 나라가 경제 성장이 빠른가, 어떤 때에 경기가 호조이고 어떤 때에 경기가 부진한가, 어떤 때에 경기가 하강하고 어떤 때에 경기가 상승하는가 등을 알아낼 실전적인 방법만 익혀도 충분하다. 다음에서 다루는 경제 예측 방법들은 '돈 버는 경제학'의 소득 이론에 입각해 있다. 따라서 다음 경제 예측 방법들은 소득 원리를 대강이나마 유추하게 해줄 것이다.

## 경제 예측은 틀리기 위해서 존재한다?

앞날을 내다볼 수 있다면 얼마나 좋을까? 강남의 아파트 가격이 지금처럼 크게 오를 것을 미리 알았다면 큰돈을 벌 수 있었을 것이다. 지금이라도 주식 가격이 오르내릴 것을 미리 알아낸다면 돈을 더 빠르게, 더 많이, 더 쉽게 벌 수 있을 것이다. 기업도 미래를 내다볼 수 있다면 망하는 법이 없고 오히려 크게 성공할 수 있을 것이다. 미래를 예측하는 일은 그만큼 중요하다. 그렇다면 미래를 예측할 수 있는 방법은 과연 있을까? 인류는 이 문제를 풀기 위해 그동안 갖은 노력을 해왔지만, 미래는 아직도 풀리지 않는 영원한 수수께끼다. 왜 그럴까?

과학은 반복적인 현상 중에서 규칙성을 발견하고, 그 규칙성에서 운동 원리를 찾아 이론화한다. 따라서 과학은 미래를 예측할 수 있어야 한다. 운동 원리를 알아냈는데 미래를 예측하지 못할 이유가 없다. 그런데 사회과학인 경제학은 왜 자꾸 미래 예측에 실패하는 것일까? 그게 아니다. 실패하는 것이 아니라 경제학에 입각한 예측이 의미가 없을 뿐이다. 예를 들어, 장마가 계속되므로 채소의 공급이 줄어들고 그 값은 크게 오를 것이라고 어떤 경제학자가 말했다면 사람들은 비웃을 것이다. 그것을 모르는 사람이 누가 있냐고. 이미 잘 알려진 예측은 예측으로서의 가치가 사라진다.

그뿐만 아니라, 특별한 경제학자만 해내는 경제 예측일지라도 다른 사람들이 그것을 철석같이 믿는다면 그 예측은 결국 틀리게 된다. 예를 들어, 국내 경기가 당분간은 어렵겠지만 연말쯤부터 호조를 보일 것이라는 예측이 믿을 만하다고 하자. 그러면 기업은 경기 호조에 미리 대비하기 위해 고용을 늘리고 투자도 증가시킬 것이다. 고용과 투자가 증가하면, 경기는 당연히 살아난다. '당분간 국내 경기가 어려울 것'이라는 예측은 이래서 틀리게 된다. 경제 예측의 어려움이 바로 여기에 있다. 경제학자는 모두 알고 있거나 틀릴 수밖에 없는 경제 예측을 하는 불쌍한 존재인 것이다. 경제학자들이 흔히 '경제 예측은 틀리기 위해서 존재한다.'고 말하는 이유도 여기에 있다.

그러나 새로운 운동 원리를 끊임없이 규명하여 발전시켜 간다면 '의미 있는' 또는 '유효한' 경제 예측을 얼마든지 해낼 수 있다. 사실, 경제학에서 어떤 이론이 옳은가 그렇지 않은가는 그 이론에 입각한 예측에 의해서만 판가름할 수 있다. 사회과학은 자연과학처럼 실험을 할 수 없기 때문이다. 오로지 예측에 의해서만, 그리고 그 예측이 틀렸는가 맞았는가를 통해서만, 경제 이론의 가치를 따질 수 있다. 따라서 경제학은 예측을 생명으로 여겨야 한다. 다만, 주의할 점이 있다.

첫째, 경제 예측이 언제나 가능하지도 않고 모든 분야에 대해 가능한 것도 아니라는 점이다. 사회과학은 사회 현상 중 반복적인 현상만을 대상으로 하여 운동 원리를 도출해 내기 때문이다. 즉 반복적인 현상은 사회 현상 중 극히 일부분에 불과하므로 설령 모든 운동 원리가 완벽하게 구축되었다 하더라도, 경제 예측이 가능한 것은 특정 시점이나 특정 분야에 한정된다는 것이다.

둘째, 경기 흐름의 예측 방법을 개발하여 그것을 충분히 이해하고 숙지했더라도 수련하는 과정을 반드시 거쳐야 비로소 비교적 정확한 예측을 할 수 있다는 점이다. 좋은 의사가 되려면 임상 수련을 상당히 오랜 기간 거쳐야 하는 것과 마찬가지 이치다. 모두 알았다고 해서 항상 잘 실행할 수 있는 것은 아니며, 경기 흐름의 예측에서도 섣부른 진단이 잘못된 판단을 부른다.

# 경제 예측이란
## 경기 흐름의 변곡점을 찾는 것이다

경제 예측이란 무엇을 의미할까? "내일 아침에 태양이 동쪽에서 떠오를 것이다." 따위가 예측이 아니듯이, "내일은 좋은 일이 일어날 것이다." 따위도 예측이 아니다. 어쩌다 운이 좋아서 한 번쯤 맞아떨어질 만한 내용은 예측이 아니다. 그것은 점쟁이의 점괘일 뿐이다. 경제 예측도 마찬가지다. 모든 사람이 이미 잘 알고 있는 사실은 예측이 아니며, 반복이 불가능한 것도 예측이라고 할 수 없다. 경제 예측의 어려움이 바로 여기에 있다.

진짜 경제 예측은 다른 사람이 쉽게 할 수 없는 것이어야 하고, 한 번으로 그치지 않고 반복적으로 가능한 것이어야 하기 때문이다.

그럼 어떤 것이 진짜 경기 흐름의 예측일까? 가장 단순하게 표현하자면, 경기가 부진할 때에는 언제쯤 호전될 것인지, 호조를 보일 때에는 언제쯤 하강으로 반전할 것인지 등 경기 흐름의 변곡점을 알아내는 것이 진짜 경제 예측이다. 사람들이 원하는 것은 바로 이런 변곡점을 포착해내는 것이다. 이것을 알아야 개인이든 기업이든 정부든 미리 대비할 수 있는 것이다.

이제부터는 진짜 경제 예측은 어떻게 하는가, 그 방법을 간

단하게나마 살펴보고자 한다. 이런 간단한 방법만 알더라도 세계 어느 경제전문가보다 더 정확하고 더 빨리 경제 예측을 해낼 수 있을 것이다. 그런데 경제 예측의 방법을 본격적으로 살펴보기 위해서는 약간의 준비 운동이 필요하다. 이것을 먼저 살펴보도록 하자.

## 국내총생산을 알아야
## 경기 흐름을 알 수 있다

경기 흐름은 무엇으로 알 수 있을까? 당연히 경제지표들이다. 실제로 경기 흐름을 읽어 내기 위해 개발한 것이 각종 경제지표이다. 그런데 그 숫자가 엄청나게 많다. 경제지표를 발표하는 국내 기관만 580여 개에 달하고, 이 기관들이 발표하는 개별적인 경제지표의 수는 수만 개에 이른다.

이처럼 수많은 경제지표를 모두 알아야 경기 흐름을 읽어 낼 수 있을까? 모든 경제지표가 필요한 것은 사실이지만, 중요한 몇 가지만 알아도 대체적인 경제 흐름을 읽어 내는 데에는 큰 지장이 없다. 그런 대표적인 경제지표 중 하나가 성장률이다. 이것은 경기 흐름을 나타내는 가장 기본적인 경제지표이다. 이것이 높으면 경기 흐름은 호조이거나 상승하는 것이고, 반대의 경우는 경기 흐름이 부진하거나 하강하는 것으로 볼 수 있다. 즉 국내총생산(GDP)의 증가율, 즉 성장률이 경기 흐름을 가리킨다는 것이다.

이 성장률은 누가 언제 발표할까? 한국은행이 국민계정*이라는 이름으로 매 분기별로 발표하는데, 분기가 지난 지 약 한 달 뒤에 속보치를 발표하고 50여 일 뒤에 잠정치를 발표한다. 확정치는 1년쯤 뒤에 발표하고, 그 뒤로도 개정치를 가끔 발표하기도 한다. 그럼 성장률은 어떻게 산출할까? 성장률은 국내총생산(GDP)의 증가율로 산출한다. 즉 일정 기간 동안 국내에서 생산한 총부가가치가 앞 기간에 비해 얼마나 증가했는가를 계산해 낸 것이 성장률이다.

그런데 왜 부가가치라는 어려운 전문 용어를 쓰는 것일까? 이해하기 쉽게 총생산액이라는 용어를 쓰면 왜 안 될까? 총생산액이라는 용어를 쓰면, 이중으로 계산되는 부분이 생겨나기 때문이다. 예를 들어, '가'라는 생산자가 '나'라는 생산자로부터 원료를 구입해서 제품을 생산한다면, '나'의 생산액이 '가'의 생산액에도 포함된다. 그래서 '가'의 생산액에서 '나'의 생산액을 제외할 필요가 있다. 이때 '가'의 순수한 생산액을 부가가치라 부른다.

산업화와 시장의 발달은 인류가 천형처럼 여겼던 굶주림과 헐벗음에서 벗어나는 데에 결정적인 계기를 마련해 주었지만, 동시에 경제공황이라는 새로운 재앙을 불러오기도 했다. 몇 년 만인지 혹은 몇십 년 만인지는 모르지만 주기적으로 찾

* National Accounts를 우리말로 번역한 것으로서, 국민 경제를 구성하는 주체들이 1년 동안 경제 활동을 벌인 결과와 자산 및 부채 상황을 나타내는 국민 경제의 종합 재무제표다. 국민소득 통계를 중심으로 산업연관표, 자금순환표, 국제수지표, 국민대차대조표 5개의 통계를 체계적으로 연결하여 기록한다. 국민소득은 생산 계정, 소득 계정, 자본 계정, 금융 계정, 국외거래 계정, 대차대조표 계정 등으로 구성되어 있다. 이 국민계정은 1968년 UN이 국제적으로 통일된 국민 통계를 작성하기 위해 마련한 것이다. 그 뒤 몇 차례 개정을 거쳐 1993년에 개편한 뒤 지금에 이르렀다.

아왔던 경제공황은 옛날에 일상적으로 겪어야 했던 경제적 고통을 한 시기로 집중시켜서 인류를 자주 괴롭혔다. 상품은 쌓여 있으나 살 사람은 없고, 팔리지 않으니 공장은 있으나 생산할 수 없으며, 생산할 수 없으니 해고할 수밖에 없고, 실업자가 늘어나니 상품은 더욱 팔리지 않는 일이 벌어지고, 일반 국민들의 경제적 고통은 더 커지는 것이다.

다행히 경제공황은 이제 역사의 유물로 사라져 가는 것 같다. 어쩌다가 소수 나라에서 심각한 경제적 어려움을 겪기도 하지만, 세계적으로는 1930년대에 대공황을 거친 이후에는 공황다운 공황을 지난 70여 년이 지나는 동안 한 번도 겪지 않았다. 주기적으로 발발하던 경제공황이 지금은 거의 사라진 이유가 무엇일까?

사실, 1930년대 초 대공황이 발발했을 때에는 정책 당국이 무엇을 어떻게 해야 할지 모른 채 우왕좌왕했다. 경제 전반의 흐름을 알 수 없었기 때문이다. 그래서 등장한 것이 앞에서 설명한 국민계정인데, 미국 상무부 경제연구국에 근무하던 사이몬 쿠즈네츠가 처음 개발했다. 이 지표가 개발되자 경제에 무슨 일이 벌어지는지 한 눈에 알아볼 수 있게 되었고, 경제공황도 사전에 예방할 수 있는 기틀이 마련되었다. 특히 경기 흐름을 윤곽이나마 추적할 수 있게 되었고, 이런 정보는 적절한 정책적 조치를 가능하게 하였다.

국민계정의 개발이 어떤 의미를 갖는가는 미국의 전 상무

장관인 델리(W. Daley)의 평가에 의해서 쉽게 확인된다. 그는 '국내총생산(GDP) 통계의 편제를 20세기 최고의 경제 업적 중 하나'로 평가하였다. 다른 경제전문가들도 종종 'GDP는 20세기 최고의 발명품 중 하나'라고 평가한다. 어떤 발명품보다, 어떤 과학 기술의 발전보다 GDP의 역할이 컸다는 것이다.

그럼 국민계정은 어떻게 산출할까? 처음에는 소득을 중심으로 국민계정을 집계했는데, 경기 흐름을 정확하게 읽어 낼 수 없다는 단점이 나타났다. 그래서 1942년부터는 생산 개념을 도입하여 국민총생산(GNP)을 추계하기 시작했다. 그 후 국민총생산도 경기 흐름을 제대로 반영하지 못한다는 사실이 알려지자, 1991년부터는 국내총생산(GDP)을 중심으로 국민계정을 발표하고 있다.

## GNP vs. GDP

1990년대 이전에 발표한 통계나 자료들을 보면 국내총생산(GDP)이라는 용어는 찾아보기 어렵고, 국민총생산(GNP)이라는 용어가 일반적으로 사용되었다. 그러나 지금은 국민총생산이라는 용어는 찾아보기가 어렵다. 왜 이런 일이 벌어졌을까? 앞에서 밝힌 바처럼 국민총생산으로는 경기 흐름을 정확하게 읽어 낼 수 없었기 때문이다. 그래서 개발한 것이 국내총생산이라는 경제지표이다. 그럼 왜 국민총생산보다는 국내총생산이 더 정확하게 경기 흐름을 반영하는 것일까?

이 문제를 따지기에 앞서 국내총생산과 국민총생산이 어떤 차이가 있는가를 밝히는 것이 이해에 도움을 줄 것이다. 국민총생산은 우리 국민이 1년에 생산한 총액을 의미한다. 생산한 곳이 국내이든 해외이든 상관이 없다. 반면에, 국내총생산은 국내에서 생산한 총액을 의미한다. 그 생산 주체가 우리 국민이든 외국인이든 상관없다. 그렇다면 감각적으로는 국민총생산이 경기 흐름을 더 정확하게 나타낼 것처럼 보인다. 우리 국민이 생산한 것이어야 우리 국민의 소득이 될 수 있고, 우리 국민의 소득이어야 우리 국가의 국부가 증가한 것으로 볼 수 있기 때문이다.

그러나 현실적으로 경기 흐름을 더 정확하게 반영하는 것은 국민총생산이 아니라 국내총생산이다. 우리 국민이 해외에서 생산한 것은 국내 경기에는 연쇄적인 영향을 거의 끼치지 못하는 반면에, 외국인이 국내에서 생산한 것은 국내 경기에 상대적으로 훨씬 더 큰 영향을 끼치기 때문이다. 생산은 전후방 연쇄 효과를 나타내는 것이 일반적이어서 이런 현상이 나타나는 것이다. 즉 생산을 위해서는 원자재와 부자재를 사 와야 하고, 생산을 늘리기 위해서는 시설 자재를 새로 사 와야 하는데, 이것이 1차적으로는 국내에서 조달되는 경향이 있다. 또한 국내에서 생산한 것은 1차적으로 국내 영업망에 의해서 판매하며, 내가 생산한 것을 다른 산업에서 사용하기도 한다. 그리고 이것이 국내총생산의 증가, 즉 경기 흐름의 상승에 결정적인 영향을 미친다.

한마디로 말해서, 국내총생산의 동향을 안다면 경기의 동향을 알 수 있고, 경기의 동향을 안다면 장차 호경기가 나타날지 아니면 불경기가 나타날지도 어느 정도는 가늠해볼 수 있다. 이처럼 국내총생산은 중요한 의미를 가지고 있으므로 깊이 새겨둘 필요가 있다. 그래야 돈 벌 기회를 잡을 수 있다. 다음에서는 그 구체적인 방법을 살펴보도록 하자.

## '한계' 개념을 소득 이론에 확장하면

한계 개념은 수요에서 공급과 분배로 확대 적용되었다. 이에 따라 경제학이 크게 발전했다면, 혹시 소득 이론에도 그것을 확장하여 적용할 수는 없을까? '한계'가 가격 이론에서 중요한 역할을 한다면, 소득 이론에도 '한계'를 적용하면 획기적인 이론 발전이라는 결과가 나타나는 것은 아닐까? 그렇다. 한계의 개념을 소득 이론에 적용하면, 소득 이론을 발전시키는 것은 물론이고, 경기 흐름까지 훨씬 더 정확하게 읽어 낼 수 있다.

사실, '국민이 얼마나 윤택한 경제생활을 하느냐'는 '그 나라의 절대적인 소득 수준이 얼마냐'에 따라서 결정되는 것이 아니다. 오히려 소득이 증가한 최종 단위(한계 소득), 즉 소득의 증가 속도에 따라서 결정되는 경향이 더 강하다. 경제 성장률이 중요한 이유가 여기에 있다. 다시 말해서, 소득 수준이 낮더라도 성장률이 더 높은 나라의 국민들이, 소득 수준이 높더라도 성장률이 더 낮은 나라의 국민들보다 더 윤택한 경제생활을 한다는 것이다.

이해하기 쉽게 예를 들어 보도록 하자. 일본의 1인당 국민소득은 우리나라보다 두 배 가까이 많다(정확하게는 2006년 기준으로 약 1.9배). 그러나 일본 국민은 우리 국민보다 생활의 여유가 없는 편이다. 실제로 일본에서는 친구에게 술 한 잔 사는 게 여간 부담스럽지 않다. 선술집에서 술을 사더라도 한 달 용돈이 쉽게 날아간다. 그럴 듯한 술집에서 술을 마시면 1년 용돈이 날아가는 수도 있다. 그러나 우리나라에서는 한 달 용돈만 절약하면 웬만한 술집에서 친구에게 술 한 잔은 얼마든지 살 수 있다. 그만큼 일본인은 생활의 여유가 없고, 우리 국민은 생활의 여유가 상대적으로 더 있는 편이다. 그 이유는 우리나라 성장률이 일본보다 높기 때문이다. 물론 우리나라보다 성장률이 더 높은 중국에서는 훨씬 더 생활의 여유가 있다.

경기 흐름을 좌우하는 것도 바로 이 소득의 한계값, 즉 성장률이다. 소득이 아무리 낮더라도 성장률이 높으면 경기가 호조를 보이고 이에 따라 경제생활은 더 윤택해지며, 소득이 아무리 높더라도 성장률이 낮으면 경기는 부진을 보이고 이에 따라 경제생활은 어려워진다. 그뿐만이 아니다. 성장률의 한계값이 향후 경기 흐름의 향방을 결정하기도 한다. 즉 성장률이 낮더라도 성장률이 높아지고 있다면 경기는 상승하는 것이고, 성장률이 높더라도 성장률이 낮아지고 있다면 경기는 하강하는 것이다. 지금부터 이 문제를 살펴보도록 하자.

## 진단을 잘해야 예측도 잘할 수 있다

경기 진단은 경제 예측의 전제 조건이다. 현재의 흐름을 모르는데 어떻게 미래의 흐름을 알 수 있겠는가! 현재의 흐름을 정확하게 읽어 낼 수 있어야 비로소 미래의 흐름을 읽어 낼 조건이 갖춰진다. 그러면 경기 진단은 어떻게 해야 할까?

 우선, 경기가 상승 또는 하강하는가의 문제를 경기가 호조인가 또는 부진한가의 문제와 구별할 줄 알아야 한다. 비유하자면, 지하 5층에서 지하 1층으로 옮겨간 것은 여전히 낮은 층에 머물러 있지만 올라간 것이 분명하며, 지상 10층에서 8층으로 옮겨간 것은 여전히 높은 층에 머물러 있지만 내려간 것이 확실하다. 최소한 이것은 구별할 줄 알아야 한다.

성장률이 -5%에서 -1%로 변했을 때는 경기가 여전히 부진하지만 상승한 것으로 봐야 하며, 10%에서 8%로 변했을 때는 경기가 여전히 호조이지만 하강한 것이 틀림없는 사실이라고 봐야 한다. 좀 어려운 수학적인 얘기지만, 경제에서는 이런 2차 미분값이 경기를 결정한다고 보면 틀림없다. 성장률은 국내총생산에 대한 1차 미분값이고, 성장률이 높아지는가 아니면 낮아지는가는 국내총생산에 대한 2차 미분값이기 때문이다.

현실적으로도, 경기 흐름을 진단할 때 경기가 부진한가 혹은 호조인가는 그렇게 중요하지 않다. 오히려 경기가 상승하는가 혹은 하강하는가가 중요하며, 이것을 알아야 경기가 장차 어떻게 흘러갈지를 알 수 있다. 즉 현재 경기가 부진하더라도 상승세가 유지되면 경기는 언젠가 호조를 보일 것이고, 현재 경기가 호조이더라도 하강세가 유지되면 경기는 언젠가 부진을 보일 것이라고 읽어 낼 수 있는 것이다. 너무 빤한 소리를 하는 것일까? 그렇지 않다. 이것만으로도 세계 어느 경제전문가보다 경기 예측을 훨씬 더 정확하게 해낼 수 있다. 실전적인 사례를 살펴보면 이 점은 더 명확해진다.

여기에서 잠시, 경기가 호조인가 부진인가를 가늠하는 경제지표는 지난해 같은 기간과 비교한 '전년 동기 대비' 성장률이고, 경기가 상승세인가 하강세인가를 가늠하는 경제지표는 바로 직전의 기간과 비교한 '전기 대비' 성장률이라는 사실을 먼저 밝혀둘 필요가 있다. 다시 말해서, 경기 흐름은 지난해 같은 기간과 비교한 지표가 아니라, 바로 이전의 기간과 비교한 지표로 읽어야 한다는 것이다. 그래야 경기가 장차 내려갈 것인가 올라갈 것인가를 짐작이라도 할 수 있다. 자 그럼, 이런 기준에 입각하여 실전적인 사례를 들어 본격적으로 살펴보자.

우선, 1997년 전기 대비 성장률을 분기별로 살펴보도록 하자. 다음 표에서 보듯이, 1분기 4.9%에서 2분기에는 7.8%까지 상승했지만, 하반기부터는 갑작스럽게 성장률이 떨어졌다. 3분기에는 3.2%를 기록함으로써 2분기보다 무려 4.6%포인트나 떨어졌다. 8층에서 3층으로 내려온 셈이다. 그리고 4분기에는 -2.4%를 기록함으로써 이번에도 한 분기에 5.6%포인트가 떨어졌다. 지상 3층에서 지하 2층으로 여섯 층 가까이 내려간 셈이다.

1997년 분기별 전기 대비 성장률(연률) 추이(%)

| 구분 | 1/4 | 2/4 | 3/4 | 4/4 |
|---|---|---|---|---|
| 성장률 | 4.9 | 7.8 | 3.2 | -2.4 |

*자료 : 한국은행 2002년 국민계정

이런 추세가 유지된다면 1998년 경기는 어떻게 되고 성장률은 얼마를 기록할까? 성장률이 크게 떨어지고 경기가 부진해질 것이 너무 빤했다. 그러나 전기 대비가 아니라 전년 동기 대비 성장률에 얽매여 있던 국내 경제 연구소들은 1997년 9~10월에 다음 표에서 보듯이 6% 넘게 전망했다가, 1997년 연말까지도 1998년 성장률을 5% 안팎으로 봤다. 당시 우리 경제를 신탁 통치하던 IMF조차 3% 내외의 성장률을 목표치로 제시하였다. 그러나 실제로는 1998년 성장률은 -6.9%를 기록했다. 국내 경제 연구소들의 성장률 전망치는 무려 10% 넘게 틀렸고, IMF조차 거의 9% 가까이 틀렸다.

국내 경제 연구소의 1998년 성장률 전망치

| 구분 | 실적 | KDI | 삼성 | 현대 | 대우 | LG |
|---|---|---|---|---|---|---|
| 전망 | -6.9 | 6.4 | 6.8 | 6.6~6.9 | 6.2 | 6.9 |

*자료 : 한국언론재단 KINDS에 의한 당시 언론 보도 검색, 1997년 9~10월의 전망

1998년 전기 대비 성장률도 분기별로 따져 보자. 1분기의 성장률은 1997년 하반기부터 시작된 경기 후퇴의 속도가 더욱 빨라지면서 무려 -25.8%를 기록했다. 이런 추세가 계속된다면 불과 1년 사이에 국민 소득의 1/4 이상이 사라질 판이었다. 다행스럽게도 2분기에는 전기 대비 성장률이 -5.9%를 기록하여 경기가 상승으로 반전되었다. 비유하자면, 국내 경기가 지하 26층에서 지하 6층으로 뛰어오른 것이라고 할 수 있다.

이런 상승 추세는 그 뒤로도 이어져, 3분기에는 드디어 플러스 성장률로 돌아서서 2.4%를 기록했다. 지하 6층에서 다

시 지상 2층까지 올라선 셈이다. 4분기에는 전기 대비 무려 11.0%의 성장률을 기록함으로써 2층에서 11층까지 한꺼번에 뛰어올랐다. 이런 상황이라면 다음해 성장률은 얼마쯤으로 예측하는 것이 정상일까?

**1998년 분기별 전기 대비 성장률 추이(%)**

| 구분 | 1/4 | 2/4 | 3/4 | 4/4 |
|---|---|---|---|---|
| 성장률 | -25.8 | -5.9 | 2.4 | 11.0 |

*자료 : 한국은행 2002년 국민계정

최소한 10%는 넘을 것으로 보는 것이 타당할 것이다. 그런데 국내 경제 연구소들은 아래 표에서 보는 것처럼 경기 상승이 이미 확인된 1998년 9월에도 -2.2~1.1%로 예측했다. 앞에서도 언급한 것처럼, IMF를 비롯한 세계적인 경제 예측 전문 기관인 DRI, WEFA, IIE 등의 성장률 전망치도 국내 경제 연구소들과 크게 다르지 않았다. 그러나 실적치는 무려 9.5%를 기록함으로써, 이번에도 10% 가까이 혹은 그 이상 틀렸다.

위와 같이 전기 대비 성장률 추이만 정확하게 읽어도 경제

**국내 경제 연구소의 1999년 성장률 전망치**

| 구분 | 실적 | KDI | 삼성 | 현대 | 대우 | LG |
|---|---|---|---|---|---|---|
| 전망 | 9.5 | -1.5~-2.0 | -1.8~-2.2 | 0.3 | -1.7 | 1.1 |

*자료 : 한국언론재단 KINDS에 의한 당시 언론 보도 검색, 1998년 9월의 전망

예측이 어느 정도까지는 가능하다. 그러나 이것만으로는 부족하다. 위에서 언급한 경제 예측은 전기 대비 성장률의 추이가 지속된다는 전제에서 이루어진 것이기 때문이다. 바꿔 말해서, 전기 대비 성장률의 추이가 변하지 않아야 한다는 전제가 뒤따르는 것이다. 만약 전기 대비 성장률 추이가 변한다면? 당연히 전기 대비 성장률 추이만으로는 경기 예측을 정확히 해낼 수 없다.

위에서 언급한 사례들을 다시 들여다보자. 1997년의 경우 2분기까지는 경기가 분명히 상승세였는데, 그 흐름이 3분기에 갑자기 꺾여서 경기가 냉각되기 시작했다. 이때에 경기가 갑자기 냉각된 이유가 무엇일까? 또한 1998년에는 1분기까지 급속하게 하강하던 경기 흐름이 2분기부터는 역전되어 다시 상승했는데, 이때는 왜 경기가 상승으로 반전한 것일까?

이제는 눈치 챘을 것이다. 경기 흐름의 진단만으로는 경기 변곡점을 찾아낼 수 없다는 사실을. 그러면 어떻게 해야 할까? 당연히 경기 흐름의 역전이 왜 일어나고 언제 일어나는가를 알아야 한다. 그래야 예측이 비로소 정확하게 이루어질 수 있다. 그런데 경기 흐름의 역전은 다양한 변수에 의해서 일어난다. 즉 다양한 변수를 모두 점검해야 경기 변곡점이 만들어지는 때와 그 방향, 속도를 비로소 정확하게 알 수 있다. 다음에서는 보통 사람도 쉽게 터득할 수 있는 방법을 중심으로 이 문제를 다루어 보도록 하자.

## 경기 흐름은
## 지속 가능성으로 진단된다

경기가 상승하는가 하강하는가, 그리고 그 속도가 어느 정도인가는 양의 문제이다. 앞에서 이런 양의 문제를 살폈다면, 다음으로는 당연히 질의 문제를 살펴야 할 차례이다. 그럼 경기의 질은 어떻게 판단해야 할까? 당연히 경기의 하강이나 상승이 정상인가 비정상인가, 속도가 지나치게 느린 것인가 빠른 것인가 등을 따져야 한다. 이 문제를 함께 살펴야 비로소 경기 진단을 올바르게 할 수 있다.

예를 들어, 경기 상승이 비정상이라면 그 상승은 멀리 가지 못한다. 비정상이라면 후유증과 부작용이 나타날 것이고, 이것들이 머지않아 경기 상승의 발목을 잡아채서 경기를 하강으로 돌아서게 만들 것이다. 경기 상승 속도가 지나치게 빠르더라도 마찬가지다. 너무 빠르게 상승하면 이미 정상에 올라 더 이상 상승하지 못할지도 모른다는 우려가 기업과 가계 등 경제 주체들 사이에서 나타나고, 이런 우려가 경기를 다시 하강으로 돌아서게 한다.

그렇다면 경기의 상승이 정상인가 아니면 비정상인가, 속도는 적정한가 아니면 지나치게 빠른가 등은 어떻게 판단할 수 있을까? 당연히 지속 가능성으로 판단해야 한다. 즉 경기의 상승이 지속 가능한 것이라면 정상이라고 판단해야 하며,

속도 역시 지속 가능하다면 적정하다고 판단해야 한다는 것이다. 이해를 돕기 위해 실전적인 사례를 하나 들어 보자.

다음 표에서 보듯이, 1999년의 분기별 전기 대비 성장률은 각각 11.2%, 13.4%, 9.5%, 11.7% 등을 기록했다. 매 분기마다 매우 높은, 아니 지나치게 높은 성장률을 기록한 것이다. 이것은 우리 경제의 잠재성장률보다도 훨씬 높은 수준이며, 이런 가파른 경기 상승은 조만간 경기 조정을 거칠 수밖에 없다. 만약 이런 전기 대비 성장률이 눈앞에 주어진다면 누구나 이처럼 진단했을 것이다. 이런 통계를 직접 확인하지 않는 것이 문제였을 따름이다.

**1999년 분기별 전기 대비 성장률(연률) 추이(%)**

| 구분 | 1/4 | 2/4 | 3/4 | 4/4 |
|---|---|---|---|---|
| 성장률 | 11.2 | 13.4 | 9.5 | 11.7 |

*자료 : 한국은행 2003년 국민계정

그러면 경기 흐름의 지속 가능성 여부는 어떻게 판단할까? 이것은 잠재성장률로 판단한다. 잠재성장률보다 더 높은 성장률을 기록할 경우에는 지속 가능성이 없다는 것이다. 이 경우에는 물가 불안과 국제수지 악화와 같은 경제질병의 징후가 나타나므로 그런 성장률은 더 이상 지속할 수 없다. 만약 억지로 그것을 지속시키면 외환위기나 초인플레이션이라는 경제 파국을 초래하고 만다. 한마디로, 잠재성장률을 알아야 더 정확한 예측이 가능하다는 것이다. 그러면 우리 경제의 잠재성장률을 어떻게 산출할까? 이 문제는 약간 복잡하므로, 뒤에 별도로 살펴보도록 하자.

## 어두운 전망이 쏟아질 때가 바로 돈 벌 시기다

경제에서는 다른 어느 분야보다 심리적인 영향이 매우 크다. 소비자 심리지수나 기업 실사지수 등의 지표가 경기 전망에 자주 동원되는 것만 보더라도 이 점은 틀림없다. 소비자나 기업이 경기가 좋아질 것이라고 보면 경기는 상승하고, 반대의 경우는 경기가 하강하곤 한다. 대표적인 사례를 하나 들어보자.

2000년 하반기부터 국내 언론은 온갖 비관적인 보도를 쏟아 냈다. 올해 수출 전망 어둡다, 무너지는 재래시장, 건설업계 대공황, 지방 경제가 무너진다, 국내 부품업계 비상, 경제 경계경보, 경제 다시 위기인가, 경제위기 재발 우려, 경제 한파에 떠는 국민들, 실물 경기 급속 둔화, 제2의 경제위기 등이 주요 일간지의 1면 머리기사를 장식했다.

그러나 실상은 이런 보도와 전혀 달랐다. 특히 수출은 19.9%라는 매우 높은 증가율을 기록했고, 다른 문제들도 마찬가지였다. 전기 대비 성장률을 통해서 당시의 경기 흐름을 살펴보면 이 점이 더욱 명확해진다. 아래 표에서 보듯이, 2000년 성장률은 1분기에 13.4%를 기록하여 다소 과열되었고, 그 여파로 2분기에는 2.8%로 떨어지기도 했지만, 3분기에는 성장률이 7.0%로 다시 상승했다. 이런 속도라면 2001년 성장률은 7%에 이를 수도 있었다. 그러나 비관적인 분위기가 경제를 지배하면서 4분기에는 전기 대비 성장률이 -3.9%를 기록하여 경기가 급강하했다. 그 결과 다음 해인 2001년 연간 성장률은 3.8%에 그치고 말았다.

**2000년 분기별 전기 대비 성장률(연률) 추이(%)**

| 구분 | 1/4 | 2/4 | 3/4 | 4/4 |
| --- | --- | --- | --- | --- |
| 성장률 | 13.4 | 2.8 | 7.0 | -3.9 |

*자료 : 한국은행 2002년 국민계정

2002년에도 마찬가지 현상이 나타났다. 2002년 연간 성장률은 7.0%로서 비교적 양호한 편이었다. 그러나 하반기부터 언론의 비관적 보도가 다시 줄을 잇자, 2003년에 들어선 뒤에는 경기가 하강으로 돌아서고 말았다. 다음 표에서 보듯이, 2002년 전기 대비 성장률은 3분기 4.1%에서 4분기에 8.2%까지 치솟았다.

이런 추세가 지속되었다면 2003년 성장률은 8% 전후의 높은 수준을 기록할 수 있었지만, 결과는 3.1%라는 아주 낮은 실적에 머물고 말았다. 특히 2003년 1분기의 전기 대비 성장률이 -1.2%를 기록한 것이 결정적인 역할을 했다. 연초부터 경기가 급강하했던 것인데, 그 원인은 바로 비관적인 분위기에 있었다.

2002년 하반기와 2003년 상반기의 전기 대비 성장률(연률)

| 구분 | 2002 3/4 | 2002 4/4 | 2003 1/4 | 2003 2/4 |
| --- | --- | --- | --- | --- |
| 성장률 | 4.1 | 8.2 | -1.2 | 0.8 |

*자료 : 한국은행 2004년 국민계정

실제로 2002년 하반기부터 국내 경제전문가와 언론 들은 '가계부채 문제가 경제에 심각한 부담을 주고 있다'거나 '신용 불량자 문제가 심각하다'거나 '하반기 수출이 어둡다'거나 '산업 공동화가 벌어지고 있다'거나 '중국 경제가 추월할지도 모른다'는 따위로 우리 경제가 매우 비관적인 것처럼 몰아갔다.

그러나 가계 부채나 신용 불량자 수준은 다른 나라에 비해 심각하지 않았고, 수출은 더 빠르게 증가했으며, 국민 소득 5,000달러를 겨우 견뎌 낼 산업들은 동남아와 중국으로 이전됐지만 국민 소득 3~4만 달러를 견뎌 낼 산업이 그 자리를 메웠다. 중국 경제가 무섭게 빠른 속도로 성장한 것은 사실이지만, 우리 경제에 '중국 특수'라는 선물을 안겨 준 것 역시 사실이다.

위와 같이, 현실과는 전혀 다르게 비관적인 분위기가 짙어지면, 경기는 항상 빠르게 하강했다. 그 뒤에 비관적인 분위기가 어느 정도 가라앉으면 경기는 다시 상승으로 돌아섰다. 따라서 경제 분위기가 향후의 경기를 가늠한다고 해도 지나치지 않다. 앞으로도 비관적인 분위기가 조성되면, 경기는 또 하강하지 않을 수 없다. 만약 그것을 알아챈다면 큰돈을 벌 수 있을 것이다. 특히 앞에서도 이미 언급한 바와 같이, 이런 때에 주식을 매집해 두면 큰돈을 벌 수 있다.

실제로 2000년에는 주가지수가 연초 1,055에서 연말에는 505까지 떨어졌고, 2002년 4월에는 900을 넘기기도 했으나 2003년 3월에는 550까지 떨어졌다. 이처럼 비관적인 분위기가 짙어지기 시작하면 주식 가격이 떨어지고, 그 뒤에 비관적인 분위기가 잠잠해지면 경기가 다시 상승하면서 주식 가격도 함께 올랐다. 거듭 밝히거니와 앞으로도 마찬가지다. 경제 분위기가 어디로 흐르는가를 미리 알아내기만 한다면, 경기가 어디로 흘러갈지를 가늠해 볼 수 있고, 아울러 주식을 싼 값에 샀다가 비싼 값에 팔 수 있을 것이다.

## 소비자물가 vs. 생산자물가

다음 표를 보면 소비자물가 상승률*과 생산자물가 상승률** 격차가 경기 흐름에 얼마나 큰 영향을 끼쳤는가를 쉽게 알 수 있다. 구체적으로, 1993년과 1994년에 발생한 소비자물가 상승률과 생산자물가 상승률의 격차는 1994년과 1995년의 경기 상승을 불렀다. 1995년에는 그것이 역전되었고, 경기는 결국 하강하기 시작했다. 또한 1999년의 생산자물가 상승률과 소비자물가 상승률의 격차는 2000년까지의 경기 호조를 불렀다.

**최근의 외국인 주식 순매수(조 원) 및 주가지수(연말) 추이**

| 구분 | 93 | 94 | 95 | 96 | 97 | 98 | 99 | 00 | 01 | 02 | 03 | 04 | 05 | 06 | 07 |
|---|---|---|---|---|---|---|---|---|---|---|---|---|---|---|---|
| 생산 | 1.6 | 2.7 | 4.7 | 3.2 | 3.8 | 12.2 | -2.1 | 2.0 | -0.5 | -0.3 | 2.2 | 6.1 | 2.1 | 2.3 | 2.7 |
| 소비 | 4.8 | 6.3 | 4.5 | 4.9 | 4.4 | 7.5 | 0.8 | 2.3 | 4.1 | 2.8 | 3.5 | 3.6 | 2.8 | 2.2 | 2.4 |
| 성장 | 6.1 | 8.5 | 9.2 | 7.0 | 4.7 | -6.9 | 9.5 | 8.5 | 3.8 | 7.0 | 3.1 | 4.7 | 4.2 | 5.0 | 5.0 |

*자료 : 한국은행 『조사통계월보』 2008년 3월호

* 소비자가 소비생활을 위하여 구입하는 상품(서비스 포함)의 가격 변동을 종합하여 통계청이 발표하는 지수
** 국내 시장에서 기업들 사이에 1차로 거래되는 상품의 가격 변동을 종합하여 한국은행이 발표하는 지수

왜 이런 현상이 나타날까? 소비자물가가 생산자물가보다 상승률이 높으면 기업의 이윤은 커지기 마련이기 때문이다. 기업의 이윤이 커지면? 당연히 생산량이 증가하고 고용이 증가하며, 설비 투자도 증가하는 경향이 나타난다. 그러면 경기는 상승한다.

다만, 2001년에는 2000년과 2001년의 생산자물가 상승률과 소비자물가 상승률 격차가 상당히 벌어졌는데도 앞에서 언급한 것처럼 비관적인 분위기가 국민 경제를 전반적으로 지배하면서 경기가 극도로 부진해졌다. 한편, 2004년에는 생산자물가 상승률이 소비자물가 상승률보다 높았으나, 비관적인 분위기로 인해 잠재성장률보다 낮은 성장률을 기록함에 따라 경기가 크게 하강하지는 않았다. 다시 말해, 이때에는 생산자물가 상승률과 소비자물가 상승률의 격차가 경기를 하강시키는 압력으로 작용한 것이 사실이지만, 비관적인 분위기가 개선되면서 경기가 상승하려는 힘이 나타나 하강하지 않을 수 있었던 것이다.

2008년에 들어선 다음에는 생산자물가 상승률과 소비자물가 상승률의 격차가 심각할 정도로 매우 커졌다. 즉 생산자물가 상승률은 2월에 6.8%와 3월에 8.0%를 기록했는데, 소비자물가 상승률은 각각 3.6%와 4.1%를 기록하여, 그 격차가 3~4%에 이른 것이다. 이 정도의 격차라면, 생산자인 기업의 경영 수지를 악화시키기에 충분하다. 따라서 2008년에는 경기가 하강으로 돌아설 가능성이 매우 높다. 2008년 들어 주식 가격이 대체로 약세를 보이는 것은 이 영향도 크다.

## 주가지수를 잘 살피면 경기 흐름을 알 수 있다

산업 경기의 호조가 비교적 장기간 이어지면 여기저기에서 "나도 통화의 역할을 하겠다."고 나서는 상품들이 나타난다. 거래 유통 수단이 되겠다는 것도 나타나고, 가치 저장 수단이 되겠다는 것도 나타난다. 주식과 같은 유가증권과 부동산 등이 대표적이다.

  이런 상품들은 실제로 화폐처럼 거래유통 수단으로 사용되고 가치저장 수단으로도 이용된다. 그래서 경제는 갑자기 통화량이 풍족해진 것과 같은 현상이 일어난다. 그러면 경제는 더 활기를 띠기 시작한다. 통화는 거래유통과 가치저장을 활발하게 하는 기능을 발휘함으로써 생산 활동을 촉진하는 경향이 있는데, 이것들이 경기를 더욱 활성화시키는 것이다.

  그런데 이런 부동산이나 주식과 같은 상품들은 좀처럼 반응을 보이지 않다가 어느 순간에 이르러 갑자기 반응을 보인다. 오랫동안 반응을 보이지 않다가 압력이 누적되면 한꺼번에 폭발적인 반응을 일으킨다. 이 경우에는 통화량이 갑자기 늘어난 효과가 나타나면서 경기를 더욱 상승시킨다. 그렇지만 이런 확산적인 경기 상승은 지속 가능성이 없다. 미래의 수요를 현재로 끌어들임으로써, 시간이 흐르면 언젠가는 수요가 공동화할 수밖에 없기 때문이다.

이처럼 거품 경기가 나타났다가 거품이 빠지면, 부동산과 주식 가격이 폭락하고, 이것이 통화량의 축소 효과를 부르며, 결국은 신용창조의 역과정인 신용수렴이 나타난다. 이렇게 신용수렴이 본격적으로 일어나면 경기는 더욱 침체하지 않을 수 없다. 경기 침체는 기업과 금융기관의 경영 수지를 악화시켜 신용수렴 원리를 더 촉진하며, 서로 악순환을 일으키면 금융 시스템 위기 또는 금융공황으로 발전하기도 한다.

정리하자면, 산업 경기와 금융 경기를 잘 검토하면 경제를 정확하게 예측해 낼 수 있다. 산업 경기가 장기간 지속되었다면 조만간 금융 경기가 일어날 것으로 예측할 수 있고, 금융 경기가 일어나 산업 경기를 더욱 부추기면 경기 과열 현상이 일어나 조만간 경기가 하강으로 돌아설 것으로 예측할 수 있다. 또한 경기 과열이 만든 거품이 심각할 경우에는 금융 시스템 위기로 발전할 수 있고, 금융 시스템 위기가 본격적으로 진행하면 국가 경제는 파국적 위기에 이를 수도 있다고 예측할 수 있다.

실제로 우리 경세에서도 1980년대 후반에 이런 일이 벌어졌다. 1980년대 중반부터 완연한 상승세를 보였던 우리 경제는 비교적 장기간 호황이 지속되었고, 이런 활황세는 1987년부터 주식 시장으로 불이 옮겨 붙는 작용을 했으며, 부동산 시장도 곧 투기적 장세를 보였다.

다음 표에서 보듯이, 1981년부터 회복 속도를 내기 시작한 우리 경제는 1983년에 11.5%라는 높은 성장률을 기록했고, 1984년과 1985년 각각 8.7%와 6.5%로 잠깐 주춤거렸으나 1986년부터는 본격적인 호황기를 구가했다. 1986년 11.6%, 1987년 11.5%, 1988년 11.3% 등 높은 성장률을 기록한 것이다.

### 1980년대 주가지수와 성장률 추이

| 구분 | 1981 | 1982 | 1983 | 1984 | 1985 | 1986 | 1987 | 1988 | 1989 |
|---|---|---|---|---|---|---|---|---|---|
| 성장률 | 6.2 | 7.6 | 11.5 | 8.7 | 6.5 | 11.6 | 11.5 | 11.3 | 6.4 |
| 주가지수 | 126.3 | 122.0 | 127.7 | 131.9 | 138.9 | 227.8 | 417.6 | 693.1 | 918.6 |

*자료 : 한국은행 『경제통계연보』 1991년

그동안 연평균 주가지수는 1981년 126.3을 기록한 이후 1983년까지는 120선을, 1984년과 1985년에는 130선을 오르내렸다. 이후 1986년 227.8, 1987년 417.6, 1988년 693.1을 기록했다. 1989년에는 성장률이 6.4%까지 뚝 떨어졌는데도 연평균 주가지수는 918.6까지 치솟았다. 그런데 그해 주가지수는 4월에 정점에 이른 뒤 계속 하락 추세를 보였고, 이것이 경제 성장률 하락에 결정적인 영향을 끼쳤다. 그 영향은 상당히 오랜 동안 지속되었다. 1993년 김영삼 정권이 출범한 뒤에 "부실 기업을 인수한 것 같다."는 말이 튀어나올 정도로 당시의 경제 상황은 매우 어려운 지경이었다.

1970년대 후반에도 비슷한 현상이 나타났다. 1973년 12.8%의 성장률을 기록한 이후 1974년과 1975년은 각각 8.1%와 6.6%로 주춤거렸으나, 곧이어 1976년에는 11.8%, 1977년 10.3%, 1978년 9.4% 등의 고도성장 가도를 달렸다.

**1970년대 주가지수와 성장률 추이**

| 구분 | 1972 | 1973 | 1974 | 1975 | 1976 | 1977 | 1978 | 1979 | 1980 |
|---|---|---|---|---|---|---|---|---|---|
| 성장률 | 4.8 | 12.8 | 8.1 | 6.6 | 11.8 | 10.3 | 9.4 | 7.1 | -2.7 |
| 주가지수 | 162.1 | 308.5 | 303.3 | 79.8 | 97.9 | 113.4 | 143.7 | 120.6 | 108.8 |

*자료 : 한국은행 「경제통계연보」 1975년, 1991년

이때의 주가지수는 1975년 79.8에서 1976년 97.9, 1977년 113.4, 1978년 143.7 등을 기록했다. 그러다가 주가지수가 떨어지면서 120.6으로 하락하자, 1979년 성장률은 7.1%로 떨어졌고, 1980년에는 잘 알려졌듯이 제2차 석유 파동까지 겹치면서 성장률이 -2.7%까지 추락했으며, 주가지수도 108.8까지 떨어졌다.

1990년대 초반에도 마찬가지 상황이 벌어졌다. 1989년 연평균 918.6까지 치솟았던 주가지수는 이후 줄곧 내리막길을 걸었다. 1990년 747.0, 1991년 657.1, 1992년 587.2 등을 기

록했던 것이다. 그런데 경제 성장률은 1990년 9.2%, 1991년 9.4% 등을 기록하면서 금융 경기를 끌어올렸다.

### 1990년대 주가지수와 성장률 추이

| 구분 | 1991 | 1992 | 1993 | 1994 | 1995 | 1996 | 1997 | 1998 | 1999 |
|---|---|---|---|---|---|---|---|---|---|
| 성장률 | 9.4 | 5.9 | 6.1 | 8.5 | 9.2 | 7.0 | 4.7 | -6.9 | 9.5 |
| 주가지수 | 657.1 | 587.2 | 728.2 | 965.7 | 934.9 | 833.4 | 654.5 | 406.1 | 806.8 |

*자료 : 한국은행 『경제통계연보』 2006년

1992년 경제 성장률이 5.9%에 불과할 정도로 실물 경기는 하강세를 보였지만 주가지수는 1992년 하반기부터 상승세를 타기 시작했다. 1993년에도 성장률은 6.1%에 불과했지만 연평균 주가지수는 728.2로 오르고, 이것이 경제 성장률을 다시 끌어올렸다. 그래서 1994년 성장률은 8.5%, 1995년은 9.2%까지 올라갔다(화폐 발행 잔액이 1993년 말에 무려 41.6%나 증가한 것도 주식 시장 활황과 성장률 상승에 큰 역할을 했다). 주가지수도 1994년에는 965.7로 뛰어오르고, 1995년에도 934.9를 기록했다. 그렇지만 1995년 하반기부터는 주식 시장이 약세를 보이면서 경제 성장률을 끌어내렸다. 주식 경기와 실물 경기가 앞서거니 뒤서거니 서로에게 밀접한 영향을 주었던 것이다.

2000년대에 들어선 다음에도 마찬가지였다. 연초 주가지수가 1,055까지 상승했던 2000년 성장률은 8.5%에 이르렀는

데, 연말에는 505까지 떨어짐으로써 2001년의 성장률을 3.8%까지 떨어뜨렸다. 그 뒤 2001년부터는 주가지수가 상승함으로써 2002년의 경기 상승을 충분하게 예견할 수 있게 했다.

2002년에는 연중 주식 시장이 약세를 보이는 데다 앞에서 살펴본 바와 같이 하필이면 이때에 정부가 가계신용을 극단적으로 규제함으로써 2003년 성장률은 3.1%까지 떨어지고 말았다. 그러나 2003년부터 주식 시장이 강세장으로 돌아서면서 성장률은 다시 높아졌다. 다만, 가계신용의 억제가 지속됨으로써 충분한 성장률에는 이르지 못하였다.

**2000년대 주가지수와 성장률 추이**

| 구분 | 2000 | 2001 | 2002 | 2003 | 2004 | 2005 | 2006 | 2007 |
|---|---|---|---|---|---|---|---|---|
| 성장률 | 8.5 | 3.8 | 7.0 | 3.1 | 4.7 | 4.2 | 5.1 | 5.0 |
| 주가지수 | 504.6 | 693.7 | 627.6 | 810.7 | 895.9 | 1,379.4 | 1,434.5 | 1,897.0 |

*자료 : 한국은행 『조사통계월보』 2008년 3월호

이제는 주식 시장과 성장률만 유심히 들여다보더라도 중요한 경기 변곡점을 하나 더 예측할 수 있다는 사실을 알았을 것이다. 성장률이 앞장서게 되면 조만간 주식 시장이 뒤를 따르고, 속도가 더 빠른 주식 시장의 경기는 조만간 실물 경기를 앞서면서 실물 경기를 이끈다. 그러다가 격차가 커지면 주식 시장의 경기가 먼저 꺾이면서 실물 경기의 후퇴를 예비한다. 다만, 최근에는 실물 경기와 금융 경기의 시차가 아주 짧아졌다는 사실을 유념할 필요가 있다. 그만큼 금융 시장의 반응이 민감해졌다고 할 수 있다.

## 잠재성장률이 오르면 투자 모드로 전환하라

2005년 가을 기획예산처 장관이 주관한 경기 동향 간담회에는 국내 유명 경제 연구소와 세계적인 외국계 금융기관 등에 근무하는 경제 예측 전문가가 여러 명 참석했다. 최고의 경제 전문가라고 자타가 공인하는 사람들이었다. 그들은 모두 경기가 하강하고 있으므로 2006년 경제 성장률이 3%대에 불과할 것이라고 예측했다. 어떤 전문가는 마이너스 성장도 각오해야 할지 모른다고 우려했다. 그러나 실제로는 2006년 상반기 성장률이 5.7%를 기록했다. 경기가 오히려 상승했던 것이다.

왜 이런 일이 벌어졌을까? 실현한 성장률이 잠재성장률보다 낮다면, 경기는 항상 상승하는 압력을 받게 되고, 다른 경제 변수가 안정적이라면 경기는 당연히 상승한다. 이 점을 위의 경제전문가들은 간과했던 것이다. 실제로 우리 경제의 잠재성장률은 6% 이상으로서 경기를 하강시키는 다른 변수가 작용하지만 않는다면, 이것이 경기를 상승시키는 압력으로 작용함으로써 6% 정도의 성장률은 얼마든지 기록할 수 있었다. 다만, 정부가 가계 대출을 극단적으로 규제하는 등 경기를 하강시킬 정책을 펼침으로써 실현한 성장률은 잠재성장률에 약간 미치지 못했다.

그거야 어떻든 간에, 잠재성장률과 실현한 성장률을 잘 비교하면 경기의 변곡점을 하나 더 발견해 낼 수 있다. 물론 잠재성장률을 먼저 정확하게 추정하는 것이 중요한 일이지만 말이다. 잠재성장률의 정확한 추정은 이런 의미에서도 매우 중요하다. 그러므로 이 문제는 지금부터 자세하게 살펴볼 필요가 있다.

잠재성장률 문제도 마라톤 선수에 비유하여 설명하면 이해하기가 쉬울 것이다. 앞에서도 언급한 것처럼 경제는 하나의 생물체로 간주할 수 있으며, 우리 몸과 비교해 보면 경제에서 벌어지는 거의 모든 문제를 훨씬 더 쉽게 이해할 수 있다. 마라톤 선수가 자신의 체력이 견뎌 낼 수 있는 수준보다 훨씬 더 빠르게 달리면 어떤 일이 벌어질까? 당연히 곧 탈진하고 만다. 탈진하여 더 이상 달리지 못한다.

그럼 마라톤 선수가 탈진할 것은 어떻게 판단할 수 있을까? 그것은 탈진하기 전에 어떤 현상이 나타나는가를 살피면 쉽게 알 수 있다. 즉 마라톤 선수가 자신의 능력보다 훨씬 더 빠르게 달린다면, 체온과 혈압이 비정상적으로 오르고 맥박도 비정상적으로 빨라진다. 따라서 체온과 혈압과 맥박 등을

체크하면 지나치게 빨리 달리는가 아닌가를 판별할 수 있다.

경제도 마찬가지다. 경제에서 체온과 혈압과 맥박의 역할을 하는 경제지표들을 꼼꼼하게 살피면 잠재성장률을 얼마든지 추정할 수 있다. 그런 대표적인 경제지표로는 앞에서 이미 언급한 것처럼 국제수지와 물가 상승률을 들 수 있다. 따라서 국제수지가 심각하게 악화되거나 물가 상승률이 악순환을 일으킬 경우에는 잠재성장률을 벗어난 성장률을 기록했다고 진단할 수 있다. 한마디로 국제수지가 악화되거나 물가 불안이 나타나지 않을 최고의 성장률이 곧 잠재성장률인 셈이다. 이 것이 바로 '지속 가능한 최고의 성장률'이기도 하다.

우리 경제는 다음 표에서 보듯이 1999년 9.5%, 2000년 8.5%, 2002년 7.0% 등의 높은 성장률을 기록했을 때에도 물가 불안이나 국제수지 악화라는 부작용은 나타나지 않았다. 오히려 물가는 어느 때보다 안정되었고, 국제수지도 여전히 대규모 흑자를 기록했다. 따라서 이런 높은 성장률은 얼마든지 지속 가능했다고 말할 수 있다. 이 문제는 이미 앞에서 언급한 바 있으나, 잠재성장률 추정에서도 중요하므로 다시 반복하였다.

**성장률이 높았던 해의 물가 상승률(%)과 국제수지(억 달러)**

| 구분 | 1999 | 2000 | 2002 |
|---|---|---|---|
| 성장률 | 9.5 | 8.5 | 7.0 |
| 물가 상승률 | 0.8 | 2.3 | 2.7 |
| 국제수지 | 245.2 | 122.5 | 53.9 |

*자료 : 한국은행 「조사통계월보」 2008년 3월호

다만, 참여 정부가 집권한 이후에는 부동산 투기가 일어나고 공공 부문이 크게 팽창하는 등 잠재성장률을 떨어뜨리는 일들이 많이 벌어짐으로써, 그것이 상당 수준 떨어진 것은 사실이다. 이에 따라 우리 경제의 잠재성장률은 6%를 약간 웃도는 수준까지 떨어진 것으로 추성된다. 설령 그렇더라도 이 수준마저 일반적으로 알려진 잠재성장률보다는 훨씬 높다고 할 수 있다.

잠재성장률이 이처럼 높더라도 실제로 실현한 성장률이 그보다 낮은 경우도 흔히 나타난다. 이해하기 쉽게 비유를 들어 보면, 100m를 10초에 달릴 수 있는 사람도 오르막에서는 이런 속도를 낼 수 없으며, 절벽을 오를 때에는 겨우 기어서 올라가야 한다. 경제도 마찬가지다. 경제 여건이 나쁘면 잠재성장률을 충분히 발휘하기가 어렵다. 이런 점도 항상 염두에 두어야 한다.

정리하자면 이렇다. 물가 불안이 나타나거나 국제수지가 악화되면 장차 경기가 하강할 것으로 봐도 무방하다. 혹시 이런 경우에 정책 당국이 억지로 경기를 부양하려고 하면, 1997년처럼 외환위기 같은 경제 파국이 닥친다. 이런 경우에는 주식이든 부동산이든 모든 재산을 현금으로 바꿔 두면, 앞에서 살펴본 바와 같이 장차 큰 이익을 볼 기회를 잡을 수 있다.

반면에, 물가가 안정적이고 국제수지도 호조를 보이면, 아무리 높은 성장률을 기록하더라도 경기 호조는 이어진다고 봐도 된다. 잠재성장률보다 낮은 성장률을 기록할 때에는 경기가 조만간 빠르게 상승할 것으로 봐도 좋다. 이런 경우에는 주식이든 부동산이든 펀드든 무조건 사 두고 가입해 둘 일이다. 그러면 큰 이익을 남길 수 있다.

사실, 2003년 이후 우리 경제가 연평균 4.4%라는 비교적 저조한 성장률을 기록했는데도, 주가지수가 2003년 말 680에서 2007년 10월 말 2,005까지 크게 상승한 것은 이런 이유 때문이다. 즉 물가가 안정적이고 국제수지가 호조였으며, 이에 따라 잠재성장률이 비교적 높았다. 이때에 주식 투자에 나섰다면 최소한 세 배 정도는 벌었을 것이다. 주식형 펀드에 투자했어도 마찬가지다. 부동산 투자를 했다면 더 큰돈을 벌었을 것이다. 그 사이에 부동산 투기 바람이 거세게 일었기 때문이다.

반면에, 2007년 10월 이후부터 물가가 불안해지고, 12월부터는 국제수지까지 악화되자, 주가지수는 뒷걸음을 치기 시작하여 오늘날에 이르렀다. 이때에 주식 투자에 나섰다면 큰 손해를 봐야 했을 것이다. 2007년 10월 2,005까지 올랐던 주가지수가 2008년 3월 중에는 1,600선에서 오르내렸기 때문이다. 이때에 펀드에 투자했다면 손실을 기록했을 것이고,

최근의 물가 상승률(%), 국제수지(억 달러), 주가지수 추이

| 구분 | 2003 | 2004 | 2005 | 2006 | 2007 |
| --- | --- | --- | --- | --- | --- |
| 물가 상승률 | 3.5 | 3.6 | 2.8 | 2.2 | 2.5 |
| 국제수지 | 119.5 | 281.7 | 149.8 | 60.9 | 59.5 |
| 주가지수 | 680 | 833 | 1,074 | 1,352 | 1,897 |

*자료 : 한국은행 『조사통계월보』 2008년 3월호(연말 기준)

부동산 투자를 했다면 팔고 싶어도 팔리지 않는 일이 벌어졌을 것이다.

한편, 물가 상승률은 구체적으로 어느 정도여야 안정적일까? 국제수지는 어느 정도여야 호조일까? 일반적으로 물가 상승률이 성장률보다 낮고, 그 수준이 지속 가능한 수준이라면 물가가 안정적이라고 볼 수 있다. 대체적으로 3%대 전반이 안정적인 수준으로 알려져 있다. 그리고 국제수지는 적자를 기록하지 않으면 호조로 보는 것이 일반적이다. 다만, 국제수지가 계속 적자를 기록할 경우에는 그 규모가 지속적으로 줄어들 경우에도 호조를 보인 것으로 간주하는 경향이 있다.

## 어떤 경우에
## 잠재성장률이 오르는가

앞에서도 언급한 것처럼, 왜 어떤 나라의 소득은 5만 달러이고 어떤 나라의 소득은 1,000달러에도 미치지 못하는가, 왜 어떤 나라의 성장률은 10%에 육박할 정도로 높고, 어떤 나라의 성장률은 1%에도 미치지 못할 정도로 낮은가? 이것이 바로 소득 결정의 원리이다. 그런데 경제생활에서 중요한 것은 소득 수준이 아니라 성장률이다. 가격은 한계효용이 결정하듯이, 성장률이 경기 흐름을 결정하고, 경제생활이 얼마나 윤택한가를 결정한다.

그럼 성장률은 무엇이 결정할까? 여러 변수가 함께 성장률에 작용하지만, 그 중에서도 가장 중요하고 근본적인 역할을 하는 것은 잠재성장률이다. 일반적으로 다른 변수들이 경제 성장을 제약하더라도 잠재성장률이 높아진다면 경기는 상승한다. 앞에서 살펴본 바와 같은 경제질병이 발생하지만 않는다면 말이다.

그럼 잠재성장률이란 무엇일까? 반복하거니와, 경제가 지속적으로 성장할 수 있는 최고의 성장률을 말한다. 경제학자들은 이것을 '지속 가능한 성장률'이라고 부르기도 한다. 그럼 잠재성장률은 무엇이 결정할까? 이 문제는 경제 성장이 무엇을 의미하는가를 알면 쉽게 풀 수 있다.

한마디로 경제 성장은 국내총생산의 증가를 뜻한다. 그럼 국내총생산은 무엇을 의미할까? 부가가치의 총 합계를 뜻한다. 부가가치의 총 합계가 증가하는 비율이 곧 성장률이다. 이제, 부가가치가 무엇을 의미하는가만 알아내면 잠재성장률의 문제는 풀린 것이나 다름없다. 그러면 부가가치는 무엇을 의미하는가? 판매가에서 투입가를 뺀 것이 부가가치다. 여기까지 추리했다면, 잠재성장률을 높이는 방법도 이미 밝혀진 것이나 다름없다. 판매가를 높이고 투입가를 낮추면 잠재성장률을 높일 수 있다. 판매가를 높이고 투입가를 낮추면 부가가치가 커지고, 부가가치가 커지면 국내총생산이 증가한다.

이것이 곧 잠재성장률을 높이는 방법이다. 얼마나 쉬운가!

이 문제는 앞에서 충분히 거론했으므로, 간단하게 정리만 하도록 하자. 즉 품질을 향상시키면 판매가를 높일 수 있고, 생산성을 향상시키면 투입가를 낮출 수 있다. 그럼 이것으로 모든 문제가 해결되었을까? 아니다. 유능한 탐정은 범인을 함부로 단정하는 법이 없다. 추리의 여지가 남아 있는 한 끝까지 추적해야 진범을 잡을 수 있고, 이런 탐정이 진짜 유능한 탐정이다.

실제로, 판매가를 끊임없이 높이는 방법과 투입가를 끊임없이 낮추는 방법을 찾았다고 하더라도, 잠재성장률을 높이는 방법을 모두 알았다고 할 수는 없다. 여기에는 판매량이 줄어들지 않아야 한다는 전제 조건이 따르기 때문이다. 판매량이 줄었다는 것은 수요량이 줄었다는 것을 뜻하고, 수요량이 줄었다면 가격은 장차 떨어지지 않을 수 없다. 가격이 떨어지면 부가가치의 총 합계도 결국 줄어들지 않을 수 없다. 지금부터는 이 문제를 살펴보도록 하자.

## 경제 순환의 균형을 깨뜨려야 부자가 될 수 있다

생산 능력을 키워서 잠재성장률을 키우는 방법은 기존 경제학에서도 생산함수라는 개념으로 이미 잘 알려져 있다. 따라서 간단하게 언급하고 넘어가기로 하자. 생산 요소로는 인적 축적량(노동의 양과 질), 물적 자본 축적량(생산 시설, 사회 간접 자본, 유통 시설, 저장 시설 등), 통화 자본 축적량, 과학기술 축적량, 경영기술 축적량, 문화 축적량(문화 창달과 기업 문화의 중요성) 등이 있다. 이런 것들이 증가하면 잠재성장률도 당연히 높아진다.

그런데 이런 생산 요소의 증대가 잠재성장률을 키우기 위해서는 반드시 전제 조건이 하나 따른다. 즉 가격이 하락하지 않아야 한다는 것이다. 생산량이 아무리 늘어도 가격 하락이 더 크면 잠재성장률은 커질 수 없다. 국내총생산은 가격으로 산출되기 때문이다. 그럼 가격이 하락하지 않기 위해서는 어떻게 해야 할까? 두말할 것도 없이 수요가 충분히 뒷받침되어야 한다.

그럼 생산 요소의 증가에 따른 생산량의 증가를 수요가 충분하게 뒷받침할 수 있도록 하기 위해서는 어떻게 해야 할까? 당연히 소득이 증가해야 한다. 소득이 증가하려면 어떻게 해야 할까? 생산량이 증가해야 한다. 이것은 전형적인 순환 논법의 오류이다. 이 순환론의 오류를 어디에서든 깨지 않으면, 이 문제는 영원히 풀리지 않는 수수께끼로 남는다. 그러면 이 순환론의 오류를 어떻게 깨야 할까? 소득의 증가가 어떻게 이루어지는가를 자세히 살펴보면 이 문제가 의외로 쉽게 풀릴 수 있다.

소득의 증가나 경제의 성장은 순환의 파괴를 의미한다. 바꿔 말해서, 경제의 단순한 순환 기능에서는 소득 증가나 경제 성장은 나타날 수 없다. 생산한 만큼 분배하고, 분배한 만큼 수요하며, 수요한 만큼 생산할 수 있을 뿐이기 때문이다. 경제의 이런 단순한 순환 기능에서는 일정한 소득 수준만 창출할 뿐이다. 따라서 생산, 분배, 수요 중 어느 곳에선가 순환 균형이 깨져야 한다. 그래야 소득 증가 또는 경제 성장이 가능하다. 그럼 어느 곳에서 순환 균형이 깨져야 할까? 경제의 순환 균형을 파괴할 수 있는 방법은 크게 두 가지가 있다. 하나는 수요에서의 파괴이고, 다른 하나는 공급에서의 파괴이다.

수요에서 파괴하는 방법 중 대표적인 것으로는 재정 지출과 화폐 발행의 증가이다. 그런데 이 방법은 실제성장률이 잠재성장률보다 낮은 때에만 유효하다. 만약 잠재성장률을 넘어서는 수요가 나타나면, 물가 상승과 국제수지 악화 등의 부작용이 나타나고, 이런 때에는 경제 성장을 지속시킬 수 없는 속성을 보이기 때문이다. 사실, 재정 지출과 화폐 발행의 증가는 운동 에너지 없는 상품을 경제의 순환에 강제로 투여하는 것이다. 이 경우 다른 상품의 운동 에너지를 빼앗음으로써 물가가 상승하게 되며, 물가가 상승하면 해외로부터의 수입이 증가한다. 이에 따라 국내 소득이 해외로 이전되며, 이 경우 국내 수요는 부족해져서 가격이 하락할 수밖에 없다.

그렇다면 남은 방법은 하나밖에 없다. 공급에서 순환 균형이 파괴되어야 한다. 공급에서 순환 균형을 파괴하여 분배를 증가시키고, 분배의 증가가 수요의 증가를 부르도록 하여 생산량의 증가를 뒷받침하도록 해야 한다. 그럼 어떤 경우에 공급에서 순환 균형이 파괴될 수 있을까? 현재의 순환 균형을 가능하게 했던 부가가치 수준보다 더 큰 부가가치를 창출할 수 있는 상품을 새롭게 생산할 경우에 가능해진다. 이런 산업이 발전하면 잠재성장률은 당연히 커질 수 있다. 부가가치가 커져서 분배가 커질 수 있고, 수요도 뒷받침할 수 있기 때문이다.

여기에서 주목할 점은 이런 생산은 스스로 운동 에너지를 창출한다는 점이다. 그래서 부가가치를 키울 수 있는 상품과 산업이 출현하더라도, 경기 과열 현상이 나타나지 않을 수 있다. 무엇보다 중요한 것은 이 경우에는 '수확 체감의 법칙'*이 아니라 '수확 체증의 법칙'**이 작동한다는 것이다. 이 경우에 비로소 지속 가능한 성장이 가능해지는 것이다.

한편, 기존 경제학에서는 완벽하게 외면하는 분야지만, 통

* 노동의 투입을 증가시키면 전체 생산량은 증가하지만, 최종적으로 투입한 노동의 생산량은 줄어든다는 법칙. 원래는 노동의 투입만을 대상으로 했으나, 지금은 자본이나 기술의 투입에도 이 법칙이 적용되는 것으로 받아들여진다.
** 노동 등 생산 요소를 더 많이 투입하면 할수록 생산 요소의 단위 생산량도 계속 늘어나는 것을 뜻한다. 어떤 산업이든 처음 등장했을 때에는 이런 현상이 더 일반적으로 나타난다. 그러다가 그 산업이 성장기를 지나 성숙기로 들어서면 수확 체감 현상이 나타나곤 한다.

화 부문에서도 순환 균형을 깨뜨릴 수 있는 면이 있다. 화폐 발행의 증가는 운동 에너지가 없는 상품을 경제에 투여하는 것이므로 물가 불안을 부르지 않을 수 없지만, 스스로 운동 에너지를 창출하는 통화성 상품이 현실적으로 존재한다. 바로 주식과 같은 상품이다.

주식 시장이 활황을 보이면, 기업에 대한 자금 공급이 원활해지고 기업 경영 수지도 양호해져서 성장력과 경쟁력을 향상시키는 경향이 있다. 또한 주식 보유액의 증가는 자산 효과를 발휘하여 소비를 촉진하기도 한다. 이에 따라 경기가 활성화되고, 경기 활성화는 기업의 생산 활동과 투자 활동을 더욱 활발하게 하는 경향이 있다.

아울러 주식 시장뿐만 아니라 금융 산업의 전반적인 발달도 잠재성장률을 키우는 역할을 한다. 새로운 금융 상품이 개발되고 금융 시장이 확장되면, 이것이 운동 에너지를 갖춘 통화의 추가적인 공급을 부르고, 통화의 추가적인 공급은 다시 생산 활동과 투자 활동을 활발하게 하기 때문이다.

다만, 통화나 금융 시장은 실물 상품과 그 시장의 발달에 제약을 받는다는 점은 주의할 필요가 있다. 만약 실물 경제의 발전이 금융 산업의 발전을 뒤따라가지 못하면, 금융 시장에서 거품이 발생하고, 그 거품은 언젠가는 꺼지고 만다. 다시 말해, 부가가치가 더 높은 상품과 산업이 끊임없이 발굴될 때에 비로소 금융 산업의 발달도 잠재성장률을 키우는 유력한 변수가 될 수 있다는 것이다. 그렇다고 금융 산업의 중요성이 산업 정책의 중요성에 비해 떨어진다는 것은 아니다. 특히 우리나라는 금융 산업이 선진국에 비해, 그리고 실물 산업 부문에 비해 더 뒤떨어져 있어서, 금융 산업이 우리 경제의 잠재성장률을 키울 여지는 크다.

경제의 순환 균형을 깨뜨리는 방법이 하나 더 있다. 수출의 증가이다. 해외에서 소득을 창출하여 국내에 전입함으로써 수요를 증가시키고, 이 수요의 증가가 생산량 증가를 뒷받침하게 하는 방법이다. 우리나라는 이런 경제 정책으로 그동안 비약적인 성장을 거듭했다. 수출 증가는 국제 경쟁에서의 승리를 의미한다. 바꿔 말해서, 국제 경쟁에서 이겨야 수출이 증가할 수 있다는 것이다. 국제 경쟁에서 이기는 방법을 찾으면 잠재성장률이 높아지는 길을 또 하나 찾은 것이나 다름없다.

그런 방법에는 어떤 것들이 있을까? 수출을 성장 동력으로 삼았던 우리 경제는 이 방법을 비교적 정확하게 파악하고 있다. 그만큼 잘 알려져 있기도 하다. 따라서 구체적인 설명은 필요 없이 단순한 나열만으로도 충분할 것이다. 일반적으로 손꼽히는 방법으로는 국내 물가의 안정(임금 안정 포함), 적정 환율, 품질과 디자인의 향상, 고부가가치 상품과 산업의 지속적인 발굴과 개발, 상표력의 향상 등이 있다. 그렇다면 이런 방법만으로 국제 경쟁에서 이겨 낼 수 있을까? 그래서 수출을 증가시켜 성장 동력으로 삼을 수 있을까? 이것만으로는 부족하다.

국제 경쟁은 우리 국가 경제와 다른 국가 경제의 경쟁이다. 이것은 체제의 경쟁이기도 하다. 따라서 어느 체제가 더 효율적이고 경쟁적이냐에 따라서 수출 경쟁력은 근본적으로 달라진다. 국제 경쟁에 가장 결정적인 영향을 끼치는 것이 바로 체제의 경쟁력이기 때문이다. 즉 잠재성장률을 가장 결정적으로 향상시킬 수 있는 방법은 바로 체제의 경쟁력을 높이는 방법이다.

그러면 체제의 경쟁력은 어떤 경우에 높아질 수 있을까? 두말할 것도 없이, 체제의 효율성이 높아지면 된다. 체제의 효율성을 높이려면 어떻게 해야 할까? 당연히 적은 비용으로 큰 효과를 내는 체제가 효율적이다. 쉽게 말해서, '작은 정부'가 체제의 효율성이 가장 높다. 현실적으로도 이미 오래전부터 국내외를 막론하고 많은 정권이 '작은 정부'를 구호로 내세워 왔다. '작은 정부'가 잠재성장률을 키울 수 있는 유력한 방법이라는 사실이 이미 알려졌던 것이다.

이상과 같은 점을 이해했다면, 잠재성장률이 향상되는가 아니면 후퇴하는가를 비교적 쉽게 추론해 낼 수 있다. 만약 잠재성장률이 향상되고 있다면 경제는 번영의 길로 들어설 것이고, 정체하거나 후퇴하고 있다면 경제는 퇴보하거나 정체의 길로 들어설 것이다. 이 추론이 정확하다면, 그것은 당신을 진짜로 '돈 버는 길'로 인도할 것이다.

맺는말

# '돈 버는 기술'을 밝힌 최초의 경제학 책

경제학은 쉬운 게 결코 아니다. 사실은 매우 어렵다. 그냥 어려운 것이 아니라, 파고들면 파고들수록 어렵다. 머리말에서는 경제학이 쉽다고 썼는데, 거짓말을 한 것인가. 그런데 완전한 거짓이라고 말할 수는 없다. 머리말에서 경제학이 쉽다고 했던 것과 여기에서 경제학은 어렵다고 말한 것 사이에는 관점의 차이가 있기 때문이다.

머리말에서 경제학이 쉽다고 했던 것은, 첫째 기존 경제학 수준이 유치한 단계를 아직 벗어나지 못했고, 둘째 그 경제학을 조금만 발전시키면 그동안 미처 깨닫지 못했던 것을 쉽게 알아낼 수 있으며, 셋째 이런 정도로도 세상 어느 경제학자보다 더 정확하게 경제를 읽어 낼 수 있다는 것을 뜻했다. 나는 이런 내용들을 이 책에 담으려고 노력했다.

지금 경제학이 어렵다고 말하는 것은, 첫째 경제현상을 있는 그대로 읽어 낼 수 있도록 경제학의 새로운 패러다임을 구축하는 일이 쉽지 않고, 둘째 그런 패러다임을 구축했더라도 그것을 경제현상에 적용하여 지혜를 얻어 내는 일이 쉽지 않으며, 셋째 단순한 경제 원리처럼 보이는 것도 그것을 확장하여 현실에 적용하면 더 많은 사실을 알아낼 수 있는데, 이것이 쉽지 않기 때문이다.

지금까지 이 책에서 언급한 내용들은 대부분 친숙하게 느껴졌을 것이다. 누구나 아는 내용처럼 여겨졌을지도 모르겠다. 그러나 그 중에는 이 세상 어느 경제학자도, 최소한 국내의 어느 경제학자도 아직까지 지적해 내지 못한 내용이 제법 많다. 예를 들어, 환율이 하락해도 왜 수출은 줄기차게 증가했는가, 석유 가격이 제2차 석유 파동 때보다 더 많이 올랐는데도 얼마 전까지는 왜 경기 부진을 겪지 않았는가, 미국이 매년 수천 억 달러의 국제수지 적자를 기록하고도 외환보유고가 고갈되지 않은 이유는 무엇인가 등을 해명한 글이 대표적이다.

국내에는 경제학 박사들이 3~4만 명이나 있다는데 그들은 왜 그런 내용들을 나보다 먼저 찾아내지 못했을까? 그건 경제를 해석하는 내 방법이 경제학의 새로운 패러다임에 입각해 있고, 그 새로운 패러다임을 구축하기 위해 40년 가까운 세월을 지불했으며, 이 패러다임이 기존 경제학의 패러다임보다는 훨씬 진화했기 때문이다. 기존 경제학이 천동설(하늘이 지구를 돈다는 학설) 수준이라면, '돈 버는 경제학'은 지동설(지구가 태양의 주위를 돈다는 학설) 수준이라고 단언할 수 있다. 이건 지나친 오만일지 모르지만, 이 책에 담긴 내용만 보더라도 그 가치는 충분히 인정할 만할 것이다.

이 책을 읽고 혹시 경제학과 경제 문제에 관심이 더 많이 생겼다면 내가 구축한 새로운 패러다임의 경제학을 이론적으로 더 공부해 보는 것도 좋을 것이다. 그것을 제대로 공부한다면 경제현상을 지금보다 훨씬 더 정확하게 읽어 낼 수 있고, 경제의 미래도 훨씬 더 정확하게 예측해 낼 수 있을 것이다. 더욱이, 내가 구축한 새로운 패러다임은 경제학적 기초가 없더라도 이해력과 탐구력만 충분하다면 얼마든지 공부할 수 있다. 현 경제학과 비교하면 이론 체계가 훨씬 복잡하고 난해하지만, 곰곰이 생각하면서 읽는다면 이해하지 못할 부분은 거의 없을 것이다.

이 책에서는 경제학을 전공하지 않은 보통 사람이 꼭 알아야 할 경제 원리, 다양한 경제 문제, 경제를 올바르게 읽는 방법, 경제 예측을 정확하게 해낼 수 있는 방법 등을 구체적으로 제시했다. 이런 정도만 알아도 어디에서든 한마디쯤은 거들 수 있고, 보통 사람의 소원인 부자가 되는 길을 좀 더 쉽게 찾을 수 있을 것이다.

사람의 욕심이란 끝이 없다. 최대한 쉽게 쓰려고 하다보니

이 책에서 논지가 비교적 쉽고 단순해야 관심을 끌 수 있다고 판단하여 고도의 집중을 요구하거나 전문적인 식견이 필요한 문제들에 대해서는 다루지 못한 것이 못내 아쉽다. 또한 경제학의 원리, 특히 소득 원리를 자세하고 깊이 다루지 못한 것이 마음에 걸린다. 경제학자로서 자세한 설명을 다하지 못한 아쉬움이 있긴 하지만, 이 책이 보통 사람이 돈 버는 데에는 큰 도움을 줄 수 있을 것이라고 믿어 마지않는다. 처음부터 그것이 목적이었으니 이 정도로도 나는 만족한다.

# 돈 버는 경제학

1판 3쇄 발행 2008년 11월 7일
2판 1쇄 발행 2023년 7월 3일

**지은이** 최용식

**발행인** 양원석
**편집** 신성종  **디자인** 신자용, 김미선
**영업마케팅** 양정길, 윤송, 김지현, 정다은, 박윤하, 김예인

**펴낸 곳** ㈜알에이치코리아
**주소** 서울시 금천구 가산디지털2로 53, 20층 (가산동, 한라시그마밸리)
**편집문의** 02-6443-8856   **도서문의** 02-6443-8800
**홈페이지** http://rhk.co.kr
**등록** 2004년 1월 15일 제2-3726호

**ISBN** 978-89-255-1969-2 (03320)

※ 이 책은 ㈜알에이치코리아가 저작권자와의 계약에 따라 발행한 것이므로
  본사의 서면 허락 없이는 어떠한 형태나 수단으로도 이 책의 내용을 이용하지 못합니다.
※ 잘못된 책은 구입하신 서점에서 바꾸어 드립니다.
※ 책값은 뒤표지에 있습니다.